中国社会科学院创新工程学术出版资助项目

国家社科基金重大特别委托项目
西藏历史与现状综合研究项目

中国社会科学院创新工程学术出版资助项目
国家社科基金重大特别委托项目
西藏历史与现状综合研究项目

西藏经济跨越式发展研究

沈开艳　陈建华　徐美芳　陶纪明　著

社会科学文献出版社
SOCIAL SCIENCES ACADEMIC PRESS (CHINA)

西藏历史与现状综合研究项目
编 委 会

名誉主任　江蓝生

主　　任　郝时远

副 主 任　晋保平

成　　员　（按姓氏音序排列）

　　　　　　旦增伦珠　尕藏加　郝时远　何宗英
　　　　　　胡　岩　　江蓝生　晋保平　刘晖春
　　　　　　马加力　　石　硕　宋月华　苏发祥
　　　　　　许德存（索南才让）许广智　杨　群
　　　　　　扎　洛　　张　云　仲布·次仁多杰
　　　　　　周伟洲　　朱　玲

总　序

郝时远

中国的西藏自治区,是青藏高原的主体部分,是一个自然地理、人文社会极具特色的地区。雪域高原、藏传佛教彰显了这种特色的基本格调。西藏地区平均海拔 4000 米,是人类生活距离太阳最近的地方;藏传佛教集中体现了西藏地域文化的历史特点,宗教典籍中所包含的历史、语言、天文、数理、哲学、医学、建筑、绘画、工艺等知识体系之丰富,超过了任何其他宗教的知识积累,对社会生活的渗透和影响十分广泛。因此,具有国际性的藏学研究离不开西藏地区的历史和现实,中国理所当然是藏学研究的故乡。

藏学研究的历史通常被推溯到 17 世纪西方传教士对西藏地区的记载,其实这是一种误解。事实上,从公元 7 世纪藏文的创制,并以藏文追溯世代口传的历史、翻译佛教典籍、记载社会生活的现实,就是藏学研究的开端。同一时代汉文典籍有关吐蕃的历史、政治、经济、文化、社会生活及其与中原王朝互动关系的记录,就是中国藏学研究的本土基础。现代学术研究体系中的藏学,如同汉学、东方学、蒙古学等国际性的学问一样,曾深受西学理论和方法的影响。但是,西学对中国的研究也只能建立在中国历史资料和学术资源基础之上,因为这些历史资料、学术资源中所蕴含的不仅是史实,而且包括了古代记录者、撰著者所依据的资料、分析、解读和观念。因此,中国现代藏学研究的发展,不仅需要参考、借鉴和吸收西学的成就，而且必须立足本土的传统，光大中国藏学研究的中国特色。

作为一门学问，藏学是一个综合性的学术研究领域，"西藏历史与现状综合研究项目"即是立足藏学研究综合性特点的国家社会科学基金重大特别委托项目。自2009年"西藏历史与现状综合研究项目"启动以来，中国社会科学院建立了项目领导小组，组成了专家委员会，制定了《"西藏历史与现状综合研究项目"管理办法》，采取发布年度课题指南和委托的方式，面向全国进行招标申报。几年来，根据年度发布的项目指南，通过专家初审、专家委员会评审的工作机制，逐年批准了一百多项课题，约占申报量的十分之一。这些项目的成果形式主要为学术专著、档案整理、文献翻译、研究报告、学术论文等类型。

承担这些课题的主持人，既包括长期从事藏学研究的知名学者，也包括致力于从事这方面研究的后生晚辈，他们的学科背景十分多样，包括历史学、政治学、经济学、民族学、人类学、宗教学、社会学、法学、语言学、生态学、心理学、医学、教育学、农学、地理学和国际关系研究等诸多学科，分布于全国23个省、自治区、直辖市的各类科学研究机构、高等院校。专家委员会在坚持以选题、论证等质量入选原则的基础上，对西藏自治区、青海、四川、甘肃、云南这些藏族聚居地区的学者和研究机构，给予了一定程度的支持。这些地区的科学研究机构、高等院校大都具有藏学研究的实体、团队，是研究西藏历史与现实的重要力量。

"西藏历史与现状综合研究项目"具有时空跨度大、内容覆盖广的特点。在历史研究方面，以断代、区域、专题为主，其中包括一些历史档案的整理，突出了古代西藏与中原地区的政治、经济和文化交流关系；在宗教研究方面，以藏传佛教的政教合一制度及其影响、寺规戒律与寺庙管理、僧人行止和社会责任为重点，突出了藏传佛教与构建和谐社会的关系；在现实研究方面，则涉及政治、经济、文化、社会和生态环境等诸多领域,突出了跨越式发展和长治久安的主题。

在平均海拔4000米的雪域高原,实现现代化的发展,是中国改革开放以来推进经济社会发展的重大难题之一,也是没有国际经验可资借鉴的中国实践,其开创性自不待言。同时,以西藏自治区现代化为主题的经济社会发展,不仅面对地理、气候、环境、经济基础、文化特点、社会结构等特殊性,而且面对境外达赖集团和西方一些所谓"援藏"势力制造的"西藏问题"。因此,这一项目的实施也必然包括针对这方面的研究选题。

所谓"西藏问题"是近代大英帝国侵略中国、图谋将西藏地区纳入其殖民统治而制造的一个历史伪案,流毒甚广。虽然在一个世纪之后,英国官方承认以往对中国西藏的政策是"时代错误",但是西方国家纵容十四世达赖喇嘛四处游说这种"时代错误"的国际环境并未改变。作为"时代错误"的核心内容,即英国殖民势力图谋独占西藏地区,伪造了一个具有"现代国家"特征的"香格里拉"神话,使旧西藏的"人间天堂"印象在西方社会大行其道,并且作为历史参照物来指责1959年西藏地区的民主改革、诋毁新西藏日新月异的现实发展。以致从17世纪到20世纪上半叶,众多西方人(包括英国人)对旧西藏黑暗、愚昧、肮脏、落后、残酷的大量实地记录,在今天的西方社会舆论中变成讳莫如深的话题,进而造成广泛的"集体失忆"现象。

这种外部环境,始终是十四世达赖喇嘛及其集团势力炒作"西藏问题"和分裂中国的动力。自20世纪80年代末以来,随着前苏联国家裂变的进程,达赖集团在西方势力的支持下展开了持续不断、无孔不入的分裂活动。达赖喇嘛以其政教合一的身份,一方面在国际社会中扮演"非暴力"的"和平使者",另一方面则挑起中国西藏等地区的社会骚乱、街头暴力等分裂活动。2008年,达赖集团针对中国举办奥运会而组织的大规模破坏活动,在境外形成了抢夺奥运火炬、冲击中国大使馆的恶劣暴行,在境内制造了打、砸、烧、杀的严重罪行,其目的就是要使所谓"西藏问题"弄假成真。而一些西方国家对此视而不见,则大都出于"乐观其成"的"西化""分化"中国的战略意图。其根本原因在于,中国的经济社会发展蒸蒸日上,西藏自治区的现代化进程不断加快,正在彰显中国特色社会主义制度的优越性,而西方世界不能接受中国特色社会主义取得成功,达赖喇嘛不能接受西藏地区彻底铲除政教合一封建农奴制度残存的历史影响。

在美国等西方国家的政治和社会舆论中,有关中国的议题不少,其中所谓"西藏问题"是重点之一。一些西方首脑和政要时不时以会见达赖喇嘛等方式,来表达他们对"西藏问题"的关注,显示其捍卫"人权"的高尚道义。其实,当"西藏问题"成为这些国家政党竞争、舆论炒作的工具性议题后,通过会见达赖喇嘛来向中国施加压力,已经成为西方政治作茧自缚的梦魇。实践证明,只要在事实上固守"时代错误",所谓"西藏问题"的国际化只能导致搬石砸脚的后果。对中国而言,内因是变化的依据,外因是变化的条件这一哲学原理没有改变,推进"中国特色、西藏特点"现代化建设的时间表是由中国确定的,中国具备抵御任何外部势力破坏国家统一、民族团结、社会稳定的能力。从这个意义上说,本项目的实施不仅关注了国际事务中的涉藏斗争问题,而且尤其重视西藏经济社会跨越式发展和长治久安的议题。

在"西藏历史与现状综合研究项目"的实施进程中,贯彻中央第五次西藏工作座谈会的精神,落实国家和西藏自治区"十二五"规划的发展要求,是课题立项的重要指向。"中国特色、西藏特点"的发展战略,无论在理论上还是在实践中,都是一个现在进行时的过程。如何把西藏地区建设成为中国"重要的国家安全屏障、重要的生态安全屏障、重要的战略资源储备基地、重要的高原特色农产品基地、重要的中华民族特色文化保护地、重要的世界旅游目的地",不仅需要脚踏实地地践行发展,而且需要科学研究的智力支持。在这方面，本项目设立了一系列相关的研究课题，诸如西藏跨越式发展目标评估，西藏民生改善的目标与政策，西藏基本公共服务及其管理能力，西藏特色经济发展与发展潜力，西藏交通运输业的发展与国内外贸易，西藏小城镇建设与发展，西藏人口较少民族及其跨越式发展等研究方向，分解出诸多的专题性研究课题。

注重和鼓励调查研究，是实施"西藏历史与现状综合研究项目"的基本原则。对西藏等地区经济社会发展的研究，涉面甚广，特别是涉及农村、牧区、城镇社区的研究，都需要开展深入的实地调查，课题指南强调实证、课题设计要求具体，也成为这类课题立项的基本条件。在这方面，我们设计了回访性的调查研究项目，即在20世纪五六十年代开展的藏区调查基础上，进行经济社会发展变迁的回访性调查，以展现半个多世纪以来这些微观社区的变化。这些现实性的课题，广泛地关注了经济社会的各个领域，其中包括人口、妇女、教育、就业、医疗、社会保障等民生改善问题，宗教信仰、语言文字、传统技艺、风俗习惯等文化传承问题，基础设施、资源开发、农牧业、旅游业、城镇化等经济发展问题，自然保护、退耕还林、退牧还草、生态移民等生态保护问题，等等。我们期望这些陆续付梓的成果，能够从不同侧面反映西藏等地区经济社会发展的面貌，反映藏族人民生活水平不断提高的现实，体现科学研究服务于实践需求的智力支持。

如前所述，藏学研究是中国学术领域的重要组成部分，也是中华民族伟大复兴在学术事业方面的重要支点之一。"西藏历史与现状综合研究项目"的实施涉及的学科众多，它虽然以西藏等藏族聚居地区为主要研究对象，但是从学科视野方面进一步扩展了藏学研究的空间，也扩大了从事藏学研究的学术力量。但是，这一项目的实施及其推出的学术成果，只是当代中国藏学研究发展的一个加油站，它在一定程度上反映了中国藏学研究综合发展的态势，进一步加强了藏学研究服务于"中国特色、西藏特点"

的发展要求。但是，我们也必须看到，在全面建成小康社会和全面深化改革的进程中，西藏实现跨越式发展和长治久安，无论是理论预期还是实际过程，都面对着诸多具有长期性、复杂性、艰巨性特点的现实问题，其中包括来自国际层面和境外达赖集团的干扰。继续深化这些问题的研究，可谓任重道远。

在"西藏历史与现状综合研究项目"进入结项和出版阶段之际，我代表"西藏历史与现状综合研究项目"专家委员会，对全国哲学社会科学规划办公室、中国社会科学院及其项目领导小组几年来给予的关心、支持和指导致以崇高的敬意！对"西藏历史与现状综合研究项目"办公室在组织实施、协调联络、监督检查、鉴定验收等方面付出的努力表示衷心的感谢！同时，承担"西藏历史与现状综合研究项目"成果出版事务的社会科学文献出版社，在课题鉴定环节即介入了这项工作，为这套研究成果的出版付出了令人感佩的努力，向他们表示诚挚的谢意！

2013 年 12 月北京

目 录

绪 论 / 1

第一章 西藏经济跨越式发展的理论分析 / 15
一 理论综述 / 15
二 西藏经济跨越式发展的理论分析 / 24
三 西藏经济跨越式发展的内涵和原则 / 39
四 西藏经济跨越式发展的政策脉络 / 43

第二章 西藏经济发展的现状、制约因素和主要矛盾 / 48
一 西藏经济发展的历史回顾和现状描述 / 48
二 西藏经济跨越式发展的现实基础和
　　制约因素 / 61
三 西藏经济跨越式发展面临的主要矛盾和
　　特殊性 / 76

第三章 西藏经济跨越式发展的政策研究 / 90
一 制定西藏经济跨越式发展政策的基本原则 / 92

二　对现有政策的总结与梳理／96

三　促进西藏经济跨越式发展的政策导向及
　　思路研究／107

附录一　西藏基本经济情况数据表汇总／113

附录二　历次西藏工作座谈会后中央、地方及
　　　　各部委对西藏经济发展的支持政策梳理／116

附录三　《西藏经济跨越式发展理论与政策研究》
　　　　课题中间成果之一／133

附录四　《西藏经济跨越式发展理论与政策研究》
　　　　课题中间成果之二／147

附录五　《西藏经济跨越式发展理论与政策研究》
　　　　课题中间成果之三／163

附录六　《西藏经济跨越式发展理论与政策研究》
　　　　课题中间成果之四／178

主要参考文献／196

后　记／199

绪　论

2001年6月，中央召开第四次西藏工作座谈会，正式提出了"西藏经济跨越式发展"的理念，指出西藏可以而且应该采取的战略是，"通过国家和各地的支持，直接引进、吸收和应用先进技术和适用技术，集中力量推动跨越式发展"。2010年1月，第五次西藏工作座谈会进一步明确了在科学发展的轨道上推进西藏跨越式发展的基本思路。中央对西藏未来发展的战略定位也更为清晰，那就是要把西藏建设成"两个屏障、两个基地、两个目标"：（1）重要的国家安全屏障，重要的生态安全屏障；（2）重要的战略资源储备基地，重要的高原特色农产品基地；（3）重要的中华民族特色文化保护地、重要的世界旅游目的地。

经过十多年的发展，西藏经济取得了前所未有的巨大成就，为跨越式发展奠定了坚实的经济基础。但是，我们也注意到，西藏在跨越式发展的进程中，与中部和发达地区相比较，始终存在着发展差距、改革差距、开放差距与稳定差距这四大差距；同时还存在四大不平衡，即城乡发展不平衡、经济社会发展不平衡、产业结构不平衡、城市化与工业化不平衡。更有诸多客观因素和内在矛盾制约了西藏经济向更高层次、更深领域的发展。

这些问题，需要从理论和政策两个层面加以深入研究。在理论层面，需要对"西藏经济跨越式发展"给出一个清晰的定义，需要为"西藏经济跨越式发展"找到理论支撑，需要全面梳理"西藏经济跨越式发展"理念的脉络；在政策层面，需要寻找到制定跨越式发展政策的目标导向和基本原则，需要在对现有政策分析研究的基础上，给出实施西藏经济跨越式发展的政策设计思路。

一

第二次世界大战后，当代发展理论经历了四个历史阶段的演进与发展过程，即第一阶段的经济增长，第二阶段的社会结构变革，第三阶段的人本思想核心，第四阶段的全面持续深化发展。

1. 对后发地区实现跨越式发展的研究主要基于发展经济学和发展社会学理论

就发展经济学理论而言，早期的发展经济学者强调资本积累对后发地区经济发展的重要性，强调政府计划与强力推动是这些地区摆脱贫困状况的关键因素。此后，发展经济学还在追溯后发地区存在相对落后的历史缘由之际，强调过去、现在与未来之间的连续性与承接性，主张地区经济发展不仅需要在产业结构层面进行平衡的、合理的发展，也必须注意本地区进口与出口之间的平衡，更要注重经济、政治与社会并重发展才能使后发地区逐渐走出低水平发展陷阱，实现跨越式发展。

就发展社会学理论而言，发展社会学家承认世界的多元化和多中心特征，认为制约后发地区经济与社会发展的不仅仅有经济方面的因素，更有社会方面的因素。社会现代化与转型既是一个地区经济发展的内涵与后果，也是经济发展的必要条件。发展社会学更多强调国家、社会与市场共同引导经济、社会与文化发展，注重文化多样性与社会多元化特征，尤其注重社会参与、公平正义、文化延续性与可持续发展等。

此后，发展经济学与发展社会学对后发地区实现经济跨越式发展与社会现代化转型的研究，从一般化理论研究逐渐发展到根据特定区域进行具体分析，根据后发地区的历史、经济、社会与文化的特殊性，进行较为微观的实证研究，并提出具有针对性的对策与建议。

2. 国内外学者对西藏经济跨越式发展的理论研究综述

改革开放以来，伴随着西藏经济的快速发展及其在我国经济中战略地位的日益突出，国内学者对西藏经济发展的研究逐渐增多，但现有的研究成果主要集中在北京和川藏地区的部分高校与藏学研究中心。

2001年中央召开第四次西藏工作座谈会，正式提出西藏要实现"跨越式发展"，国内学者随之加大加深了对西藏经济跨越式发展的研究，研究成果不断丰富。国内学者对西藏的研究,从西藏经济与社会的现状分析入手,总结了西藏经济与社会发展的特征与存在的问题,提出了许多具有建设性的政策建议。对于西藏经济跨越式发展的观点主要集中在以下三方面:一是认为经济结构调整是实现西藏跨越式发展的重点,二是认为西藏跨越式发展的关键是经济社会协调发展,三是注重各领域和相关方面对西藏跨越式发展的影响作用。这些研究对于推动西藏经济与社会的加速发展,促进西藏城乡居民生活水平的提高,以及促使西藏更加深入地参与并融合到我国经济运行与循环体系之中起到了积极的作用。

国外学者对西藏经济发展的研究首先起源于国际藏学研究。最初的研究主要集中在宗教信仰、社会文化与政治体制等方面,且多为探险游记、文学报告等,以后则较多地集中在对历史、宗教仪式与社会生活方式等的研究之上,往往受到所在国政治与意识形态的影响。相比较而言,西方学者对西藏经济的研究很少,对于西藏经济跨越式发展和提高藏族人民的生活水平的研究则更少。

3. 西藏经济跨越式发展的五大理论依据

全面、系统地梳理西藏经济跨越式发展的理论依据和理论脉络是非常必要的。在当今经济全球化与区域一体化的时代背景下,西藏经济跨越式发展的理论依据在于以下五个方面。

一是经济全球化和区域一体化趋势要求西藏经济的跨越式发展不能孤立地或封闭地来规划和实施,特别是在中国经济市场化程度不断提高、经济更深更广地融入世界经济体系之中之际,只有秉承开放与协作的理念,才能推动西藏经济跨越式发展。

二是大国经济的非均衡发展理论要求我们准确定位西藏在我国区域经济格局中的功能与作用,形成带动和支撑西部大开发的战略高地,使东中西部发展更加协调,最终促进区域间平衡发展与我国经济持续高速、稳定与健康发展。

三是区域产业结构优化理论要求西藏形成相互支持的区域产业体系,立足于内生的产业发展,走出一条具有西藏地方特色的产业发展之路。

四是后发优势理论要求把西藏"潜在"的后发优势变为"现实"的后发优势,在技术创新方面、人力资源方面、产业选择方面确立本地区的比较优势,确定西藏在全国经济与国际经济合作网络中的合理位置。

五是增长极理论、产业集中理论要求西藏区域经济内部空间结构与区域城市体系能形成相互关联与支撑的产业，形成经济增长极，带动区域产业结构不断合理化与高度化。

4. 西藏经济跨越式发展的内涵和原则

跨越式发展理论源于"赶超式"发展理论，但与赶超理论不同的是跨越式发展不只是注重于速度的超越，而是经济发展的全面综合跨越。与传统工业发展过程中任何一个时期的"赶超型"战略不同，跨越式战略要突破传统工业化道路中单纯追求速度型的增长，避免经济发展中的短期行为，以及单项突进的发展模式，而追求一种速度与效率并重，当前发展与长远发展兼顾，经济和社会、生态环境协调发展的模式。

西藏经济跨越式发展，是指西藏基于本地区的资源要素禀赋，在遵循和运用市场经济基本规律的基础上，通过后发优势，运用先进的科学技术和管理经验，缩短经济发展的一般过程，在较短的时间内实现经济发展的预期目标，实现经济、社会、文化等领域发展水平的整体跃升的一种新的发展方式。

西藏经济跨越式发展包括以下五个方面的内涵：

一是社会发展形态的跨越——从传统农牧业社会向生态保护型社会的跨越；

二是经济结构的跨越——从一、二、三次产业结构向三、二、一次产业结构的跨越；

三是经济发展能力的跨越——从输血到造血、从外生性增长向内生性增长模式的转变；

四是增长驱动力的跨越——由传统的要素驱动向更高阶段的创新驱动的跨越；

五是经济发展模式的跨越——由投资需求为主导向消费需求为主、内外需结合的消费需求为主导的转变。

由于西藏所处的独特战略区位与地理区位，推进西藏经济跨越式发展必须遵循五大原则：

一要坚持发展速度与社会效益并重的原则。跨越式发展不只是经济发展速度的加快和经济发展阶段的缩减，它既是经济发展的全面跨越，又是社会效益的综合提高。

二要坚持在发展中保护与在保护中发展的原则。西藏经济跨越式发展一方面要走资源节约与环境保护的道路，另一方面还要走民族文化保护与人类文明遗产保护的道路。

三要坚持科技创新与社会管理创新结合的原则。西藏经济跨越式发展的关键要素应当是创新，包括技术创新、组织创新、制度创新与社会管理创新。

四要坚持统筹兼顾与重点突破的原则。应当采取重点突破，以点轴带动整个西藏地区全面发展的城市与区域体系发展策略。

五要坚持以人为本与改善民生的原则。西藏经济跨越式发展应当以提高西藏城乡居民与农民生活福利水平为最终目标。

5. 西藏经济跨越式发展理念提出的政策脉络

西藏跨越式发展理念的提出和深化来自中央决策，正式提出是在2001年的第四次西藏工作座谈会上，为此我们考察了不同时期中央对西藏跨越式发展的代表性论述。

（1）第一次西藏工作座谈会：西藏工作重心向经济与社会转移

1980年3月，第一次西藏工作座谈会，提出要把发展西藏经济，"有计划、有步骤地使西藏兴旺发达、繁荣富裕起来"作为西藏的中心任务和奋斗目标。一切从西藏实际出发，使西藏工作重心实现向经济与社会的转移。

（2）第二次西藏工作座谈会：西藏经济从封闭式向开放式、从供给型向经营型转变

1984年3月，第二次西藏工作座谈会确定了"一个解放，两个转变"的经济工作指导思想，即解放思想，推动西藏经济从封闭式转变为开放式、从供给型转变为经营型的工作指导方针。

（3）第三次西藏工作谈座谈会：一个中心、两件大事、三个确保

1994年第三次西藏工作座谈会首次提出"一个中心（经济建设）、两件大事（发展、稳定）、三个确保（经济发展、社会稳定、生活改善）"的指导方针。即坚持以经济建设为中心，抓好发展和稳定两件大事，确保西藏经济的发展，确保社会的全面进步和长治久安，确保人民生活水平的不断提高。这次会议为西藏经济跨越式发展奠定了思想基础，为进入新世纪后西藏经济跨越式发展做好了必要的准备。

（4）第四次西藏工作座谈会：正式提出"西藏经济跨越式发展"的理念

2001年6月,第四次西藏工作座谈会正式提出"西藏经济跨越式发展"理念。西藏可以而且应该采取的战略是,"通过国家和各地的支持,直接引进、吸收和应用先进技术和适用技术,集中力量推动跨越式发展"。

(5) 第五次西藏工作座谈会:在科学发展的轨道上推进跨越式发展

2010年1月,第五次西藏工作座谈会明确了在科学发展的轨道上推进跨越式发展的基本思路,提出了"七个更加注重",即更加注重改善农民生产生活条件,更加注重经济社会协调发展,更加注重增强自我发展能力,更加注重提高基本公共服务能力和均等化水平,更加注重保护高原生态环境,更加注重扩大同内地的交流合作,更加注重建立促进经济社会发展的体制机制。2010年3月,胡锦涛在参加全国两会西藏代表团讨论时,全面系统地阐述了西藏地区跨越式发展的"四个确保"问题。他指出,坚持走有中国特色、西藏特点的发展路子,以经济建设为中心……确保经济社会跨越式发展,确保国家安全和西藏长治久安,确保各族人民物质文化生活水平不断提高,确保生态环境良好。

近年来,中央对西藏未来发展的战略定位更为清晰,那就是要把西藏建设成"两个屏障、两个基地、两个目标":(1) 重要的国家安全屏障,重要的生态安全屏障;(2) 重要的战略资源储备基地,重要的高原特色农产品基地;(3) 重要的中华民族特色文化保护地,重要的世界旅游目的地。

二

着手实施西藏经济跨越式发展战略之前,首先要对西藏经济发展的历史与现状有比较深入的了解,在此基础上,对目前西藏经济发展的特殊性,经济运行中存在的制约跨越式发展的主要矛盾和因素要有清晰的梳理和客观的分析,如此方能因地制宜、对症下药。

1. 西藏经济发展的历程与现状

西藏经济发展的历史可以追溯到很远,但跨越式发展的历程则起源于中央第四次西藏工作座谈会。为此,我们的分析从这一时点开始。按照经济发展的几个标志性指标,西藏经济跨越式发展可以分为三个阶段。

2001~2002年为发展战略提出的初期。该时期西藏大型基础项目开始规划启动，全社会固定资产投资规模明显扩大；GDP快速上升，但农民纯收入增长缓慢；第三产业快速增长，三次产业结构呈非典型性的"三、一、二"形态。

2003~2009年是发展战略初见成效期。此阶段西藏更多的基础设施项目开始启动，投资规模进一步扩大；经济总量继续稳步上升，城乡收入差距有所缩小，但仍高于全国平均水平；产业结构进一步调整为"三、二、一"形态，旅游、矿产等支撑产业初具规模。

2009年至今是发展战略的纵深推进阶段。该时期西藏交通设施体系继续完善，消费驱动力得到重视；民生、医疗和教育等方面的投资增加，西藏老百姓的生活受到切实关注和改善；战略性支撑产业加快发展，西藏自我发展能力进一步加强。

总之，经过长达十年的发展战略推进，西藏经济取得了前所未有的迅猛发展，地区生产总值处于历史最高水平，财政收入稳步上升；经济结构进一步调整，若干支撑产业成长显著；对外贸易快速增长，重大领域改革进一步深入；人民生活水平大幅度提高，经济运营环境逐步改善，跨越式发展战略成效卓著。

2. 西藏经济跨越式发展的制约因素和主要矛盾

十多年来西藏所取得的卓越成就为跨越式发展奠定了坚实的经济基础，中央的特殊关怀和全国的无私支援又为西藏经济跨越式发展提供了包括税收、金融、投融资、外贸、人才和技术等方面的资金和政策支持。但是，我们还要看到，西藏地区与中部和发达地区相比较，始终存在发展差距、改革差距、开放差距与稳定差距这四大差距；同时还存在四大不平衡，即城乡发展不平衡、经济社会发展不平衡、产业结构不平衡、城市化与工业化不平衡。具体来讲，西藏经济的跨越式发展面临如下客观制约因素和内在矛盾。

制约因素之一：人力资本相对稀缺、资本积累能力有限以及具有核心竞争力的企业严重不足，制约了西藏经济的可持续发展能力。

和全国其他地区相比，西藏人力资本的总体水平仍较低。西藏自身的资本积累能力有限，目前那种既不是来自于市场的自由配置，也不源于自身积累的投资方式，非但不可持续，也不利于西藏现代经济体制的建立和完善。与此同时，西藏还缺少具有核心竞争力的龙头企业。

制约因素之二：特殊的高原地理环境、相对落后的交通基础设施及较小的市场容量，制约了西藏经济的规模化发展和产业化集聚。

制约因素之三：法律法规和信用体系的不健全及市场主体未充分培育，制约了西藏市场经济体制的进一步完善。

除此之外，西藏经济跨越式发展还面临以下主要矛盾：

（1）地区经济平衡发展的要求与城乡收入差距全国最大的现实之间的矛盾

西藏经济跨越式发展的最终目标是促使西藏各地区人民生活水平得到均衡提升。这就需要通过统筹城乡协调发展等措施，最终实现全区经济发展与社会福利的均衡发展。在西藏，自治区内的城市居民收入随着经济的发展而不断地提高，但藏区农民的收入未能同时得到相应幅度的提升，和全国农民的平均收入水平相比，西藏农民的收入处于低位，增速也呈放缓趋势，这一状况进一步拉大了西藏城乡居民的收入差距。

（2）经济发展对产业结构优化的要求与劳动力资源无法合理配置之间的矛盾

西藏自我发展能力的增强，不仅需要合理的产业结构，也要充足的劳动力资源，以实现整个社会经济资源的最有效最合理的配置。但是目前劳动力在三次产业间的配置极不均衡。从劳动力转移的可行性看，西藏需要合理引导和实现劳动力由第一产业向第二产业的转移，而目前"一产上水平、二产抓重点、三产大发展"的产业发展战略使得劳动力由第一产业向第二产业转移的空间较小。从劳动力转移的必要性看，西藏第三产业的结构特征和发展方向更需要大量有技能有文化的技术型、管理型人才，一产的富余劳动力可能并不能在短期内及时有效地转移到三产，因此也就难以迅速缓解农民的就业问题。这便使得产业结构优化和劳动力资源合理配置之间的矛盾非常突出。

（3）基础设施建设快速发展的需求和运行维护成本巨大、技术人才不足之间的矛盾

西藏经济发展离不开完善的基础设施建设，但是巨大的基础设施摊子需要巨大的运行与养护管理成本，这对地形地貌特殊、气候条件特殊、自然环境特殊、战略定位特殊的西藏来说是一个非常严峻的现实问题。除了运行和维护成本之外，西藏基础设施顺畅运行还需要大量的技术和管理人

才。西藏的基础设施项目在建设过程中克服了许多世界性难道，同时其基础设施的运营管理、使用维护等也会有许多世界性的难题亟待解决，这就对技术人才的供给提出新的要求。

（4）庞大的投资需求规模、内生性的投资结构要求与西藏自身资本积累能力较弱之间的矛盾

健康良性的投资结构应该主要是内生性的，也就是需要西藏地区自身具有强大的资本积累和投入能力，但目前西藏的资本积累主要来自中央政府的转移支付和各省市的援藏资金。庞大的投资需求规模和内生性的投资结构要求，与西藏自身资本积累能力较弱之间就产生了不可避免的矛盾，从而成为制约西藏经济跨越式发展的又一障碍。

（5）经济跨越式发展对现代化科技人才的需求与西藏人力资源供给相对不足之间的矛盾

科技是第一生产力，人才是科技进步的支撑和保障。西藏人力资源供给从中长期看仍显不足主要有四个原因：一是现有人力资本总量不充足；二是高等教育相对落后导致未来的人才供给不足；三是受环境、气候、生活等因素影响，引进外地人力资本难度较大；四是外地援藏人才以行政管理人才为多、专业技术人才为少。

3. 西藏经济跨越式发展所面临的特殊性

（1）保护生态环境下的优势产业确立

西藏的发展离不开经济的支撑，经济的发展离不开产业的支撑。立足特色优势资源，因地制宜，加快产业结构调整，是西藏"十二五"期间加快调整产业结构的需要。但这种推动产业加快发展的战略选择，必须在确保国家近年来对西藏未来发展的战略定位的基础之上。

（2）守护国家安全屏障下的经济开放

国家安全是国家存在和发展的基础。西藏的稳定和安全，是我国全面实现经济可持续发展的迫切需要，是维护民族团结和社会稳定的迫切需要，也是维护祖国统一和国家安全的迫切需要。与全国其他地区的经济发展相比，西藏发展的特殊性就在于经济的对外开放需要在守护国家安全的前提下进行。西藏地处祖国边境，情况和形势比较复杂，政治因素、宗教因素、文化因素、外交因素等非经济因素对西藏市场秩序的影响较大，甚至直接影响到国家安全和西藏人民的生活安全。为此，正确处理国家安全

和经济发展的关系,切实保证在守护国家安全屏障的前提下进行经济的开放,是西藏经济实现跨越式发展的特殊要求。

(3) 政府强有力推动下的资源配置方式

根据西藏经济社会发展的特点,在中央和地方政府强有力的推动下实现资源的有效合理配置,目前仍是一种适合西藏经济发展的次优选择和普遍方式。形态初级、规模有限、规制不全的市场无法真正实现资源配置的功能。西藏特殊的战略地位仍然需要政府在经济发展中发挥重要作用。因此,需要有效实现政府推动下的资源配置,又要充分发挥市场的基础性作用,提高西藏资源配置的效率,促进西藏经济更好更快地发展。

(4) 在民族宗教地区实现经济的跨越式发展

藏族文化历史悠久、源远流长、底蕴深厚,尤其是作为藏族的宗教信仰——藏传佛教,是西藏社会制度建立、经济发展和人民交往的重要信念来源。西藏经济跨越式发展战略的制定和实施,必须充分考虑到西藏民族地区、宗教地区的特殊性,在发展经济的过程中必须尊重和保护西藏民族宗教文化,正确处理好西藏的民族与宗教问题。

三

经济的充分发展,不仅是社会稳定的基础,也是政治稳定、国家安全的基本保障。西藏的特殊区情决定了以普惠性和包容性为基本理念的西藏经济跨越式发展,不仅是西藏的事情,更是关乎国家主权独立、领土完整、政治稳定、社会和谐、民生进步的大事。这既是研究西藏经济跨越式发展的初衷,也是制定西藏经济实现跨越式发展政策的根本出发点。

按照本研究报告对西藏经济跨越式发展内涵的理解,跨越式发展阶段要实现以下五个"有助于":

一是有助于经济结构的跨越,即实现健康合理的"三、二、一"产业结构。

二是有助于发展能力的跨越,即实现从输血到造血,从外生增长到内生增长的转变,"自我发展能力"要显著增强。

三是有助于社会发展形态的跨越,即由"自给自足型"(或称自然依存型)社会形态跳过"资源消耗型"社会形态,直接进入"生态保护型"

社会形态。

四是有助于经济增长动因的跨越，由最初的要素驱动阶段跨越单纯依靠投资驱动的阶段，逐渐进入到投资和创新的双轮驱动阶段，并最终进入到创新驱动阶段。

五是有助于"发展中保护，保护中发展，保护也是发展"理念的贯彻与落实。

1. 制定西藏经济跨越式发展政策的目标导向、功能内涵和基本原则

从政策的目标导向来讲，实施西藏经济跨越式发展的政策体系要紧紧围绕上文提出的跨越式发展的"五个有助于"，寻找到制约的瓶颈和相应的突破口，切实有效地推动西藏在较短时间内实现经济的跨越式发展。

从政策的功能内涵来讲，实施西藏经济跨越式的政策体系要具有如下方面的功能内涵：

一是政策体系要有助于突破制约西藏实现经济跨越式发展的主要瓶颈，要能够化解制约西藏实现经济跨越式发展的主要矛盾。

二是政策体系要与社会主义市场经济的本质要求相契合，在此基础上推动西藏形成比例适当的三次产业结构，推动西藏经济获得内生发展的动力。

三是政策体系要有助于实现经济社会环境的协调和可持续发展，经济和产业的发展不能以破坏环境和影响社会稳定为代价。

四是政策体系要充分考虑到西藏经济发展的特殊性，考虑到西藏在国家层面的独特战略地位。

就政策制定的基本原则来讲，要充分考虑西藏经济跨越式发展的目标导向和功能内涵，政策体系必须在理念层面和操作层面遵循六项基本原则：

（1）最大化原则。政策效用要尽可能实现最大化。

（2）协调性原则。政策体系要实现长期和短期的协调，经济政策还要与社会政策、环境保护政策以及宗教文化政策实现有机协调。

（3）有效性原则。西藏经济跨越式发展政策要具有实际效力和可操作性。

（4）整体性原则。中央应出台一个关于地方援藏政策的指导性文件，使中央和地方在援藏问题上形成长期合力。政策体系不仅要包括鼓励性的优惠政策，还要有限制性政策和禁止性政策。

（5）适度性原则。政策的优惠力度要适度，不能违背市场经济的客观规律，切忌对西藏的经济发展大包大揽。

（6）普惠性原则。政策要以人民群众福利最大化为根本宗旨，而不能以 GDP 和税收最大化为基本导向。

2. 对西藏经济跨越式发展现有政策的总结与梳理

首先，从现有政策的主要内容和特点看，大致包含十大方面：一是长期持续的财政补贴和税收优惠；二是注重对基础设施和公共服务设施的投资建设；三是改善民生和支持农牧业发展政策，内容涵盖土地经营、生产生活、社会保障、医疗服务、教育等领域；四是金融、价格政策；五是企业的税收及其他优惠政策；六是环境保护和能源利用政策；七是对外开放政策；八是中央各部委和地方援藏制度和政策，内容涵盖干部援藏、人才培训、项目建设、企业合作及相关委办局和地区的本职工作等；九是涉及教育、就业、公职人员收入等方面的其他政策；十是西藏本地区出台的优惠政策。

详细分析以上十个方面，与西藏在科学发展的轨道上实现经济跨越式发展的要求相比，现有政策体系仍存在一定的缺失与不足，综合表现为政策的着力点聚焦于对各种经济社会发展物质要素的直接配置，缺乏对个人和企业自主发展能力的培育和引导。

第一，各种政策所推动的资金在很大程度上都转化为投资。为此，下一步政策的焦点应该是如何有效地激活和放大前期投资的生产性功能，从"授人以鱼"向"授人以渔"转变。

第二，政策侧重于用行政和财政手段直接降低企业的经营成本，这虽然会增加企业在市场竞争中的生存概率，但对企业自主创新能力的培育却并无益处。

第三，政策侧重于用补贴的手段直接提高相关群体的收入，其结果是收入增长主要来自中央的转移支付，而不是来自人力资本的提升。如果从财政获得的收入明显高于从市场中获得的收入的话，不仅会拉大城乡差距，也会抑制人们通过市场竞争改善生活的积极性。

第四，现有的政策没能很好地解决城乡差距问题，甚至在一定程度上还助推了这种差距的扩大。

第五，现有的政策没有很好地解决西藏现代化与传统性的融合问题。对于西藏而言，最先进的东西不一定是有效的，西藏需要的是最适合的技术、设备和管理方式。

第六，现有的政策在培养技术人才方面仍要加大力度，需要更加适合西藏特点的新政策出台。

第七，各地援藏政策仍有待进一步改进。援藏人员重行政干部而轻技术、企业管理等专业人才；援藏对象重各级政府部门，而轻企业和科研院所；援藏项目重自然资源开发而轻人力资源开发。

我们认为，前期政策体系解决的核心问题是公共服务和基础设施骨干网络的建立以及经济总量的快速增加，政策作用的方向与西藏经济跨越式发展的要求相比仍存在一定的偏差，在某些方面甚至还会有一些背离。在新的条件和发展目标下，西藏政策体系需要一种转型，即从"输血式"援藏向"造血式"援藏转型，从"以物为本"的援藏向"以人为本"的援藏转型。

3. 促进西藏经济跨越式发展的政策导向及思路研究

（1）西藏经济跨越式发展政策的导向

西藏经济跨越式发展政策体系设计的总体导向为：建设一个社会和谐，人民安居乐业的新西藏。

对于西藏经济来说，当务之急就是如何调整发展模式，重消费而非投资、重内需而非出口、重服务业而非制造业、重高新技术产业而非劳动密集的低技术含量的工业，从而确保经济跨越式发展。为此，需要设计人力资源开发、优势产业培育、城镇化建设三位一体的政策模式。这一模式的具体内涵是：

首先，摆在第一位的是人力资源开发，主要通过教育和培训使西藏人民传统的宗教文化理念能与现代社会的生产生活方式和谐并生，树立现代市场竞争理念，市场责任意识、契约信用意识、市场创新意识和风险危机意识，这是西藏走向自主发展道路的基本前提。

其次，城镇化建设主要是推进农民向城镇集聚，通过集聚来培育市场和市场竞争主体，同时也可有效降低各种公共服务，特别是教育和医疗的规模成本。城镇形成一定规模的集聚后也有助于熏陶和培育市民的现代化市场意识。

第三，优势产业培育要立足于大旅游产业。宜由中央政府或全国人大常委会通盘负责对西藏优惠政策的设计、规划、实施、检查和评估，出台一部关于西藏优惠政策的指导性文件以规范各部委、各地方的援藏政策、援藏项目和援藏方式以及西藏本地出台的优惠政策，使诸多政策形成合力，聚焦于当前最重要的瓶颈，选准突破口，尽快实现经济跨越式发展。

(2) 西藏经济跨越式发展政策的设计思路

按照上述三位一体的政策导向，我们勾勒出了西藏经济跨越式发展的政策设计思路：

首先，人力资源开发政策的设计。一要延续前期对西藏在义务教育、高等教育、职业培训方面的优惠政策，加大内地西藏班的建设和教育力度。二要推行梯度化职业技能教育。职业教育内容要紧贴农民的实际生产和生活。三是各地援藏政策的重心要从物资援藏、干部援藏和项目援藏上转移到智力援藏上来。

其次，优势产业培育政策的设计。包括出台鼓励和限制性产业目录，成立"西藏品牌"推广机构，加强内地龙头企业与西藏企业的全方位合作，对于出口产品给予相应的补贴，加大对乡镇企业的扶持力度，鼓励国家旅游局以及各省市旅游局对西藏进行援助，加强旅游局对其他相关部门的协调、监督权限，增设环卫工人岗位，保证城镇街道的干净整洁，等等。

再次，城镇化建设政策的设计。建议出台到2020年西藏城镇化发展规划，明确城镇体系的布局、功能；在公共服务和基础设施投入方面，把投入与西藏城镇发展战略结合起来；通过户籍制度的改革，促进农牧区人口的城镇化；在重点城镇设置生态环境保护、农村技术推广等公益性岗位；结合城镇化建设推广农业产业化示范园区和手工艺品加工园区建设；鼓励各种新能源技术和产品在西藏城镇推广和应用。

第一章 西藏经济跨越式发展的理论分析

跨越式发展理论源于"赶超式"发展理论,但与赶超理论不同的是跨越式发展不只是注重于速度的超越,而是经济发展的全面综合跨越。与传统工业发展过程中任何一个时期的"赶超型"战略不同,跨越式战略要突破传统工业化道路中单纯追求速度型的增长,避免经济发展中的短期行为,以及单项突进的发展模式,而追求一种速度与效率并重,当前发展与长远发展兼顾,经济和社会、生态环境协调发展的模式。与此同时,个人的学习和发展能力,企业的自主创新能力以及产业的自我适应和调整能力要得到切实加强,社会整体的公共服务水平也要同步得到提高,最终实现公共服务的标准化、普惠化和人性化。

一 理论综述

1. 西方学者对后发地区实现跨越式发展的理论研究综述

第二次世界大战后,当代发展理论经历了四个历史阶段的演进发展过程,即第一阶段的经济增长,第二阶段的社会结构变革,第三阶段的人本思想核心,及第四阶段的全面持续深化发展。

(1) 发展经济学对具有特殊资源禀赋地区经济发展研究简述

经济增长对一个地区与国家具有重要作用与积极意义,它可以提高居民就业率,满足居民的物质需求,提高居民需求层次,促进居民生活水平提高,也因此推动了社会稳定与文化繁荣。一个地区经济实现跨越式发展不仅可以提高物质消费水平,而且可以推动社会与文化的和谐发展。

对于资源禀赋特殊地区如何实现跨越式发展,发展经济学家分别从不同角度进行了研究,对资源禀赋比较特殊地区实现经济超常规发展提出了较多的发展方法与策略。早期的发展经济学者强调资本积累对这种地区经济发展的重要性，把资本视为一个地区或国家经济增长的关键因素，资金、技术与生产资料对于后发地区经济加快发展具有关键作用。W. A. 刘易斯（W. A. Lewis）、R. 纳克斯（R. Nurkse）和 P. N. 罗森斯坦·罗丹（P. N. Rosenstein-Rodan）等人认为，资本的投入对一个地区经济增长具有重要意义，在经济落后国家，发展的核心问题是资本的形成。① 后发地区的投资规模直接影响到该地区的经济增长率。假如本地资本不足，那么可以通过引进外资加以弥补。此后，以西奥多·舒尔茨（T. W. Schultz）、加里·贝克尔（Garys Becker）和雅各布·明塞尔（Jacob Mincer）为代表的人力资本论学者从强调物质资本投入逐渐转移到强调人力资本积累上来，他们认为教育水平与劳动技能对经济发展具有重要意义。② 发展教育对于后发地区经济实现跨越式发展具有不可忽略的作用，必须特别强调教育与人才培训在地区经济跨越式发展中的作用。

J. 丁伯根（J. Tingbergen）、A. 赫尔希曼（A. O. Hirschman）和 H. 钱纳里（H. Chenry）等发展经济学家从社会主义国家的经济成就中得到启发，强调政府计划与强力推动是后发地区摆脱贫困状况的关键性要素。③ 他们认为，一个后发地区经济要取得跨越式发展，如果听凭市场与社会自生自发发展，那么地区经济可能长期处于低水平的经济贫困陷阱之中不能自拔，后发地区的经济与社会已经形成自我累积循环机制，已无社会与市场的内部力量向经济发展的积极方向推进。因此，如果要打破后发地区的恶性循环机制，就必须利用"大推进"策略，采用中央政府与国家强有力的力量推进后发地区走出低水平发展的陷阱。简而言之，他们认为，中央政府与地方政府的规划、大规模投入与强有力的推动，是后发地区实现跨

---

① 〔英〕多马：《经济增长理论》，郭家麟译，商务印书馆，1983；〔美〕R. 纳克斯：《不发达国家的资本形成问题》，谨斋译，商务印书馆，1966。

② 〔美〕雅各布·明塞尔：《人力资本研究》，张凤林译，中国经济出版社，2001；〔美〕加里·贝克尔：《人力资本理论：关于教育的理论和实证分析》，郭虹等译，中信出版社，2007；〔美〕西奥多·W. 舒尔茨：《论人力资本投资》，吴珠华等译，北京经济学院出版社，1990。

③ 〔荷〕J. 丁伯根：《经济政策：原理与设计》，张幼文译，商务印书馆，1988；〔美〕赫希曼：《经济发展战略》，曹征海、潘照东译，经济科学出版社，1991；〔美〕霍利斯·钱纳里：《结构变化与发展政策》，朱东海、黄钟译，经济科学出版社，1991。

越式发展的首要条件与关键因素。

由于世界上不同国家及其区域经济与社会问题的特殊性，假想能用一般性的理论与政策来实现世界上所有后发地区经济跨越式发展是不符合现实的，也是不可能的。随着发展经济学的发展，以资本积累、政府投入和加快工业化进程的通用理论来解决后发地区的经济与社会问题的研究方法逐渐被特殊的、具体的经济学分析所代替。后发地区要取得非常规发展，首先必须根据本地区历史、经济、社会与文化的特殊性，进行具体与详细的分析，此后再提出切合实际的政策与建议。

目前，发展经济学对后发地区的个案研究，一方面采用经验与行为实证分析方法，在理论依据上主要采用新古典经济学的理论，运用均衡与最大化标准进行分析；另一方面，发展经济学也认识到采用单纯经济学分析方法不足以提出切合实际的建议，因此也结合历史、文化与社会等因素进行综合性分析，采用了综合化研究的方法。发展经济学试图在追溯后发地区存在相对落后的历史缘由之际，强调过去、现在与未来之间的连续性与承接性，主张基于结构平衡的理论，地区经济发展不仅需要在产业结构之上进行平衡发展与合理发展，也必须注意本地区的进口与出口之间的平衡，更要注重经济、政治与社会并重发展才能使后发地区逐渐走出低水平发展陷阱，实现后发发展与跨越式发展。

（2）发展社会学对具有特殊资源禀赋地区经济发展研究简述

随着对资源禀赋特殊地区、后发地区以及相对贫困地区研究的深入，学者们逐渐发现，这些地区的经济、社会与文化方面是相互关联的，也是一体的。在更加深入地对后发地区经济增长与社会发展两者关系问题进行研究的基础上，纲纳·缪尔达尔（Karl Myrdal）等学者认为，制约后发地区经济与社会发展的不仅仅是经济方面的因素，更有其在社会方面的因素。社会现代化与转型既是一个地区经济发展的内涵与后果，也是经济发展的必要条件。[①]

早期的发展社会学承袭了社会发展的阶段论思想，如卡尔·马克思（Karl Marx）的五个社会阶段划分方法、西方现代化理论的传统与现代社会两分法以及沃勒斯坦（Wallerstein）的现代世界体系等。[②] 接着，以美国

---

① 〔美〕威廉·巴伯：《纲纳·缪达尔》，苏保忠译，华夏出版社，2009。
② 〔美〕伊曼纽尔·沃勒斯坦：《现代世界体系》第2卷，吕丹等译，高等教育出版社，1998。

的保罗·巴兰（Paul Baran）为代表的学者进一步推动了发展社会学的依附理论发展；此外，劳尔·普雷维什（Raul Prebisch）的"中心—外围"思想也得到了发展。① 在这个时期，直线式的社会发展进程和主张现代社会优于传统社会曾经一度是西方发展社会学的主流观点。学者们认为摆脱经济贫困与社会发展停滞的对策就是实现现代化，实现工业化与现代化是推动经济与社会发展的不二法门。这种观点以西方中心主义为基础，以社会进化论与单线式发展的分析为依据，认为由于发展中国家处于传统社会阶段，因此尚未进入社会现代化的阶段。它的重要特征是农业与手工业经济盛行，而工业经济尚处于初级阶段。后发地区要实现现代化，只有改革社会制度结构与文化传统，引进先进技术，采取个人主义、民主政治、市场经济与法治社会才有可能实现社会现代化。这种思想是现代化理论的重要组成部分。

然而，发展中国家的学者从反"中心－边缘"和西方化的观点出发，认为正是西方国家现代化过程及其现存不合理的国际政治与经济秩序，才使得后发地区与国家长期处于落后状态并形成自我累积循环机制，如中国的马克垚等。② 应当从后发地区的实际情况出发，特别是必须摆脱发达地区与落后地区之间存在的依附与汲取关系，从社会与文化的延续性出发，对特殊地区提出特殊解决方案，才能实现后发地区的经济与社会进步。简而言之，一个地区与国家的经济发展是基于自身各种因素相互作用的结果。必须根据后发地区自身发展的特殊性，寻找本地区的内部原因，针对地区经济贫困的症结所在，有的放矢地提出政策建议。

同发展经济学一样，发展社会学逐渐从经验上注意到了后发地区居民的微观行业与具体制度对经济与社会的影响。在方法论上，它逐渐摒弃单一性与欧洲中心主义的取向，转而承认世界的多元化和多中心特征，从侧重于强调国家与地方政府主导地区经济与社会发展转向强调国家、社会与市场共同引导经济、社会与文化发展，注重文化多样性与社会多元化特征，尤其注重社会参与、公平正义、文化延续性与可持续发展等。

---

① 〔美〕保罗·巴兰：《增长的政治经济学》，蔡中兴、杨宇光等译，商务印书馆，2000；董国辉：《劳尔·普雷维什经济发展思想研究》，南开大学博士学位论文，2001。
② 马克垚：《世界文明史》，北京大学出版社，2004。

2. 发展经济学、发展社会学与西藏经济实现跨越式发展的理论关联

发展经济学与发展社会学对后发地区实现经济跨越式发展与社会现代化转型的研究，从一般化理论研究逐渐发展到对特定区域进行具体分析，根据后发地区的历史、经济、社会与文化的特殊性，进行较为微观的实证研究，并提出具有针对性的对策与建议。理论演进的过程实际上反映了现实发展的需求，也说明了发展经济学与发展社会学对后发地区实现跨越式发展的指导作用正在不断加强。

西藏经济要实现跨越式发展，必须置于发展经济学与发展社会学的理论指导之下。发展经济学与发展社会学的理论成果对研究西藏经济实现跨越式发展具有相当的借鉴意义。对西藏经济如何实现跨越式发展，既要借鉴于发展经济学中的资本作用、政府主导与产业发展的一般化理论，也要依据发展经济学的原理加强对西藏地区微观与中观经济特殊性的实证研究，还要结合人文、历史与社会诸因素进行综合性的分析研究。同时，考虑到西藏的宗教与文化的特殊性，人文与宗教因素对西藏经济跨越式发展也将产生不可忽视的作用，本课题在理论与实证研究过程中也对西藏的宗教与文化背景给予了一定关注。西藏是高原地区，藏族人民极富民族特性，西藏地区经济社会演进过程及发展程度有着自身的规律，必须遵照这些规律并利用这些规律促进西藏经济跨越式发展。

从西藏这个具有特殊资源禀赋的地区来看，借鉴现有的发展经济学与发展社会学理论成果，首先，应当从全球的宏观视角出发，把西藏地区置于当今国际经济全球化、世界经济一体化的视野中予以考量，分析西藏所具有的比较优势与竞争优势以及西藏在世界生产体系中所处的位置，研究在全球城市化与工业化浪潮之中西藏经济发展具有的潜力与潜在优势。其次，应当从我国区域经济分工与协作的角度出发，合理定位西藏地区在我国经济体系与区域经济分工与协作之中的角色与作用，以发挥西藏地区特殊的资源与禀赋优势，推进我国经济整体水平上升。再次，必须运用发展经济学与发展社会学具体地区具体分析的方法，把西藏地区除经济因素之外的人文、宗教、人口区域分布特点与高原特征等因素在微观层面上进行较为详尽的分析。在推动西藏经济跨越式发展上把握重点，确定重点区域，全面发展、均衡发展、公平发展，把握经济规律，利用后发优势等因

素推动西藏经济进一步发展。

3. 国内外学者对西藏经济跨越式发展的理论研究综述

（1）国内学者对西藏经济跨越式发展的理论研究综述

在西藏和平解放之前，西藏处于政教合一的封建农奴制社会阶段，经济较为封闭，社会发展较为落后。由于经济与社会发展的闭塞与落后，在包括西藏地区在内的国内学术界，对西藏地区经济发展的研究成果相当匮乏。西藏的和平解放开启了对西藏研究的新时代，极大地推动了国内学界对西藏经济发展的思考与研究。20世纪六七十年代，伴随着经济发展的需要，有关西藏经济研究的文献也逐渐丰富，出现了一些运用马克思主义理论来解释和指导西藏经济发展的著作与论文。自改革开放以来，伴随着西藏经济的快速发展及其在我国经济发展中战略地位的日益突出，我国学者对西藏经济发展的研究也越来越多，现有的研究成果主要出自北京和川藏地区的部分高校与藏学研究中心。从时间来看，以中央政府在第四次西藏工作座谈会上提出西藏跨越式发展为时间界限，对西藏经济发展的研究可以分为20世纪80年代中期至90年代末和21世纪之后两个阶段。

从改革开放到20世纪90年代末，在"解放思想、实事求是"的思想旗帜指引下，中央政府对西藏的各项事业发展都较为重视，分别召开了第一、二、三次西藏工作座谈会，制定了一系列加快西藏发展的政策措施，西藏经济发展速度加快，对西藏经济的研究也更加深入，学者们运用现代经济学理论系统梳理了西藏经济发展的历史与演进，描述和总结了西藏经济的现状与特点，研究和分析了西藏经济发展的经验与教训，提出了一些有针对性的政策与建议。其中，西藏民族学院的狄方耀教授在80年代末创立了"西藏经济学"，并著有《西藏经济学》一书，在全国民族经济学界有一定的影响。[1] 黄万纶编著的《西藏经济概论》、孙勇主编的《西藏：非典型二元结构下的发展改革》、多杰才旦与江村罗布的《西藏经济简史》等是这个时期具有一定代表性的著作。[2] 此外，《西藏产业论》和《西藏产

---

[1] 狄方耀：《西藏经济学》，陕西师范大学出版社，1993。
[2] 黄万纶编著《西藏经济概论》，西藏人民出版社，1986；孙勇主编《西藏：非典型二元结构下的发展改革》，中国藏学出版社，1991；多杰才旦、江村罗布主编《西藏经济简史》，西藏人民出版社，1995。

业政策研究》也是这个时期的重要著作。① 在西藏经济研究论文方面，国内研究者有的借鉴采用西方的产业结构理论，有的运用政治经济学方法论，并通过收集数据资料，分析西藏产业结构特点，提出了许多较为合理的建议。如在如何推进西藏第一产业、第二产业和第三产业的合理与快速发展方面，给出了许多具有针对性的对策与建议。

21世纪以来，中央政府更加重视西藏地区的经济与社会发展，并进一步加大对西藏地区的财政投入。2001年中央召开了第四次西藏工作座谈会，正式提出西藏要实现"跨越式发展"，此后中央政府和各地方政府对西藏的财政投入力度也逐年加大，西藏经济发展速度明显加快。在这样的背景下，我国学者也加大加深了对西藏经济跨越式的研究，研究成果不断丰富。这个时期的代表性著作有罗莉与拉灿编著的《西藏50年·经济卷》，这是一部较有分量的综论性著作，它对西藏和平解放以来的经济状况与发展历程作了较为全面的回顾，提出了许多较有针对性的建议。② 在这个时期，许多学者在前述的研究基础之上，继续运用规范分析与实证分析的方法，针对西藏经济发展的现状和存在的问题，对西藏经济如何实现跨越式发展，提出许多有价值的对策与建议。如王太福等对西藏经济跨越式发展所面临的机遇与挑战、基础与内外部条件进行了分析，认为目前西藏经济发展方式主要是依靠投资拉动，西藏经济跨越式发展的重点在于突破传统农牧业发展模式，增强工业经济实力，进一步加快旅游业发展，推进小城镇建设等，并在深化改革、扩大开放的基础上加快市场化进程。③ 宋朝阳在对西藏三次产业结构进行较为详尽的历史分析基础之上，提出了有条件地确定西藏地区的支柱产业与主导产业继而推动西藏经济加快发展的观点。④

除了西藏地区的学者之外，我国一些高校与研究机构也从西部开发与超常规发展的角度，对西藏经济跨越式发展提出了许多具有建设性的建

---

① 俞允贵、文德明、金巴杨培：《西藏产业论》，中国藏学出版社，1994；肖怀远主编《西藏产业政策研究》，中国藏学出版社，1994。
② 罗莉、拉灿编著《西藏50年·经济卷》，民族出版社，2001。
③ 王太福、王代远、王清先：《西部大开发与西藏经济跨越式发展研究》，西藏人民出版社，2004。
④ 宋朝阳：《西藏产业结构研究》，武汉大学博士学位论文，2005。

议。如尹双庆提出了西部经济跨越式发展与社会环境优化协同发展战略，认为西部经济跨越式发展的重点是要营造良好的社会环境，建立完善的经济快速发展长效机制，实现经济社会的协调发展。① 赵曦从西藏社会经济发展的历史与现实出发，分析了西藏地区社会经济发展的相对优势与劣势，在此基础上提出了西藏未来跨越式发展的战略思路及一系列具体措施。他认为市场制度创新、产业结构调整、地区布局调整，以及人力资本投资与教育事业发展等是西藏社会经济发展的关键所在。② 郑长德从静态和动态两方面对西部民族地区资源、三大产业发展、金融与资本形成、外商直接投资、人口增长与贫困问题、城乡差距等多角度进行了分析，提出实现西部民族地区跨越式发展的战略转型思路在于如何充分发挥这些地区的后发优势。③ 靳薇对援藏政策的来龙去脉进行了详细的分析，并从财政、项目和人力资源等方面对援藏政策进行了经济与社会效益的评估，这对于思考如何制定西藏经济跨越式发展的政策措施具有一定的参考意义。④ 此外，有的学者注重社会各领域的合作对于推动西藏经济跨越式发展的作用。如毛阳海在对西藏地区的贫困状况进行了较为深入的研究之后，提出了调整西藏农村财政反贫困政策的建议。⑤ 魏小文则从经济结构调整中的税收政策入手，对西藏跨越式发展进行了阐述，他同时也对西藏构建资源特色产业路径进行了探析。⑥ 潘久艳从全国援藏决策过程的演化轨迹与过程、发展格局及其演化出发，提出援藏的社会经济效应评价及援藏的改革路径与政策回应，这延伸和细化了中国区域发展研究问题，对于推动西藏经济跨越式发展具有一定的理论价值。⑦

综合以上国内学者对西藏的研究，我们发现，以上学者运用马克思主义理论与西方经济学理论，根据西藏经济与社会实际情况，在一定程度上

---

① 尹双庆：《西部经济跨越式发展社会环境研究》，中央编译出版社，2006。
② 赵曦：《21世纪中国西部发展探索》，科学出版社，2002。
③ 郑长德：《中国西部民族地区的经济发展》，科学出版社，2009。
④ 靳薇：《西藏：援助与发展》，西藏人民出版社，2010。
⑤ 毛阳海：《西藏农村的贫困状况与财政反贫困政策》，参见网址：http://www.aisixiang.com/data/15951.html。
⑥ 魏小文：《科学发展观下对西藏地区税收政策的再思考》，《西藏民族学院学报》（哲学社会科学版）2010年第3期。
⑦ 潘久艳：《全国援藏的经济学分析》，四川大学出版社，2009。

总结了西藏经济与社会发展存在的问题,对西藏经济与社会的现状特征进行分析,提出了许多具有建设性的政策建议。这些研究对于推动西藏经济与社会的加速发展,促进西藏自治区城乡居民生活水平的提高,以及促使西藏更加深入地参与并融合到我国经济运行与循环体系之中起到了积极的作用。由于西藏经济实践的发展进程较快,现有研究成果中的不少内容需要结合新的发展形势进行修正和深化,并在分析西藏的最新经济形势基础上进一步探寻西藏经济跨越式发展之路。

(2) 国外学者对西藏地区的研究综述

国际藏学研究起源较早。早在 19 世纪,为适应其殖民势力向青藏高原扩张的需要,为了解和掌握这座世界最高高原居民的信仰与生活习性,了解西藏地区的经济与社会情况,西方国家的学者开始了对藏文和藏传佛教的研究。在这个时期,藏学研究属于东方学的研究范围。从 20 世纪开始,研究藏区问题和藏民族问题在西方逐渐成为专门之学,英国学者瓦德尔(Lawrence A. Waddell)、意大利学者图齐(G. Tucci)、法国学者石泰安(A. Stein)和德国学者 H. 霍夫曼(H. Hoffmann)等早在 20 世纪 50 年代之前即对西藏的藏传佛教、藏族人信仰特点进行了较为细致的考察研究。到 20 世纪中叶,以法国巴考等人的《敦煌吐蕃历史文书》和意大利图齐的《西藏画卷》为代表的藏学名著逐一问世,推动了国际藏学的进一步发展。1959 年以后,随着大批藏学文献流入西方,国际藏学研究获得较大的发展。石泰安的《西藏的文明》对西藏的历史、社会、宗教、习俗、文学与艺术进行了较为深入的考察与生动的论述。[1] 梅·戈尔斯坦(Melvyn C. Goldstein)的《喇嘛王国的覆灭》对西藏的现代史进行了较为深入的研究,成为藏学研究的代表作之一。[2] 美国哈佛大学、哥伦比亚大学、印第安纳大学、华盛顿大学以及英国的剑桥大学、牛津大学等是国外藏学研究的重要中心。1978 年之后,随着中国对外开放政策的实施,西藏和其他藏区的大门也向外国学者敞开,各国藏学研究者进入藏区进行实地考察,中国藏学家到国外讲学、开会和进行合作研究,极大地推动了国外藏学研究的发展。

---

[1] 〔法〕石泰安:《西藏的文明》,耿昇译,中国藏学出版社,2005。
[2] 〔美〕梅·戈尔斯坦:《喇嘛王国的覆灭》,杜永彬译,中国藏学出版社,2005。

然而，国外学者对西藏的研究主要集中在宗教信仰、社会文化与政治方面，早期的藏学研究多为探险报告、游记等，以后较多地集中在对历史、宗教仪式与社会生活方式等的研究之上。特别是近年来，部分西方国家对藏学的研究明显地表现出一种"研究服务于政治"的需要，因而更多地带有意识形态的特征，带有西方阵营固有的对中国的曲解和敌意，甚至带有图谋分裂中国领土的用心与倾向。相比较而言，西方学者对西藏经济的研究相对较少，至于对于如何推动西藏经济跨越式发展和提高藏族人民的生活水平的研究就更少了。美国和英国的藏学研究者在研究西藏的社会、宗教与文化时涉及了对西藏经济现状的描述，以及对西藏经济特征的研究。[1] 值得一提的是，国外学者对我国自 1980 年开始的援藏政策效应与西藏地区发展状况进行过评估与研究，如戈德斯丁（Melvyn C. Goldstein）等所定的援藏政策对西藏农村地区的影响与变化的个案研究。[2] 辛德地·番（C. Cindy Fan）对改革开放以来我国的西藏政策和西藏地区的非均衡发展进行过研究。[3] 这些研究具有一定的意识形态倾向，但同时也为我们的研究提供了有益的参考。

二　西藏经济跨越式发展的理论分析

1. 经济全球化条件下的西藏经济跨越式发展

（1）当今世界的经济全球化与区域化趋势

西藏经济跨越式发展是在经济全球化与区域化的时代发生发展的，所以，不能孤立地或封闭地来谈论或推动西藏经济的跨越式发展。在信息化时代，经济全球化构成了西藏经济跨越式发展的宏观大背景。鉴于此，西藏经济跨越式发展必须置于世界生产分工与协作的体系中予以审视。认识当今世界经济发展趋势对于把握、推进西藏经济跨越式发展的

---

[1] 满达人：《国外西藏研究文献译述》，载《藏学研究》1993 年第 3 期。
[2] Melvyn C. Goldstein, Ben Jiao, Cynthia M. Beall, and Phuntsog Tsering："DEVELOPMENT AND CHANGE IN RURAL TIBET: Problems and Adaptations", *Asian Survey*, Vol. 43, No. 5 (September / October 2003), pp. 758 - 779.
[3] C. Cindy Fan. Of Belts and Ladders: "State Policy and Uneven Regional Development in Post-Mao China", *Annals of the Association of American Geographers*, Vol. 85, No. 3, Sep., 1995.

方向十分重要。

20世纪90年代以来，世界经济生产形成了以比较优势与要素禀赋为基础的新国际生产劳动分工体系，把经济全球化推进到前所未有的程度，构成了世界经济生产均衡机制。国际生产劳动分工进入全新阶段，即生产的垂直分工与水平分工相结合。由于市场分工的细化与深化，使得国际经济的比较优势与要素禀赋的获得与利用达到了空前程度。世界经济越来越融为一个整体。经济全球化以跨国公司为主要载体，通过国际贸易、国际金融和外商直接投资的方式，把全球各个国家与地区的生产链接在一起，构成了一个全球经济生产体系。在经济全球化背景下，一个开放的国家和地区的经济生产就是世界性的。

在全球经济越来越联结为一个整体的时候，世界经济增长波动对一个国家或地区都具有较大影响，一个地区的经济与社会发展与其他地区和国家也都具有紧密联系。在国际经济分工与协作进入一个新的发展阶段的时候，世界各国与地区的竞争也进入到了一个更为剧烈的阶段。在生产分工更为深化与产品更为精细化的条件下，世界生产之间的竞争也正在变得剧烈、复杂和多样。技术、跨国公司与经济区域化成为现代经济发展的重要构成要素。世界范围内不同国家与地区的竞争模式已经从依赖于资源、成本和规模的路径，转换到了依赖于包括资源、成本、规模、人力资本、科技创新和制度优势等综合实力的路径之上。同时，一个地区需要与周边地区形成一个具有比较优势的区域体系，形成不可复制的整体优势与经济环境。区域经济的集团化成为一个地区经济腾飞的不可缺少的条件。

（2）用开放与协作的方式推动西藏经济跨越式发展

虽然西藏地处海拔较高的青藏高原之上，但是，西藏经济的跨越式发展是镶嵌在经济全球化的条件之下的。从改革开放以来，我国经济市场化的范围已经扩展到全国的各个角落，也包括西藏地区。经济的市场化就意味着资源的自由配置，意味着分工与协作的自由进行。自我国加入世界贸易组织（WTO）以来，我国经济融入世界经济体系的步伐进一步加快，同时也标志着我国各个地区市场化水平与市场竞争程度的进一步提高。在这样的大环境下，西藏可以也应当更好地参与到新的国际生产分工体系之中，在世界经济生产分工与协作体系中找到属于自己的位置，在世界经济生产价值链条与环节之中找准自己的位置，这样西藏可能也才能在激烈的全球区域经济竞争之中占有一席之地，以本地区的基本经济活动产品交换世界其他地区的经济活动产品，并以此推进西藏经济跨越式发展。西藏的开发与发展只有充分参与到世界经济的大交流与大循环之中，利用新的国际劳动分工，发挥比较优势，才能推动经济进一步加速发展。所以，在经济跨越式发展过程中，尽管西藏较为特殊，但也必须实行开放政策，融自我于世界之中才能跟上世界经济匆匆行进的步伐。西藏应当创造一种适宜的环境与气氛，引进来和走出去，用开放的方式推动经济跨越式发展。

在世界经济发展的集团化与区域化的背景与趋势之下，西藏作为我国西南的一个区域，需要在对外方面同周边地区构成分工与协作关系，首先应当利用比较优势与特殊资源禀赋同周边地区形成互补关系，形成集团化与区域化的经济功能。其次，西藏城乡各地要实现新的飞跃与发展，必须要通过区域合作的途径，利用区域的整体比较优势，在区域内部形成合理的分工与协作，构筑区域的整体竞争优势，形成合理的区域经济结构和区域经济布局，才能在激烈的国际经济与区域经济竞争中获得一席之地。总之，在我国经济市场化程度不断提高、我国经济更深入地融入世界经济体系之际，只有运用开放与协作的方式，才能推动西藏经济跨越式发展。

2. 大国经济的非均衡发展理论与西藏经济跨越式发展

（1）我国区域经济发展差距及其收敛态势

国际经济发展实践表明，一个国家的区域经济发展差距先会扩大，而后再趋于缩小（如图1-1）。中国作为一个大国，由于区域要素禀赋差异、地理区位与经济发展基础的不同，使得国家地理范围内形成了不同层次的人力资本结构、物质资本结构及产业结构，也形成了不同层次的区域产业体系与区域经济格局。在区域经济发展过程中，随着人力资本的提升、物质资本的积累与产业结构的优化，一个发展相对滞后地区的要素禀赋将逐渐显现并得到利用，进而有条件接受来自先发地区的技术、组织、管理与人力资本等先进生产要素的辐射，逐渐同先发地区形成均衡化发展。简而言之，大国的经济发展不可能是全面与均衡地进行的。它的经济发展必然从重点区域开始，再通过增长极的作用推动其他地区发展，最终实现均衡化发展与国民福利待遇均等化。一个大国的区域经济发展差距在经济发展初期会趋于扩大，在经济发展的中期达到最大，此后区域经济差距便会呈缩小态势，最终达到均衡化发展与共同发展。这是区域经济发展的"倒U

形"理论（Inverted-U Theory）。区域经济发展的"倒U形"特征在威廉姆逊（Williamson）的实证研究、罗伯特·M.索洛（Robert M Sollow）的"趋同假说"以及罗伯特·巴罗（Robert J. Barro）对20个国家的研究成果之中已经得到了充分的印证。

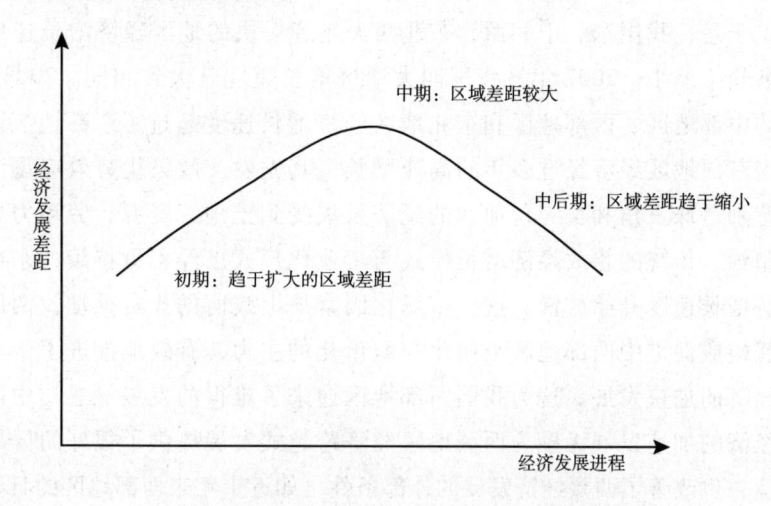

图 1-1 区域经济发展差距的倒"U"形特征图

从改革开放初的80年代到20世纪末，我国区域经济发展的差距呈现不断扩大之势。当前，我国的经济发展整体上进入了工业化中后期阶段，但从我国经济发展的区域特征来看，我国各地区间经济发展水平差距比较明显，最近二三十年来还有扩大的趋势。从我国东、中、西、东北四大经济板块的工业化水平看，东部工业化程度居首位，已进入工业化后期；东北次之，为工业化中期的前半阶段。在西部经济发展相对落后地区，其经济发展才处于工业化初期或正在向中期过渡阶段。西部地区人均国内生产总值仅相当于全国平均水平的2/3，不到东部地区平均水平的40%，个别地区还处于传统的相对封闭的社会状态。相对于东部地区，包括西藏在内的广大西部地区需要通过加快发展才能实现与东部地区共同富裕的最终目标。

进入新世纪以后（确切地说从1999年开始），我国区域经济发展差距开始显现逐步缩小的趋势。一方面，国家的区域均衡发展政策如西部大开发战略、中部崛起战略与东北振兴战略促进了我国区域经济朝均衡发展的轨道迈进，中央政府有意识地引导和加大对中西部地区的基础设施投资也加快了中西部地区的经济增长速度；另一方面，随着土地成本、劳动力成本与商务成本的不断上升，东部地区的一些传统产业从21世纪初开始向中西部地区转移，从而也成为推进中西部地区经济增长速度较快提高的重要因素。于是，我国东、中、西、东北四大经济板块的地区经济增长速度差距逐渐趋于缩小。2007年，我国四大地区增长速度已大致相同。2008年，我国的中部地区、西部地区和东北地区经济增长速度超过了东部地区。由于我国东部地区经济经过多年的高速增长，其先发及政策优势效应逐渐减弱，特别是珠三角和长三角地区的经济发展受到土地、资源、劳动力成本等的制约，传统的粗放经济增长模式与工业化模式已经不可持续，东部地区经济增长速度开始放慢。这一市场化因素加上政府的投资推动，两股力量一起构成促进中西部地区工业化与城市化的主力，有效地推进了中西部地区经济的加快发展，这为我国西部地区迎来了难得的发展机遇。中西部地区经济的加速发展无疑为西藏地区经济跨越式发展提供了很好的区域发展环境，也改善了西藏经济发展的外部条件，如近十年来西部地区的日益完善的交通与通信基础设施为西藏地区经济快速发展奠定了很好的物质基础。

（2）准确定位西藏在我国区域经济格局之中的功能与作用

西藏是我国西南地区的重要屏障与门户，具有极其重要的战略地位。西藏地处青藏高原，具有得天独厚的资源禀赋，蕴藏着世界其他地方所没有的丰富的自然资源。西藏是我国未来发展的后备资源战略基地。西藏作为"世界屋脊"、"世界第三极"与"中华水塔"，其环境变迁将对周边地区的发展产生重大影响。随着国际与区际合作的不断加强，西藏在重要资源供给方面将拥有举足轻重的地位。西藏巨大的潜在资源优势可望在国际与国内经济重心转移过程中转化为现实的产业优势，如水能资源、有色金属与稀有金属、森林和珍稀动植物资源等。西藏以其独特的自然景观和深厚的文化底蕴闻名于世，西藏的旅游资源十分丰富，且分布广泛，开发潜力巨大。西藏的传统生产生活方式、风俗习惯与风土人情与建筑风格独具特色，魅力无穷。未来，西藏将可能成为我国乃至世界最为广阔、最具吸引力的休闲、度假与疗养胜地之一。

就经济发展现状而言，西藏目前还是我国最大的经济受援区，经济总量占全国的比重很低，人均GDP与人均可支配收入也低于全国平均水平，但是，西藏蕴藏着巨大的经济发展潜力。西藏所拥有的资源与能源，及其所提供的旅游休闲功能，为我国中东部地区稳定发展提供了基础与条件，也是未来西部地区加速发展的重要推动力量。西藏在全国具有重要的战略地位，在未来的区域分工中担负的职责职能也将越来越重要。它对于从整体上带动和提升民族地区发展水平，深入实施西部大开发战略，增强西南出海大通道功能，促进西南地区对外开放和经济发展，形成带动和支撑西部大开发的战略高地，使东、中、西部发展更加协调发展，缩小东、中、西部发展差距，促进区域发展平衡与我国经济继续保持高速、稳定与持续发展等等，具有十分重要的意义与作用。因此，准确定位西藏在我国区域经济格局中的地位、功能与作用，充分利用西藏地区的资源优势，并与其他地区形成良性的经济互动关系，对于推动西藏经济跨越式发展以及全国经济发展都具有重要意义。

3. 区域产业结构优化理论与西藏经济跨越式发展

（1）基于内生的产业结构优化与区域经济形态发展

经济总量与经济结构特别是产业结构是相互依存、相互作用和紧密联系的。西藏地区经济跨越式发展，不仅表现在总量上急剧增长，而且表现在经济结构上的转换与升级。经济跨越式发展需要总量持续性增长，同时，产业结构的转换与升级是经济跨越式发展的重要表现，也是经济增长的重要推动力。后发地区的产业转换与升级必须基于内生与市场需求，才能促进形成合理化的产业结构。一个外生的、同本地区市场需求与要素禀赋不相符合的产业结构不可能持久地发展下去，也不可能支持地方经济实现跨越式发展。产业结构同市场需求相适应意味着产业间和产业内部实现了资源的优化配置，形成了最优的产业结构，这样的产业结构必然会推动经济总量持续增长和经济跨越式发展。

从产业一般演进规律来看，一个经济封闭体要实现经济增长，走工业化的道路是最常见的选择，工业在国民经济中的比重呈现出先增加后减少的态势。由于机器生产替代了较为辛苦的手工与农业劳动，再加上农产品与手工产品在一定程度上的需求收入弹性较低，这使得农业劳动力可以向工业转移。同时，在工业结构内部，工业发展遵循着轻工业、重化工业的发展路线，推动着重化工业的比重不断上升。由于经济结构日益复杂，再加上工业创造出来的财富越来越多，社会居民可支配收入越来越多，人们的需求也愈趋高级与复杂，这就使得人们对第三产业（包括对生活性服务业与生产性服务业）的需求越来越大，这样就进一步地吸引了社会劳动力从第二产业（如工业）向第三产业的转移，从而推动了第三产业的发展，使得全社会的服务经济比重不断提高，最终使得第三产业的比重占据主导地位，形成了服务经济社会形态。

但是，一个国家的情况与一个国家内部的某一区域的情况是不同的。对于开放的经济体或者作为一个国家内部有机组成部分的某个地区而言，它可以基于区域之间的分工协作关系，不必要经过产业发展的所有阶段，经济结构可以从较低阶段直接过渡到较高的发展阶段；它可以不必经过工业化与重化工业阶段，在一些主导经济形态的有力带动之下，直接进入服务经济社会形态。这主要是通过占据生产价值链的某个重要环节与技术制高点的创新性作用，形成不可复制的产业发展环境的带动作用。这种生产环境的形成是基于内生与比较优势的产业发展所推动的。在这个过程中，科学技术的发展为地区主导产业发展提供了新的动力。新的生产技术的发展和使用促进新兴产业的出现和增长，并向其他产业不断扩散，实现经济总量的增长；另一方面，通过技术改造，现有传统产业得到改造、更新和发展。这些都会推动这一地区产业结构的升级与转换，从而使区域经济可以直接进入较高的服务业经济形态。

（2）产业结构外生与目前西藏的产业支持政策及其经济绩效

从西藏目前产业之间的协作来看，西藏各产业部门之间的社会化分工尚不合理，专业化协作水平较低、关联效应较差，内部结构不甚合理。从西藏目前的产业内生性来看，长期的援藏政策使得西藏产业结构的外生性较为明显，而其内生性明显较弱，与市场需求存在脱节现象，并与地方的比较优势与要素禀赋呈现脱节现象。

首先，西藏地区的部分县市和地区产业关联度很小。这制约了西藏地区产业的合理化延伸发展与产业链条拉长。其次，目前西藏各地的产业结构存在趋同化倾向。这不利于西藏地区生产要素在地区之间合理流动。由于中央及各省市对西藏产业发展的大力支持，西藏产业结构的外生性必然较明显。从西藏的产业结构来看，近年来西藏第三产业的超高速发展并不能说明或反映西藏经济的现代化程度高低，因为它不是产业经济自然演进的结果，而是源于政策和投资的强力拉动，特别是中央财政直接补贴，表现为服务于消费的粗放经营特征,这难以形成带动作用。这些我们将在第二部分对西藏经济发展的制约因素和主要矛盾的分析中予以详细解释。

进一步深入分析西藏地区的产业结构,可以发现西藏产值结构与就业结构也极不对称,就业结构未随产业结构的变化而相应变化。长期以来,中央的财政支持、建设项目支持、追赶型经济发展使西藏地区的产业结构亟须在内生性方面加快发展,需要对产业结构进行适应性调整,发展根据地方要素禀赋与资源符合市场需求的产业体系。以上内容我们也将在下一部分展开论述。

西藏经济跨越式发展关键在于区域内部形成相互支持的产业体系,形成合理化的产业结构。只有根据西藏地区的要素禀赋发展地区产业体系,并且产业之间具有相互协调的联系方式,各产业之间的关联效应才可能合理展开,重点产业部门的优先发展才能带动其他产业部门的发展,从而带动整个经济健康发展。反之,如果各个产业之间不具备相互服务和相互促进的关系,则个别部门的优先发展只能导致产业部门之间增长关系的不协调,难以达到经济协调增长、实现国民经济平衡增长的目的(见表1–1)。

表1–1 外生与内生的西藏产业结构特征比较

产业结构特征	大规模援藏 外生的产业结构	基于比较优势与资源要素禀赋 内生的产业结构
关联度	小	大
趋同程度	趋同	分工与协作
合理化程度	小	大
偏离度	大	小
高度化基础	薄弱	具备一定基础

(3) 促进西藏形成相互支持的区域产业体系

基于我国区域经济的分工与协作关系,西藏作为我国西部地区的一个重要组成部分,其工业在产业结构之中的比重从整个西部大范围看可以不必占据支配地位,工业产品可以由区外界输入。西藏可以基于本地区的比较优势与资源禀赋发展特色产业以及服务业经济,比如以特色农产品与服务产品同外界直接进行交换。这种基于地方比较优势与资源禀赋的特色与经济结构是内生的产业发展形态，这既是西藏地区产业结构优化的路径，也是西藏地区的特色经济之路。西藏只有立足于内生的产业发展，才能使得经济发展具有可持续性，并走出一条具有西藏地方特色的产业发展之路。同时，西藏地区之内需要形成相互支持的产业体系，使得地区经济集团化与区域化，形成区域的整体竞争力与优势，才能在全国经济体系之中占据一席之地。

从产业政策来看，西藏需要在今后的发展过程中，重点扶持在本地区市场需求大、产业关联效应高的产业，并把其作为主导产业加以培育；需要确定主导产业的科学合理的数量和规模，协调各产业之间在数量和比例上的关系。同时，西藏需要加快利用现代科技改造与更新传统产业部门，改变新兴产业发育不足的状况，提高对新技术的有效需求，提高产业部门的技术开发能力，推动产业结构高度化。西藏产业结构的演进将因主导产业的有序转换而不断向高级化方向发展。正确的主导产业能够使西藏蕴藏的经济优势得到最大限度的发挥，西藏的优势资源得到更有效的利用；同时还能促使西藏内部各产业之间建立起协调的经济关系，满足国民经济发展对工业发展的特殊需要。

4. 后发优势理论与西藏经济跨越式发展

（1）后发优势理论（late-mover advantage）与西藏经济跨越式发展

在世界经济发展史上，一些国家和地区能在较短时间之内追赶上经济发达国家，而另外一些国家和地区始终陷于低水平发展陷阱之中不能自拔。对于这种现象，经济学家和经济史学家给出了许多解释，其中最受认可且较为令人信服的是后发优势理论。美国经济史学家亚历山大·格申克龙（Alexander Gersehenkron）在总结德国、意大利等国经济追赶成功经验的基础上，提出了后发优势理论。后发优势是指经济后起的国家在推动工业化方面所拥有的由后起国地位所致的特殊优势，后发地区通过对技术与制度的引进、模仿、学习，可获得后发利益，从而具有后发优势，由于其学习成本大大低于创新成本，使技术性后发优势和制度性后发优势不小于先发优势。后发优势理论后来也被用来分析一个大经济体之内的相对后发地区追赶先进地区的过程。相对落后地区的经济发展的落后状况会激发起其居民加快经济增长的愿望，包括加快推进工业化进程，特别是生产资料工业化的速度。这会形成社会压力，推动社会制度创新，突破束缚经济发展的社会管理体制与非经济因素的桎梏。后发地区通过学习和借鉴发达地区的成功经验，吸取其失败的教训，采取优化的赶超战略，可以缩短经济发展的时间，较快地进入到较高的经济发展阶段，提高本地区居民的收入水平。

然而，后发优势理论表明，落后地区变为发达地区只是一种可能性。把可能转变成为现实是"惊险的一跃"，其间是惊险的"卡夫丁峡谷"。作为经济发展落后地区，首先应该清醒地认识到"潜在"与"现实"的区别，进而使自己具有把"潜在"变为"现实"的能力。这种能力需要后发地区政府的正确决策，选择正确的产业与发展路径。后发地区学习与借鉴先发地区的经济发展经验，并不等于照搬先发地区的模板，而是具有独创性。后发地区必须根据本地区的要素禀赋与比较优势，再通过本地区的努力与创新，根据自身的实际，选择有别于发达地区的不同发展道路和不同发展模式。后发优势主要表现为后发地区在设计与工业化模式形成上的可选择性、多样性和创造性。后发地区引进发达地区先进的技术和设备，节约了科研费用和时间，快速培养人才，在一个较高的起点上推进工业化进程。通过人才、技术、资本与制度形成一种综合因素，构成整体追赶能力，从而成为后发地区追赶经济发展的必要条件。

（2）把西藏"潜在"的后发优势变为"现实"的后发优势

一个国家特别是发展中国家在经济发展过程中往往会存在区域经济发展的趋同性问题，即不同区域的居民的可支配收入、技术水平与生产率存在趋同的特征。目前，我国中西部地区经济增长速度有所提高，国内产业梯度转移推动了中西部地区的工业化与城市化进程。东部地区经济增长的速度已经在逐步放慢，而中西部和东北地区的经济增长速度则在逐步加快，我国区域经济差距正呈现不断缩小的态势。

西藏自治区经济总量较小，总体上还处于工业化的初中期阶段。相对于邻近省市，西藏自治区经济与社会发展各项指标相对滞后。在产业资本投入方面，正如刘易斯所言，"经济的增长与人均资本的增加是有联系的"。[①] 落后地区作为收入相对较低的地区，比较大的一个问题是资金与资本的不足问题。人均收入的低下，使得资本的形成过程很容易陷入低水平

---

① 〔英〕多马：《经济增长理论》，郭家麟译，商务印书馆，1983，第244~299页。

陷阱与恶性循环之中，即如图1-2所示：在供给方面是低收入—低储蓄能力—低生产率—低产出—低收入；在需求方面是低收入—低购买力—投资不足—低资本形成—低生产率—低产出—低收入。目前我国东部地区形成了相对丰富的资金与投资能力，这是西藏实现经济跨越式发展可以利用的资本。东部地区的资金正在寻找利润回报率较高的投资地区与产业。西藏地区对东部地区的资本吸引力相对较高，西藏可以吸收大量外来资金，推动经济发展与社会现代化。为此，西藏需要创造优越的投资环境，包括产业环境与制度软环境，吸引国际投资与东部地区的投资。

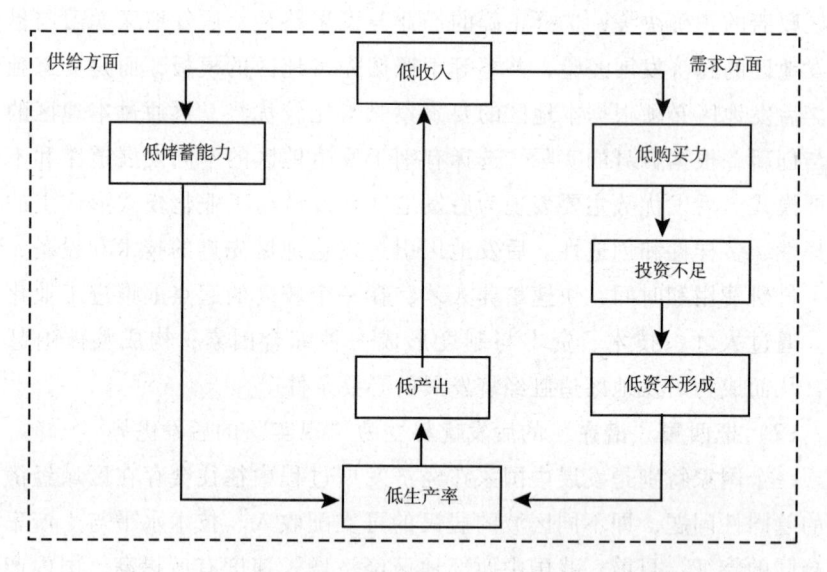

图1-2　落后地区恶性循环的资本形成过程及其经济发展

在技术创新方面，西藏不仅可以利用国外先进技术，而且可利用东部地区的先进技术，以提高本地区的物质技术基础。西藏的后发优势，在于不断引入我国东部地区先进的技术与管理经验，吸引东部地区及国外实业资本进入西藏创业。西藏还可以根据高起点与实用化的原则，直接引进发达国家先进的科学技术，并在引进的基础上进行新的再创造。这样，西藏科学技术的发展可少走许多弯路，并在较短的时间内实现科技较快的进步。

在人力资源方面，西藏可以利用东部地区的教育资源，加快本地区人力资源的培育和开发。西藏经济跨越式发展终究要依靠西藏人民的努力与力量。因此,西藏的人力资源开发既是西藏经济跨越式发展的重要内容,也是其发展的根本保证。由于历史、地理和文化等诸多因素的制约,西藏的人力资源开发水平比较低下,人力资源的结构性矛盾突出,人才的利用效率不高,这些问题已经影响到了西藏经济的跨越式发展。另外,西藏地区需要大力吸引东部地区人才,吸引和用好返流人力资源,营造公平竞争和有利于吸引人才、凝聚人才、充分发挥人才作用的社会环境。

在产业选择方面,西藏经济实现跨越式发展,一个重要抓手在于正确选择支柱产业与主导产业,利用本地区的比较优势,在新的国际生产分工以及区域经济分工与协作之中,确立城市在全国经济与国际经济合作网络中的位置,不断提高生产总值总量,调整产业结构,提高产业关联度与配套能力,注意与周边地区形成分工与协作关系,抓住新经济发展与区域产业转移的机会,壮大地方经济基础,站在区域经济发展的制高点上,缩短发展过程,适时发展地方经济。西藏还可以利用独特的高原条件,作为我国的"后花园",发展以旅游产业为主的服务业。

发达与欠发达的差距实质上是知识与创新能力的差距。在社会管理与体制创新方面,西藏可以学习东部地区的社会发展经验,创新社会管理体制及其模式,培育社会创新能力。西藏产业发展不适应市场经济的要求,关键原因是创新能力不强和缺乏高效的创新支撑体系,而西藏目前的创新体制和运行机制还比较落后。因此,东部地区创新体系的形成及其经验是西藏经济发展的可资借鉴的宝贵财富。西藏与东部地区构建多层次、宽口径、多渠道的交流机制,也可以有效地促进西藏地区创新能力的整体提升。

5. 增长极理论与西藏经济跨越式发展

(1) 增长极理论、产业集中理论与规模经济效应

一个地区或家经济增长不是均匀与均衡的增长过程,而是由某些主导部门或者有创新能力的企业与产业在一些地方集中并形成适合企业与产业发展的经济环境,从而形成一种资本、技术高度集中,具有规模经济效益,自身增长速度较快,并且能对周围区域产生辐射推动作用的增长极,再通过增长极带动周边区域的共同发展。一个国家与地区经济发展首先必须走聚集的路子,在形成经济规模与位势之后再利用先发地区

的技术、资本与人才,对外扩散、拓展,再拉动其他区域的发展,最终实现整个地区的均衡发展。弗朗索瓦·佩鲁(Francois Perroux)认为,一个国家或地区的经济增长不会同时出现在所有地方,它以不同的强度首先出现于一些地区,然后通过不同的渠道向外扩散。在某个地区集中相同或相近的产业,可以实现劳动力市场共享,拥有中间投入品的规模经济,也可以获得知识信息的外溢,从而较快地取得技术进步。① 佩鲁的增长极理论后来由布德维尔(J. R. Boudville)从产业关系发展成为地理空间关系,并由此得出区域经济增长极的战略思想。② 作为经济增长极,由于规模经济、地方化经济与城市化经济的作用,不仅能为产业内部的厂商带来正的外部性,同时也能对当地的产业产生正的外部性,从而促进当地的城市规模不断扩大。

西藏经济发展不可能是全面与均衡的发展过程,必然选择某些重要城市构筑增长极,以增长极带动整个区域经济的发展。西藏存在着通过有别于发达地区的发展方式或途径来达到与发达地区同样发展水平的可能性,即通过规模经济、产业的地理集中达到形成增长极的目的,再对先进的生产要素进行扩散发展,从而实现区域相对均衡发展,这对后发地区的发展既是一种战略,也是区域经济发展必然经历的阶段。西藏自治区面积122万平方公里,人口近300万,拥有拉萨、昌都、林芝、山南、日喀则、那曲、阿里七个地区级市和地区,地区之间距离较远,人口分布较为稀少。西藏在发展经济时,各个地区需要准确地、正确地确立自己的行业与产业,通过产业集群获取竞争优势,利用增长极推动区域全面发展,实现区域经济的"蛙跳"式发展。西藏各个地区应当立足资源优势,因地制宜,突出重点,遵循先增长极再区域均衡的经济发展规律,真正地把资源优势转化为经济优势。在这里,需要创造环境推动一些主导产业部门或者有创新能力的企业与产业在某个区域聚集,形成资本、人才与技术相对集中的增长极,构建具有辐射能力的城市区域,带动周边经济区域发展。

---

① 弗朗索瓦·佩鲁:《增长极概念》,载《经济学译丛》1988年第9期,第67~71页。
② J. R. Boudville, *Problems of regional economic planning*, Edinburg University Press, 1966, p. 2.

(2) 西藏区域经济内部空间结构与区域城市体系

在一个区域培育经济增长极的过程中，区域城镇体系具有举足轻重的地位，中心城市对于整个区域经济发展的带动作用是关键性的。区域城镇体系直接关系到区域经济结构的层次性与合理性。为此，构建具有较大聚集与辐射功能的中心城市，再通过城镇体系带动整个区域发展十分重要。政府应当正确选择产业，创造产业发展环境，建设适宜的投资环境与生产环境，形成产业集群，形成空间聚集中心，构建经济增长极。

从城镇体系与人口分布来看，西藏自治区是中国人口最少、人口密度最小的省份。西藏的人口分散，经济活动也较分散，尚未形成有层次与有增长极的经济体系与区域经济结构。目前西藏尚未形成以城镇为中心的、有层次的、分布相对合理与均匀的区域城市体系。在区域城镇体系发展方面，城市要素离散性较高，城镇体系在空间分布上总体表现为由西北向东南方向偏离。西藏的城镇主要集中分布在东南部的河谷与交通沿线一带，集中在自然条件相对较好的藏东峡谷地区和藏中南宽谷地带，而且辐射范围有限。许多城镇经济发展水平较低，功能单一。从现状来看，目前，藏西北高原没有大中型中心城市。西藏尚未在经济联系方面形成以拉萨为中心，地区所在地城镇为次中心，县城所在地城镇和重点口岸城镇为基础的三级城镇体系，目前其城镇社会经济职能也较弱，对区域资源开发和社会经济发展的辐射带动作用有限。

西藏地区城镇体系分布状况首先源于历史上宗教在西藏城市形成过程的作用，宗教而不是经济发展在城市形成与发展之中起着关键性作用；其次，由于人口数量、地理与自然条件的影响，西藏的许多地方海拔较高，支撑人口聚集的大城市的地理与自然条件较为脆弱。西藏的城镇数量少，规模小且等级不完整；再次，从事农牧业的就业人口仍在西藏占有较大比重。这种情况造成了西藏城镇总体上发展较为落后，城镇体系尚未形成，区域经济体系建立也因此未能得到相应支持，城市在经济发展的增长极中作用不明显，城镇缺乏吸引力与辐射能力，城镇间经济联系弱，未能形成有效的高原城镇体系。

(3) 利用增长极作用推动西藏区域经济跨越式发展

作为地广人稀的地区，西藏经济实现跨越式发展必然遵循区域经济发展从非均衡到均衡、从点轴到面的过程及其规律。区域城镇体系的空间分布特征对一个省区经济发展有着重要作用。如图1-3所示，鉴于西藏城镇体系尚处于发展的初级阶段，数量及规模都较小，区域经济带动力不强，西藏应当利用气候与地理条件相对较好地区，充分利用边境贸易以及要素禀赋条件，集中比较优势产业，集中建设城市基础设施特别是城市与周边地区的交通基础设施，利用范围经济与规模经济，充分利用同一区域劳动力市场共享、中间投入品生产的规模生产以及知识信息的外溢，形成地方化经济与城市化经济，不断推进某个区域内部形成相互关联与支撑的产业关系，形成经济增长极，带动区域产业结构不断合理化与高度化。

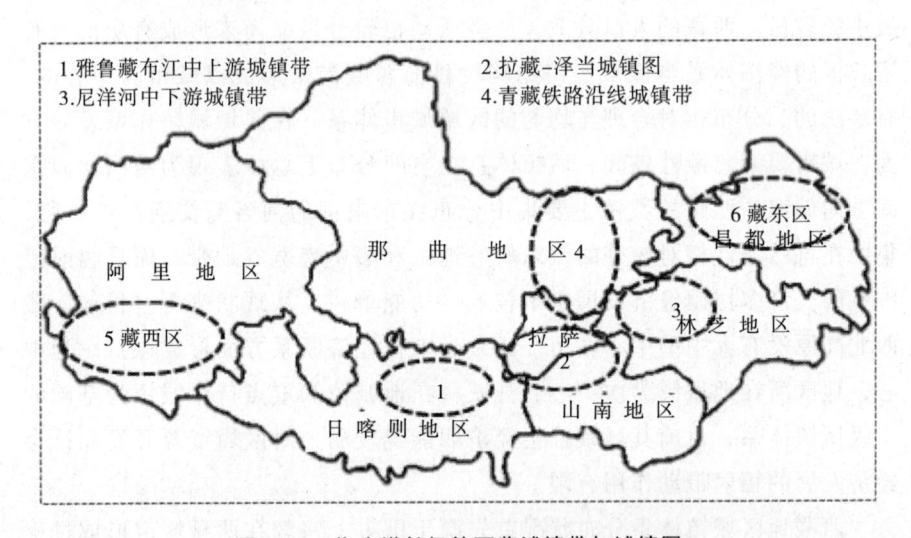

图1-3 作为增长极的西藏城镇带与城镇圈

1. 雅鲁藏布江中上游城镇带　　2. 拉藏-泽当城镇图
3. 尼洋河中下游城镇带　　　　4. 青藏铁路沿线城镇带

在西藏地区经济增长极形成且具有辐射能力之后，西藏地区可以通过其城镇体系，特别是利用城镇带与城镇圈的带动作用，通过点轴的优先与率先发展，把增长极对周边区域的技术、人才与资本辐射作用沿着城镇体系不断释放出来，把先进的生产要素与理念从城市扩散到乡镇，再从乡镇扩散到农村，最后使整个西藏地区都具有一定的生产基础设施与相当的经济与社会发展水平，从而实现经济与社会的跨越式发展。由此看来，需要加快推进西藏地区的城镇化进程，逐步向其他地区扩展，发展区域中心城市与城镇，通过区域城镇体系的带动作用，实现西藏经济超常规发展，最终实现西藏各地区经济的均衡化发展，实现西藏地区居民和农民的平等发展与全面发展。

三 西藏经济跨越式发展的内涵和原则

1. 西藏经济跨越式发展的内涵

西藏经济跨越式发展，是指西藏地区基于本区域的资源要素禀赋这一比较优势，通过借鉴先发地区的成功发展经验，自觉遵循并运用市场经济发展规律，利用经济的后发优势，采用先进的科学技术和管理经验，缩短经济发展过程，缩短经济发展的一般阶段，在较短的时间内实现经济发展的预期目标，大幅度提高居民生活福利水平，最终实现经济、社会、文化等领域发展水平的整体跃升的一种新的发展方式。

在经济实现跨越式发展的战略目标之下，西藏作为我国具有特殊区位与特殊资源禀赋的经济后发地区，其经济发展可能不必经历先前发达地区经济发展经历的所有阶段，而是可以借鉴我国乃至经济发达国家的发展经验，跳过或缩短工业化进程，直接过渡到某种特殊形态的经济发展形态（如服务经济形态），使得经济总量增长更快，经济效益更高，资源消耗更低，人民生活水平提高速度更快，自然资源和人力资源得到充分利用，经济、社会与环境相协调并实现可持续发展。

西藏地区经济跨越式发展包括以下几个方面。

（1）社会发展形态的跨越——从传统农牧业社会向生态保护型社会跨越

所谓的西藏经济跨越式发展，包含了西藏社会发展形态由传统农牧业社会向生态保护型社会跨越的内涵。

西藏地区通过确立科学合理的社会发展战略，从自给自足的传统农牧业社会阶段，跃过通过消耗大量自然资源和对自然生态环境带来严重破坏的工业化阶段，直接过渡到资源节约型和环境友好型社会阶段。这一跨越的特征在于，西藏的经济社会发展绕过了传统的工业化发展阶段，没有造成大规模工业化生产对社会环境和资源带来的严重破坏和消耗，直接进入到高级形态的生态保护型社会，从而实现社会发展阶段的跨越。这是由西藏自然地理条件的特殊性和社会经济发展的特殊性所决定的。对自然资源的保护性利用与生态环境的可持续发展是西藏经济实现跨越式发展的题中应有之义。

(2) 经济结构的跨越——从一、二、三次产业结构向三、二、一次产业结构跨越

所谓的西藏经济跨越式发展，包含了西藏经济结构由一、二、三次产业发展次序向三、二、一次产业发展次序跨越的内涵。

西藏地区通过制定和实施合理正确的经济发展战略，吸引、消化先进技术和创新技术，抓住有利时机，推进新兴产业迅速崛起，以经济超常规增长为特征，迅速跨越某一发展阶段，节省了常规发展要经历的若干阶段，表现出时间上的节约性与空间上的跨越性。西藏作为我国西部地区的战略要地，可以不必要按部就班地经历传统社会发展所必须经历的三次产业结构演进阶段（即三次产业结构由传统的一、二、三发展次序，到二、三、一发展次序，再到三、二、一发展次序），而是利用本地区的资源禀赋优势，与其他地区形成分工与协作关系，通过产业形态和产业技术上的突破，以某个先导产业或产业系列（特别是服务业）作为重点发展产业，拉动本地区经济增长与社会发展，过渡到以现代服务业为主导的高级产业结构形态。应该指出，目前西藏经济所呈现出的三、二、一产业形态并非典型的后工业化社会产业结构形态，其三产主要还是技术含量较低、附加值较低的传统三产。

(3) 经济发展能力的跨越——从外生性增长向内生性增长的转变

所谓的西藏经济跨越式发展，包含了西藏经济从输血到造血、从外生性增长到内生性增长转变的内涵。

西藏目前仍是我国最大的经济受援地，经济发展主要依靠全国各地的支援。也就是其经济发展能力更多地体现出"输血"式的外生性增长的特征，尚未完全形成"造血"式的内生性增长模式。在经济跨越式发展之后，西藏可以逐渐减少对中央政府与全国各省市经济援助的依赖，依靠充足的资本、较高水平的生产技术与人力资本等因素推动本地区经济的较快增长。而目前西藏地区的投资、消费与出口正逐步形成良性的互动关系，具备了良性的累积循环效应，具有内生性增长的潜能和自我"造血"的功能，以推动地区经济持续、快速与稳定增长。

(4) 增长驱动力的跨越——由要素驱动向创新驱动跨越

所谓的西藏经济跨越式发展，包含了西藏经济增长的驱动力由传统的要素驱动向更高阶段的创新驱动转变的内涵。

西藏经济增长驱动力有可能超越一个国家或地区经济增长驱动力一般的路径，即遵循由要素驱动向投资驱动转变，再由投资驱动向创新驱动转变，最后由创新驱动向财富驱动转变这样四个阶段，可以不必经过大规模的工业化投资发展阶段而向更高阶段的创新驱动转变。目前来看，西藏可能的经济增长驱动力是投资和创新的双轮驱动，将来可以逐渐转移到依靠创新驱动推动经济增长上来。在实现了增长驱动力的跨越之后，西藏经济增长的主要依靠因素将是人力资本与技术创新。与之相适应的，此时西藏的投资已经不是直接投入到传统基础设施和工业领域，而是和创新型社会相配合，更多地投资于民生、社会公共服务和环境保护领域。服务业是社会投资的主要产业形式。

（5）经济发展模式的跨越——由投资需求为主导向消费需求为主导转变

所谓的西藏经济跨越式发展，包含了西藏经济发展模式由投资需求为主导向内需为主、内外需结合的消费需求为主导转变的内涵。

在居民收入大幅度提高的前提之下，消费成为拉动经济增长的最主要的动力，满足城市居民与农民的物质需求与精神需求将成为生产的主要目的。投资在经济增长中的贡献率将会大幅度降低，消费需求将成为西藏地区经济增长的源泉，出口需求的比重也会随着产业结构的调整得到相对调整。与之相对应，服务型经济将成为西藏地区主要的经济形态。

2. 推进西藏经济跨越式发展的原则

从理论层面来讲，实现西藏经济的跨越式发展，不仅需要深刻把握"跨越式发展"的本质内涵，还需要在此基础上遵循适当的发展原则。

（1）坚持发展速度与社会效益并重的原则

跨越式发展不只是经济发展速度的加快和经济发展阶段的缩减，它既是经济发展的全面跨越，又是社会效益的综合提高。西藏经济跨越式发展应当能整体提升经济发展质量和水平，既要有经济规模与数量的大幅度提高，又能协调好地区经济效益与社会效益之间的关系。跨越式发展战略必须突破工业化道路中单纯追求速度型的增长，而追求速度与效益的并重，当前发展与长远发展的兼顾，经济与社会的协调，生态环境的保护等等。简而言之，西藏经济跨越式发展是经济增长速度与社会整体效益的协调与统一，是数量、结构、质量、效益的统一，如此方能领会跨越式发展的真谛。

(2) 坚持在发展中保护与在保护中发展的原则

西藏经济跨越式发展一方面要走资源节约与环境保护的道路，另一方面还要走民族文化保护与人类文明遗产保护的道路，建设人与自然高度和谐的生态文明。西藏有着宝贵的动植物资源，有着十分丰富的矿藏资源，但同时，西藏的生态体系和自然环境又极为脆弱，无法承受大规模、掠夺式、超负荷的开发。西藏经济跨越式发展要注重对西藏地区的资源与环境的大力度保护。西藏作为"世界屋脊"，地质地貌特殊、气候条件特殊、生态环境特殊，不适宜发展资源耗费严重、污染严重的重化工业，也不适宜发展"大进大出"的外向型工业，而是要根据比较优势与竞争优势，发展具有高原特色的特殊产业。在发展产业时，必须节约资源、保护环境、着眼未来，反对急功近利、竭泽而渔。同时，要处理好西藏经济跨越式发展与宗教文化保护之间的矛盾，保护好藏民族的文化特色与文明遗产，使藏族文化与藏传佛教能在新的经济社会发展阶段和条件下获得重生，促使经济发展与文化发展相映生辉、相得益彰。

(3) 坚持科技创新与社会管理创新结合的原则

科技创新与社会管理创新是推动西藏经济跨越式发展的重要因素。西藏经济跨越式发展的关键要素应当是创新，包括技术创新、组织创新、制度创新与社会管理创新。首先，西藏地区经济跨越式发展要注重科学技术是第一生产力，科学技术是推动经济增长的主要动力的原则。西藏地区经济跨越式发展的核心是经济生产技术水平的跨越。因此，应当用高新技术改造和提升传统产业，发展新兴产业，不断提高产品科技含量和产品附加值，大幅度增加社会财富。其次，西藏经济的跨越式发展还要注重制度创新与社会管理创新，包括企业组织形式的创新，不断推进国有企业改革与民营企业管理机制的创新，破解长期以来困扰后发地区经济发展的瓶颈问题，释放出本地区人力资源所蕴藏的能量，使得本地区的人力资源得到最大限度的运用。

(4) 坚持统筹兼顾与重点突破的原则

西藏地广人稀，推动经济的跨越式发展很难做到面面俱到、等量齐观，而只能采取重点突破，以点轴带动整个西藏地区全面发展的城市与区域体系发展策略。西藏经济跨越式发展的可能性是建立在历史上我国区域经济非均衡发展的基础之上的。在统筹兼顾各地区人民基本需求的基础之上，需要按照非均衡发展规律，以区域城市体系作为带动西藏地区经济发展的重点，在重点领域、重点产业和重点区域取得突破，再在全区进行推广，最终实现在西藏全区实现均衡发展的目的。

（5）坚持以人为本与改善民生的原则

西藏经济跨越式发展应当以提高西藏城镇居民与农民生活福利水平为最终目的。通过经济跨越式发展，把创造出来的社会财富更多地投入到民生事业之中，以不断提高城镇居民与农民的可支配收入，最大限度地满足居民生活的多样化需求。应该通过各项基础设施的不断完善，公共服务水平的不断提高，社会保障程度的不断提高，使西藏人民的精神生活得到不断丰富。实现跨越式发展还应当把以人为本的发展理念贯彻到经济运行的各个领域，把改善民生作为经济发展的根本目的，不断提高藏族人民生活水平。

四　西藏经济跨越式发展的政策脉络

1. 西藏经济跨越式发展概念的提出

"西藏经济跨越式发展"这一概念的正式提出是在2001年的第四次西藏工作座谈会上。2001年6月25日到27日，党中央、国务院在北京召开第四次西藏工作座谈会。江泽民总书记在会上发表了重要讲话，讲话对改革开放以来特别是第三次西藏工作座谈会以来的西藏工作进行了总结，在深入分析西藏在新世纪所面临的挑战与机遇的基础上，提出了促进西藏从"加快发展"到"跨越式发展"的新理念。江泽民指出，在我国已有的改革开放基础之上，对于西藏这样的地区，可以通过集中力量的办法，推动西藏跨越式发展，促进西藏经济与社会快速发展。跨越式发展政策的提出使西藏在进入新世纪之后揭开了经济与社会发展的新篇章。

2. 历次中央西藏工作座谈会对经济跨越式发展理论的深化

改革开放以来，中央分别于1980年、1984年、1994年、2001年和2010年召开了五次西藏工作座谈会。每次会议，中央都对西藏经济社会的发展现状和存在问题进行了全面分析研判，并对西藏未来若干年的经济发展在理论和实践层面提出了指导性意见。在理论层面，表现为对西藏经济跨越式发展概念的不断精确与深化，在实践层面，表现为每次会议之后出台的富有针对性的援藏惠藏政策。而这些陆续出台的援藏惠藏政策又成为确保西藏实现经济跨越式发展的重要保证，成为西藏经济跨越式发展在政策层面必不可少的内容。

（1）第一次西藏工作座谈会：西藏工作重心向经济与社会转移

在我国改革开放春风的沐浴下，1980年3月中央第一次西藏工作座谈会提出要把发展西藏经济、"有计划、有步骤地使西藏兴旺发达、繁荣富裕起来"作为西藏的中心任务与奋斗目标，建设团结、富裕、文明的社会主义新西藏。第一次西藏工作座谈会坚持实事求是的思想路线，一切从西藏实际出发，使西藏工作重心实现向经济与社会的转移，确立了中央的援助政策和特殊政策，并相应制定了对于西藏的各种优惠政策，在全国率先免除农业税，率先推进自主经营与土地牲畜归户的政策，采取休养生息政策，推进了西藏经济发展的速度，加速了西藏经济与社会发展。这也使西藏的现代工业和交通设施得到了前所未有的发展，奠定了西藏经济与社会发展的重要基础设施。中央对西藏力度较大的优惠政策由此开始，西藏的工农业生产也由此开始得到了较大发展。这是继西藏和平解放、民主改革之后，对西藏经济与社会发展至关重要的一次会议，也是我国改革开放之后西藏经济与社会发展面临全新形势与机遇之际的一次重要会议，它对于推动西藏地区经济与社会发展具有十分重要的意义。

（2）第二次西藏工作座谈会：西藏经济从封闭式向开放式、从供给型向经营型转变

经过近五年的奋斗，西藏经济与社会发展面貌得到了较大改观，中央支持西藏发展的政策取得了一定成效。在这样的背景之下，1984年3月，中央召开了第二次西藏工作座谈会。第二次西藏工作座谈会总结了第一次西藏工作座谈会以来所取得的工作成效及其经验，确定了"一个解放，两个转变"的经济工作指导思想，即解放思想，推动西藏经济从封闭式转变为开放式、从供给型转变为经营型的工作指导方针。第二次西藏工作座谈会的召开标志着全国性援藏工程的开始，自此之后全国援藏力度不断加大。这次会议也是中央加大力度援助西藏并大力推进西藏经济与社会发展

的会议。为了确保援藏的各项工程能及时建设完毕，中央决定由京、沪、鲁、粤等省市和国务院有关部门进行对口支援，相关省市负责工程的建设，工程建设完毕之后移交给西藏自治区。全国性援藏政策极大地推进了西藏迫切需要的工程项目建设，也改善了西藏的基础设施以及文化场所条件，为西藏经济与社会发展奠定了一定的物质基础设施。在第二次西藏工作座谈会的推动下，西藏自治区党委、政府从实际出发，坚持以经济建设为中心，实行改革开放，各项建设事业逐步发展，西藏各项民生事业发展较为迅速。西藏农村经济得到迅速发展，经济与社会进一步从传统型与封闭型向开放型、由供给型向经营型转变，市场经济在西藏地区有所发展，西藏经济与社会发展进一步加快。

（3）第三次西藏工作座谈会：一个中心、两件大事、三个确保

1990年7月，时任西藏自治区党委书记的胡锦涛在西藏第四次党代会上首次提出"一个中心（经济建设）、两件大事（发展、稳定）、三个确保（经济发展、社会稳定、生活改善）"的指导方针。该发展理念在1994年的中央第三次西藏工作座谈会上得到了进一步肯定与发展。第三次西藏工作座谈会确定了"分片负责，对口支援，定期轮换"的援藏方针，将对口支援时间调整为10年，每3年轮换一次，全国先后派出千余名干部到西藏工作。在本次会议精神基础上，江泽民总书记提出从人才、资金、技术、物资等多方面做好支援工作，坚持以经济建设为中心，抓好发展和稳定两件大事，确保西藏经济的发展，确保社会的全面进步和长治久安，确保人民生活水平的不断提高。这次会议使得全国援藏范围与领域进一步扩大，中央有关各部委和全国各地分别从人才、资金、技术和物质等方面加大了对西藏的援助。

在本次座谈会精神指引下，全国支援西藏掀起高潮。会议确定的由中央有关部委和各省区市分别承担的援藏62项工程明显增强了西藏的物质基础和综合经济实力。"分片负责、对口支援、定期轮换"这一干部援藏新办法的实施，改善了西藏地县级领导班子和干部队伍结构，为西藏带来了新的思想观念和改革开放的成功经验，增进了民族团结、交流与合作，促进了西藏受援地区和部门的稳定和发展。这次座谈会为西藏经济跨越式发展奠定了必要的思想基础，为西藏进入新世纪经济跨越式发展做好了必要的准备。这次会议后，西藏国民经济和社会发展的整体水平有较大幅度的

提高,也为新的世纪的更快发展打好了基础。

(4) 第四次西藏工作座谈会:正式提出西藏经济跨越式发展的理念

在进入新世纪之后,经过西藏人民的不懈努力与全国人民的大力支持,西藏经济与社会已经具备了加速发展的条件。在这样的基础与背景之下,2001年6月,江泽民总书记在第四次西藏工作座谈会上正式提出了西藏经济跨越式发展理念。指出西藏在新世纪要实现"经济从加快发展到跨越式发展,社会局势从基本稳定到长治久安"。西藏可以而且应该采取的战略是"通过国家和各地的支持,直接引进、吸收和应用先进技术和适用技术,集中力量推动跨越式发展"。这次会议决定对口支援工作在原定10年的基础上再延长10年,在维持原有对口支援工作框架不变的前提下,加大对口支援力度,扩大对口支援范围。全国援藏力度进一步加大,援藏范围进一步扩大,也使得西藏经济与社会发展进入了崭新的时期。

第四次西藏工作座谈会的召开促进了西藏从加快发展到跨越式发展的转变。"经济跨越式发展"概念的提出是西藏自改革开放以来经济发展过程的重要事件,为中央政府与地方政府大力支援西藏经济发展提供了政策依据,也大力促进了西藏地区各级政府加快发展地方经济的积极性,加快了西藏经济发展速度。从第四次西藏工作座谈会以后,西藏的公路、铁路、机场以及通信基础设施等的财政投入得到更大提高,投资成为拉动西藏经济增长的最重要因素,西藏经济与社会发展跃上了一个新台阶。第四次座谈会为西藏经济社会快速发展提供了强大的动力,极大地促进了西藏经济社会的发展,西藏城乡面貌发生巨大变化,人民生活水平显著提高。

(5) 第五次西藏工作座谈会:在科学发展的轨道上推进跨越式发展

第四次西藏工作座谈会以后,跨越式发展理念在西藏得到确立,中央政府坚持援藏政策的连续性与可持续性。2006年3月,胡锦涛在参加十届全国人大四次会议西藏代表团讨论时,提出西藏要"在科学发展的轨道上推进跨越式发展",指出要"为跨越式发展赋予新的科学内涵,要按照科学发展观的要求,进一步转变发展观念,创新发展模式,提高发展质量"。

2010年1月,中央第五次西藏工作座谈会继续突出强调经济跨越式发展,提出对口支援西藏政策延长到2020年。这次会议明确了在科学发展的轨道上推进跨越式发展的基本思路,提出了"七个更加注重",即更加注重改善农民生产生活条件,更加注重经济社会协调发展,更加注重增强自我发展能力，更加注重提高基本公共服务能力和均等化水平，更加注重保护高原生态环境，更加注重扩大同内地的交流合作，更加注重建立促进经济社会发展的体制机制。

第五次西藏工作座谈会要求承担对口支援任务的省（直辖市）、中央和国家机关及企业事业单位，要高度重视援藏工作，制定对口援藏项目建设规划，建立援藏资金稳定增长机制。这次西藏工作会议具体规定了援藏的财政预算安排以及引进人力资源推进西藏发展的政策。胡锦涛总书记强调做好西藏工作，是深入贯彻落实科学发展观、全面建设小康社会的迫切需要，是构建国家生态安全屏障、实现可持续发展的迫切需要，是维护民族团结、维护社会稳定、维护国家安全的迫切需要，是营造良好国际环境的迫切需要。

在第五次西藏工作座谈会召开2个月之后，2010年3月，胡锦涛总书记在参加十一届全国人大二次会议西藏代表团讨论时全面系统阐述了西藏地区跨越式发展的"四个确保"：坚持走有中国特色、西藏特点的发展路子，以经济建设为中心……确保经济社会跨越式发展，确保国家安全和西藏长治久安，确保各族人民物质文化生活水平不断提高，确保生态环境良好。第五次西藏工作座谈会对2001年第四次西藏工作座谈会以来西藏经济与社会发展进行了总结，指出了西藏经济与社会发展已经站到新的历史起点之上，对于促进西藏经济跨越式发展的具体实施具有重要意义。

第二章 西藏经济发展的现状、制约因素和主要矛盾

纵观西藏经济发展的历史，西藏共经历了和平解放、民主改革、改革开放和跨越式发展四次大的经济飞跃发展阶段。1959年，民主改革的实施废除了西藏上千年的封建农奴制度，使西藏社会制度出现了历史性跨越。1984年，西藏正式宣布对内、对外开放，西藏经济因此进入了快速增长的时期。但这些跨越式发展的历程有些是属于社会形态的转变，而非经济层面的变迁；有些虽然含有经济发展的内涵，但与"经济跨越式发展"的科学内涵尚存在一定的差异。

跨越式发展的领域可以涵盖政治、经济、社会、文化等多方面，但经济的跨越式发展应当是西藏各领域跨越式发展中的最重要内容之一，也是本课题研究的核心。近10年来，西藏进入了有史以来经济增长最快的时期。一方面，经济结构出现了较大调整，另一方面，西藏人民特别是占人口大多数的农民生活出现了翻天覆地的变化，为经济跨越式发展奠定了物质基础。但是，仔细分析西藏经济社会的现状后，我们可以发现，要真正实现西藏经济的跨越式发展，还有许多矛盾、困难需加以克服和解决。

一 西藏经济发展的历史回顾和现状描述

2001年召开的中央第四次西藏工作座谈会，明确提出要在西藏实施跨越式发展战略。2010年，中央又召开第五次西藏工作座谈会，再次强调推进西藏跨越式发展的重要性。10年间，西藏经济取得快速增长。

1. 西藏经济发展的历史回顾

根据西藏经济结构发展演化和人民生活水平的提升程度，西藏近10年

的经济发展可划分为以下三个阶段：

（1）2001～2002年：发展战略提出初期

中央明确提出西藏跨越式发展战略后，在全国人民的支援下，西藏立即开始规划并启动了许多大型基础设施项目，固定资产投资明显增多，经济保持原有的持续上升趋势，但从数据显示来看，并未出现明显的快速增长态势。

首先，大型基础项目开始规划启动，全社会固定资产投资规模明显扩大。2001年起，西藏开始规划、启动大型基础项目，标志性事件是2001年6月29日的青藏铁路正式开工，当年即完成11.8亿元的投资，规模相当于1991年全年全社会固定资产投资的总额。与此同时，投资在GDP中的占比明显提高。如图2-1和图2-2所示，2001年，全社会固定资产投资额在GDP中的占比首次突破60%，达到62%。2002年，全社会固定资产投资额首次超过100亿元大关，达到109亿元，分别约为1985年和1991年的15倍和10倍，在GDP中的占比进一步提高到67%。

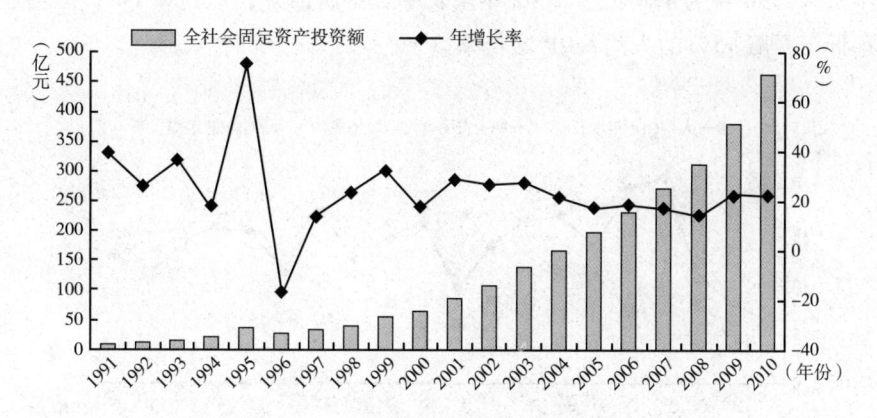

图2-1　1991～2010年西藏全社会固定资产投资额及年增长率

数据来源：其中2001～2009年数据来自《西藏统计年鉴（2010）》，2010年数据来自《2010年西藏自治区国民经济和社会发展统计公报》。

其次，GDP快速上升，但农民纯收入增长缓慢。2001～2002年，西藏地区GDP和人均GDP在投资的带动下，持续上升。如图2-3所示，2001年，西藏地区GDP和人均GDP分别比上年增长29%和16%；2002年，又环比增长27%和15%。随着经济的发展，西藏人民的生活水平有所提高，

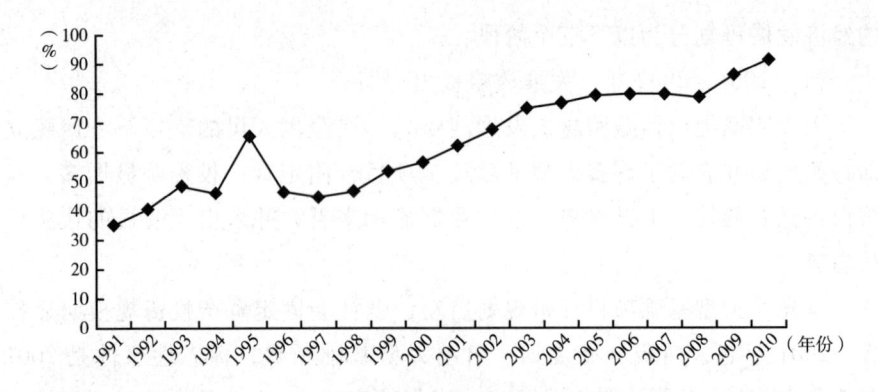

图 2-2 1991~2010 年西藏固定资产投入在 GDP 中的占比

数据来源：其中 2001~2009 年数据来自《西藏统计年鉴（2010）》，2010 年数据来自《2010 年西藏自治区国民经济和社会发展统计公报》计算而得。

但比较缓慢，特别是农民纯收入增长缓慢。2001 年，西藏农民的人均年收入为 1521 元，比 2000 年增长 5.5%，成为 1990 年以来的第二个低速增长年份（1990 年为 4.8%）。2002 年增长率虽有所回升，达到 8.3%，但仍远远低于西藏 15% 的人均 GDP 增长率。

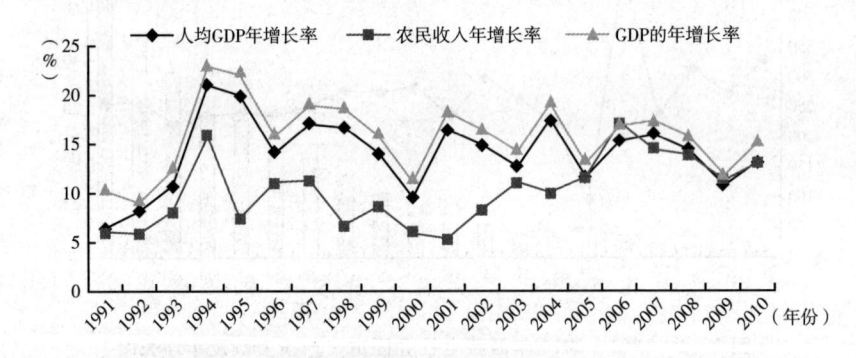

图 2-3 1991~2010 年西藏 GDP、人均 GDP 及农民收入年增长率

数据来源：其中 2001~2009 年数据来自《西藏统计年鉴（2010）》，2010 年数据来自《2010 年西藏自治区国民经济和社会发展统计公报》。

再次，第三产业快速增长，三次产业结构呈非典型性的"三、一、二"形态。20 世纪 80 年代初开始，西藏产业结构次序发生了变化。如图 2-4 所示，1985 年，西藏一、二、三次产业结构比调整为 49.9∶17.4∶32.7，第三次产业比重高于第二产业约15个百分点；1994年中央召开第三次西藏工作座谈会后，第三产业发展更快，比重也进一步提高；1997年，比重达到40.3%，首次超过第一产业，三次产业结构调整比重为37.8∶21.9∶40.3。2001年，西藏第三产业产值比重突破50%，达到51%，成为国内屈指可数的第三产业比重超过50%的省份。2002年，西藏三次产业结构进一步调整为24.5∶20.2∶55.3。研究发现，此阶段西藏的第三产业发展，主要受政府财政推动，而且传统行业占了绝大部分。另外，第二产业比第一产业低4.2个百分点，产业结构仍为"三、一、二"，并没有实现质的飞跃与突破。

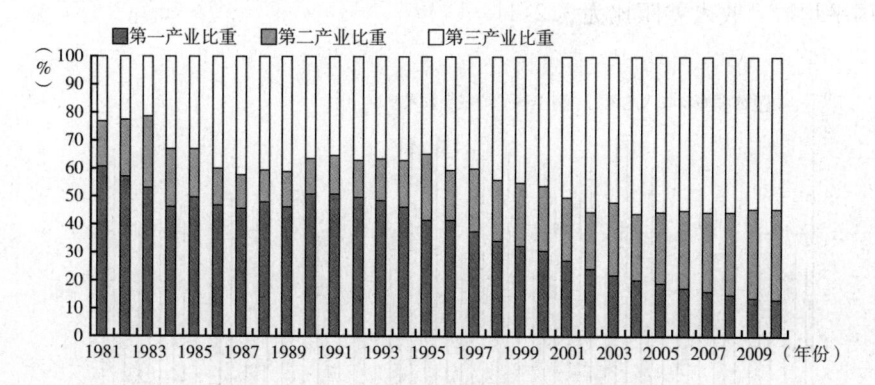

图2-4　1981~2010年西藏三次产业结构图

数据来源：其中2001~2009年数据来自《西藏统计年鉴（2010）》，2010年数据来自《2010年西藏自治区国民经济和社会发展统计公报》。

（2）2003~2009年：发展战略初见成效

经过20世纪末十年的初步发展及21世纪初头两年的投资积累，2003年起，西藏经济进入了快速发展阶段，跨越式发展战略初见成效。

首先，更多的基础设施项目开始启动，投资规模进一步扩大。2003年起，除了青藏铁路继续加快施工外，机场扩建或桥梁建设成为西藏基础设施建设的重中之重。例如，2003年4月，总投资达6.3亿元的"两桥一隧"工程正式开工；10月，总投资达7.8亿元的林芝米林机场项目开工建设。这些大型基础设施项目的启动进一步扩大了西藏投资规模。如图2-1、图2-2所示，2003年，全社会固定资产投资年增长率达19%，比2002年增长了5个百分点，在GDP中的占比达75%，比2002年增加了约

8个百分点。随后的6年间，投资占GDP的比重均在75%以上。

其次，经济总量继续稳步上升，城乡收入差距有所缩小，但仍高于全国平均水平。2003~2009年，西藏地区GDP和人均GDP连续7年保持10%的年增长率，年平均增长率分别达到15%和14%。到2009年年底，西藏地区GDP和人均GDP分别达到441亿元和15295元。与此同时，西藏农民收入也逐渐提高。2003年以来，西藏农民人均年收入增长率均保持10%以上，平均增长率达13%，城乡收入差距有所缩小。如图2-5所示，2003年，西藏城乡居民收入差距之比为5∶1，2009年进一步缩小为3.8∶1。但如图2-5显示，西藏城乡收入差距仍高于全国平均水平，2009年，全国平均城乡收入差距比为3.2∶1。

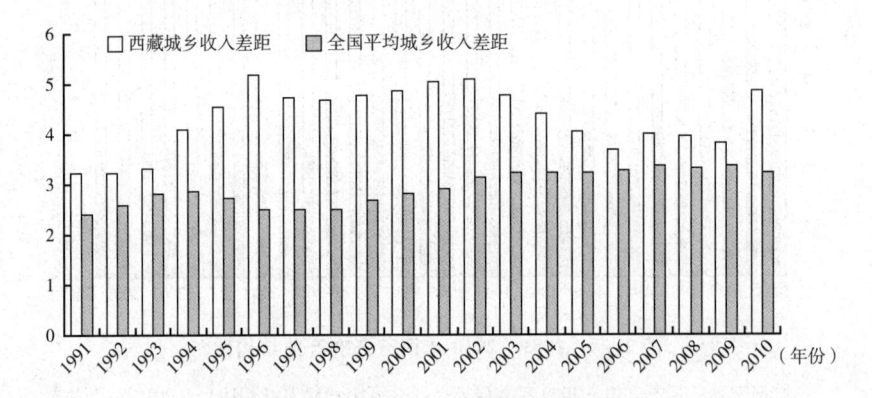

图2-5 西藏城乡收入差距与全国比较

数据来源：其中2001~2010年数据根据《西藏统计年鉴（2010）》和《中国统计年鉴（2009）》、《2010年西藏自治区国民经济和社会发展统计公报》、《2009年国民经济和社会发展统计公报》和《2010年国民经济和社会发展统计公报》计算而得。纵坐标表示差距比，以2010年为例，西藏和全国平均城乡收入差距比分别为4.83和3.23，分别表示城市与农村居民的收入之比为4.83∶1和3.23∶1。

再次，产业结构进一步调整为"三、二、一"形态，旅游、矿产等支撑产业初具规模。2003年起，西藏产业结构实现了由"三、一、二"向"三、二、一"的转变。如图2-4所示，2003年，第一产业和第二产业比重分别为22%和25.7%，二产规模首次超过一产，产业结构实现了历史性的突破。

西藏产业结构的调整，与旅游业、采矿业等支撑产业形成密不可分。

如图 2-6 所示，2003 年，西藏旅游总收入超过 10 亿元大关，2006 年超过 20 亿大关，2007 年，随着青藏铁路的开通，旅游总收入跳跃式地增加到约 50 亿元的规模，占当年 GDP 的比重达 14%，创历史最好成绩，旅游业也因此成为西藏经济的一大支撑产业（图 2-6 所示的 2008 年的旅游收入出现大幅波动，主要原因是受拉萨"3·14 事件"影响所致）。依托得天独厚的自然条件，西藏矿产资源的开发也成为西藏经济的主要支撑产业，与原有的建筑业等产业共同成为第二产业产值提升的主要来源。据不完全统计，2008 年，西藏矿产资源产值达到 15 亿元，约占当年 GDP 的 5%。

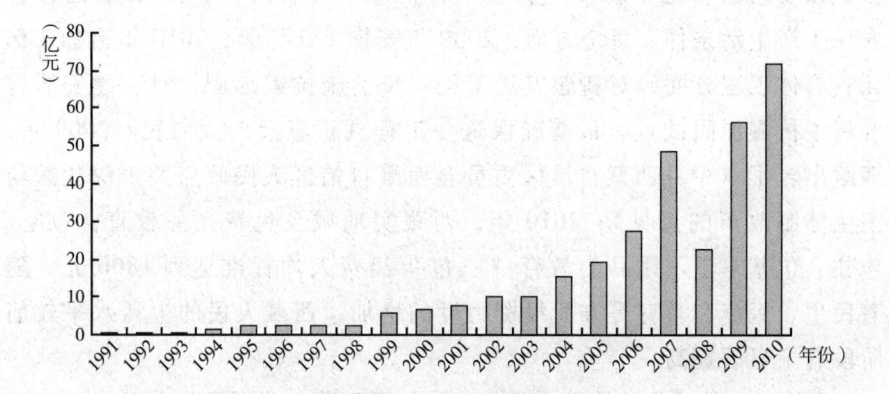

图 2-6　1991~2010 年西藏旅游年总收入

数据来源：其中 2001~2009 年数据来自《西藏统计年鉴（2010）》，2010 年数据来自《2010 年西藏自治区国民经济和社会发展统计公报》。

（3）2009 年至今：发展战略推进阶段

2010 年 1 月 18 日至 20 日，中央召开第五次西藏工作座谈会，强调要在科学发展的轨道上推进西藏经济的跨越式发展。此后，西藏经济发展也翻开了新的一页。而从经济发展动力、民生、教育等改进方面来讲，西藏经济跨越式发展战略的推进阶段可追溯到 2009 年。

首先，交通设施体系继续完善，消费驱动力得到重视。2009 年，西藏墨脱公路正式开工建设，这是继青藏铁路建成之后的又一项世界性交通项目的动工。2010 年末，西藏公路总通车里程达 5.8 万公里[①]，标志着西藏

---

① 《2010 年西藏自治区国民经济和社会发展统计公报》。

航空、铁路、公路交通设施体系基本形成（详见下文"西藏经济跨越式发展的现实基础"中有关基础设施的描述）。除了确保基础设施投资进一步得到加强，西藏还增强了消费对经济增长的拉动作用，2010年，西藏实现社会消费品零售总额180.84亿元，比2009年增长18.7%，比2003年57.8亿元增长213%。

其次，民生、医疗和教育等方面的投资增加，西藏老百姓的生活得到切实关注和改善。为了让各族群众共同享有改革发展成果，2009年起，西藏不遗余力，加大了对民生、医疗和教育等方面的投资。例如，西藏以安居乐业为突破口，集中力量推进"八个基本解决"，着力改善农民生产生活条件。资金方面，2009年安排2.9亿元，2010年追加3亿元；具体工程方面，对新建安居工程同步实施抗震加固，对已建安居房开展了抗震加固试点，最终确保这一工程真正惠及广大农民。2009年，西藏出台了《中共西藏自治区委员会西藏自治区人民政府关于深化医药卫生体制改革的意见》；2010年，西藏实现城乡免费义务教育，包吃、包住、包基本学习用品的教育"三包"经费人均标准达到1800元。随着民生、医疗和教育等方面投资力度的增加，西藏人民的生活水平较前阶段有了显著提高。

再次，加快培育战略性支撑产业，加强西藏自我发展能力。"十一五"后期，西藏提出了"一产上水平、二产抓重点、三产大发展"的经济发展战略，并提出坚持"注重特色与规模、注重引导扶持、注重生态环境保护、注重带动农民"的产业发展指导原则，要求抓住国家实施产业振兴规划的机遇，科学规划、突出重点、整合资源、做强做大。正是在这样的发展战略下，西藏明确提出要加快培育旅游业、藏医药业、优势矿产业、高原特色生物产业、特色农牧业及加工业、民族手工业等既有地方特色又有比较优势的战略性支撑产业，以加强西藏的自我发展能力。

综上可见，西藏跨越式发展战略提出的初期阶段，投资规模明显扩大，保证了西藏经济稳定发展。2003~2009年，西藏经济发展快速，地区生产总值和人民生活水平都有了明显提高，产业结构也进一步优化，跨越式发展战略初见成效。近年来，随着跨越式发展战略的推进，各级政府高度重视西藏的战略地位及西藏人民的教育、医疗等民生问题，西藏经济、社会等各领域都得到了进一步发展。

2. 西藏经济发展的现状描述

经过 10 年的发展，西藏经济取得了前所未有的发展，主要表现为以下 5 个方面。

（1）地区生产总值处于历史最高水平，财政收入稳步上升

截止到 2010 年，西藏地区生产总值处于历史最高水平，财政收入也稳步上升。如图 2-7 所示，西藏 2010 年地区生产总值突破 500 亿元大关，达到 507.50 亿元，年增长率约为 15%，是 1993 年以来连续第 18 年保持地区生产总值两位数增长的年份，比 1993 年增长了约 30 倍。2010 年，全区实现地方财政收入 42.11 亿元，也创历史新高，同比增长 36.23%。其中，2009 年，西藏地方财政收入增速放慢，仅为 8.13%。主要原因是该年一般预算收入以外的财政收入仅为 8214 万元，总财政收入比 2008 年减少了约 3 亿元①。财政收入的上升，为提高西藏自我发展能力创造了有利条件（见图 2-8）。

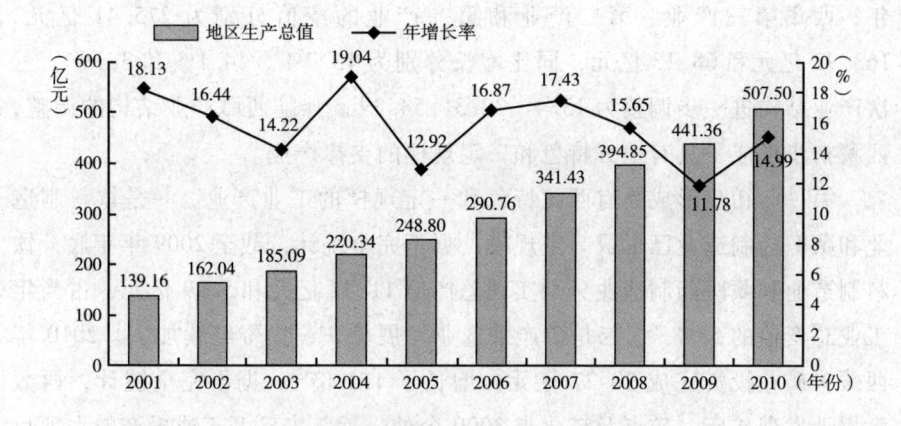

图 2-7　2001~2010 年西藏地区生产总值及年增长率

数据来源：2001~2009 年数据来自《西藏统计年鉴（2010）》，2010 年地区生产总值数据来自《2010 年西藏自治区国民经济和社会发展统计公报》，地区生产总值年增长率数据由作者根据当年价格计算而得。《2010 年西藏自治区国民经济和社会发展统计公报》公布的 2010 年地区生产总值年增长率为 12.3%（根据可比价格计算）。

（2）"三、二、一"产业结构进一步调整，若干支撑产业成长显著

2003 年以来，西藏一直保持"三、二、一"的经济结构形态。2010

---

① 根据《西藏统计年鉴（2010）》历年财政收支总额及指数计算而得。

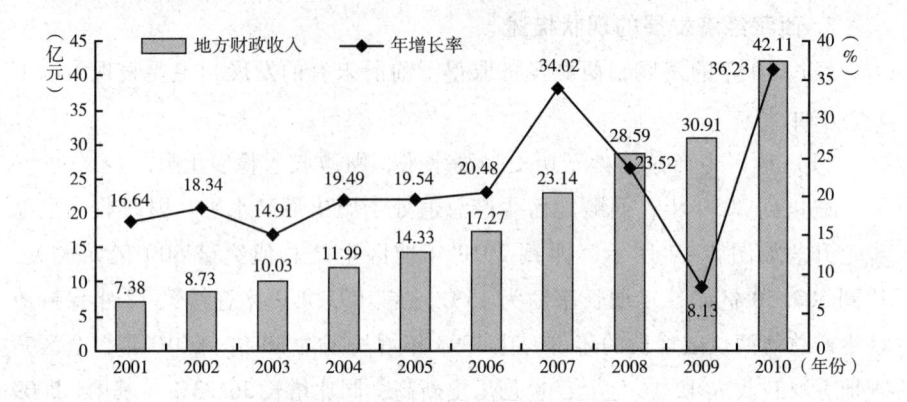

图 2-8　2001～2010 年西藏地区财政收入及年增长率

数据来源：2001～2009 年数据来自《西藏统计年鉴（2010）》，2010 年数据来自《2010 年西藏自治区国民经济和社会发展统计公报》。

年，西藏第三产业、第二产业和第一产业的产值分别为 275.41 亿元、163.92 亿元和 68.13 亿元，同比增长分别为 13.7%、14.1% 和 3.1%，三次产业结构进一步调整为 13.4∶32.3∶54.3①。伴随西藏产业结构的调整，西藏初步形成了具有地方特色和一定规模的支撑产业。

第一，初步形成具有西藏特色和一定规模的工业产业。一是饮料制造业和藏医药制造业已形成一定规模。据不完全统计，截至 2009 年年底，饮料制造业和藏医药制造业分别实现总产值 11.32 亿元和 5.99 亿元，占当年工业总产值的 53%②。二是矿产采选业发展较快，投资继续加大。2010 年西藏采矿业投资完成 20.27 亿元，增长了 1.1 倍③。据不完全统计，西藏已累计发现矿床、矿点及矿化点 3000 余处；近年来已开工或投产的大项目有 5 个，包括玉龙铜矿、驱龙铜矿、扎布耶盐湖锂矿等（见表 2-1）。这些项目，有的已在 2005 年开始投产，有的年产能达 5.4 万吨。

第二，以旅游业为主体的服务业发展迅猛。一是旅游业继续快速发展。2010 年，西藏接待国内外旅游者 685.14 万人次，比上年增长 22.1%。

---

① 《2010 年西藏自治区国民经济和社会发展统计公报》。
② 金世洵主编《西藏自治区 2010 年发展改革白皮书》，西藏自治区发展和改革委员会，第 150 页。
③ 《2010 年西藏自治区国民经济和社会发展统计公报》。

表 2-1　西藏地区近年来开工或投产的矿产项目

项目名称	资源	产能	进展
玉龙铜矿	铜	年产 1 万吨	一期已投产,二期认证
甲玛铜矿	铜	年产 5.4 万吨	2009 年开工,进展加快
驱龙铜矿	铜	探明资源量超过 1000 万吨,为中国第一大铜矿	前期准备
邦布岩、普松岩金矿	金	年产 500 公斤	2008 年 12 月开工
扎布耶盐湖锂矿	锂	年产碳酸锂 5000 吨	2005 年 8 月投产

数据来源：课题组根据相关资料整理而得。

其中，接待国内旅游者 662.31 万人次，增长 21.8%；接待入境旅游者 22.83 万人次，增长 30.5%。旅游总收入 71.44 亿元，增长 27.6%；旅游外汇收入 10359 万美元，增长 31.6%。2010 年全区接待游客 685 万人次，远超年度计划 582 万人次的预期目标[①]。截止到 2010 年底，西藏已有各类旅游企业 1212 家；星级饭店（宾馆）165 家；非星级饭店（含家庭社会旅馆、星级家庭旅馆）1165 家；旅游汽车公司 11 家，拥有各种旅游定点车辆 2947 辆；旅游商贸服务公司 4 家；旅游度假村 30 家；导游公司 1 家。旅游从业人员 4.37 万人，间接从业人员 18.8 万人。统计资料还显示，2010 年西藏的住宿和餐饮业投资完成 14.67 亿元，同比增长 64.5%，这无疑将进一步促进西藏旅游业的发展。二是交通运输业、民族手工业等旅游相关产业已具备一定的竞争能力。2010 年，西藏完成货运量 983.37 万吨，比上年增长 3.9%；完成客运总量 8304.24 万人次，增长 4.3%[②]。民族手工业是旅游业推动的另一相关产业。截止到 2009 年，西藏注册的民族手工业企业（个体户）近 200 家，分布在拉萨、日喀则、山南等地的从业人员有 6000 多人[③]。

（3）对外贸易快速增长，边贸市场建设初见成效

西藏对外贸易近年来增长迅猛，成为西藏经济快速发展的重要力量。

---

① 《2010 年西藏自治区国民经济和社会发展统计公报》。
② 参见中国西藏新闻网：http：//www.chinatibetnews.com/xizang/2011 - 07/19/content_744269_2.htm。
③ 金世洵主编《西藏自治区 2010 年发展改革白皮书》，西藏自治区发展和改革委员会，2010，第 154 页。

2010年，全年进出口总额达83594万美元，比上年增长1.1倍。其中，边境小额贸易占进出口贸易总额的59.9%①，是西藏对外贸易的主要部分。

西藏边境小额贸易的发展与西藏边贸市场建设密切相关。如表2-2所示，目前，西藏已投入使用4个主要边贸市场，分别是樟木口岸、吉隆口岸、亚东口岸和普兰口岸。目前，边境贸易量最大的口岸为樟木口岸。2010年，通过樟木口岸的进出口贸易约为5亿美元，2011年1至4月份，已达到1.8966亿美元，同比增长46%②。在建的边贸市场项目还有日喀则仲巴县的加珠、定日县的岗嘎和阿里日土县的独木齐3个。一旦建成，西藏边贸口岸能力还将大大提升。

表2-2 西藏主要口岸情况

市场名称	所在地区及对应的国家	开始贸易时间	2010年贸易额（单位：美元）
亚东(乃堆拉)口岸	日喀则,印度	1992年	约2000万*
樟木口岸	日喀则,尼泊尔	2008年	约5亿**
吉隆口岸	日喀则,尼泊尔	1961年	3554万***
普兰口岸	阿里,尼泊尔	1992年	—
加珠口岸	日喀则,尼泊尔	—	—
岗嘎口岸	日喀则,尼泊尔	—	—
独木齐口岸	阿里,不丹	—	—

数据来源：
　*数据为作者估计，依据是该年1~9月份该口岸的进出口贸易为1796万美元，该数据参见http：//www.cqn.com.cn/news/zjpd/dfdt/351535.html；
　**数据参见中国藏族网 http：//www.tibet3.com/news/content/2011-06/08/content_558154.htm；
　***数据参见 http：//news.163.com/10/0428/08/65BIU9LG000146BC.html。

(4) 人民生活水平大幅度提高，消费对经济的作用逐步显现

近年来，西藏始终坚持以保障和改善民生为出发点和落脚点，各族群众得到了更多的实惠，投资消费双轮驱动格局正在逐步形成。

2010年，西藏城镇居民人均可支配收入达14980元，比上年增长10.6%，约为2005年的2倍；农民人均纯收入4138.71元，比上年增长

---

① 《2010年西藏自治区国民经济和社会发展统计公报》。
② 中国藏族网：http：//www.tibet3.com/news/content/2011-06/08/content_558154.htm。

17.2%，约为2005年的1.8倍。新农村建设、安居工程实施效果也比较显著，2010年末，全区住房条件比较差的27.5万户140.21万农民住上了宽敞明亮的新房。饮用水、路、电等"八到农家"工程超额完成"十一五"规划：153万人的安全饮水问题得到解决，159个乡镇和1659个行政村通了公路；全区新增74万农民用上了电，基本实现村村通电话、广播电视，人口综合覆盖率分别达到90.3%、91.4%，乡镇通邮率达到85.7%，农牧区碘盐覆盖率达到91.2%。

我国最终消费率普遍较低，大多数年份都低于60%。由于经济发展水平有限，生产和生活观念与内地有较大差别等原因，西藏地区最终消费率却通常都在65%以上，2003年甚至出现了91%的高水平。但随后几年，西藏地区的最终消费率出现了大幅度的下降，2006年，甚至下降到与全国平均水平基本接近，如图2-9所示。由于西藏经济发展水平远远低于全国平均水平，消费率相同的情况下，西藏居民的消费水平及消费需求对经济的拉动作用要远远低于全国平均水平。为使西藏经济能持续稳定地实现跨越式发展，各级政府目前正努力深化各项扩大内需政策，且显示了一定的成效。2006年起，西藏地区的最终消费率已出现了回升的态势，2009年达到69.9%，高于全国平均水平约20个百分点。2010年，西藏实现社会消费品零售总额180.84亿元，比上年增长18.7%。其中，城镇消费品零售额133.25亿元，增长17.3%；乡村消费品零售额47.59亿元，增长22.6%。据了解，各级政府目前仍在继续深化扩大内需政策，消费对经济

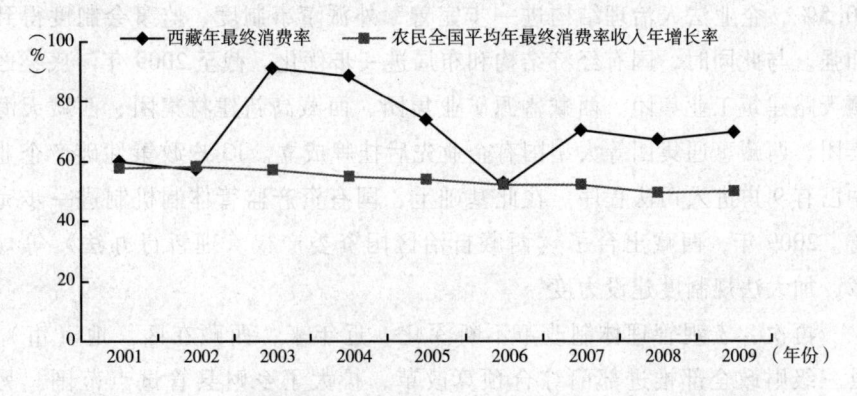

图2-9 2001~2009年西藏地区最终消费率及全国农民年均消费增长率

数据来源：历年《中国统计年鉴》。

的拉动作用有望进一步提升。

(5) 重大领域改革进一步深入,经济运营环境逐步改善

近年来,西藏各级政府及相关部门深入贯彻落实科学发展观,积极完善和创新体制机制,进一步深化重大领域改革,逐步改善经济运营环境。

首先,稳步推进农村各项改革。一是不断完善农村基本经济制度。截止到2009年年底,西藏的4个地(市)共11个县①建立了土地和草地经营权流转体制,5个地(市)共6个乡(镇)启动了集体林权制度改革试点工作,完成了56家市管单位的改制工作。二是切实落实强农惠农政策。仅2009年一年,西藏落实粮食直补、农资综合直补、农作物良种繁育等补贴约1.5亿元。科技、金融、教育和专业合作社组织等服务体制也基本建成。农产品生产基地、农机化示范区建设等有序推进,并有效推进了农业产业化经营。三是有效推动农牧区综合改革。截止到2010年,西藏已实现城乡免费义务教育,包吃、包住、包基本学习用品的教育"三包"经费人均标准达到1800元;2009年出台了《中共西藏自治区委员会西藏自治区人民政府关于深化医药卫生体制改革的意见》等,全面启动了15岁以下人群补种乙肝疫苗第一针次日接种工作,公共医疗服务水平进一步提高;2010年,西藏完成了10800套城镇廉租房和26582套周转房建设,全区城镇困难家庭和干部职工的居住条件得到明显改善。

其次,进一步深化国有企业改革。围绕建立现代企业制度,西藏切实推进国有企业改制工作。截至2009年年底,全区国有企业改制面达到60.5%,企业法人治理结构进一步完善,外派董事制度、监事会制度得到加强。与此同时,国有经济结构和布局进一步优化。截至2009年年底,西藏天路建筑工业集团、西藏盛源矿业集团、西藏高新建材集团、西藏天海集团、西藏惠通集团等大型国有企业先后挂牌成立。13户政策性破产企业中已有9户进入司法程序。在此基础上,国有资产监管体制机制进一步完善。2009年,西藏出台了《西藏自治区国资委产权管理暂行办法》等规章,加大法规制度建设力度。

再次,宏观管理体制改革不断深化。近年来,西藏在区、地(市)、县三级财政全部推进部门综合预算改革,扩大了乡财县管试点范围。另

---

① 西藏目前共有7个地(市),71个县,542个乡镇。数据来源:《西藏统计年鉴(2009)》

外，西藏在价格和收费方面也进行了改革，对资源性产品实行税费改革，例如完善成品油价格形成机制、建立销售电价与成本联动机制、免征水资源费等等。

综上可见，西藏地区生产总值目前处于历史最高水平，经济结构进一步调整。西藏人民的生活水平得到大幅度提高，重大领域的改革也进一步深化，跨越式发展战略在西藏取得了令人瞩目的成效。

二 西藏经济跨越式发展的现实基础和制约因素

十多年来，西藏经济发展虽然取得了不少成就，但更高层次的跨越式发展仍然面临许多现实问题和客观制约因素。结合西藏的经济社会环境，西藏经济发展既存在千载难逢的历史机遇，也存在不少深层次的体制和机制方面的挑战。

1. 西藏经济跨越式发展的现实基础

西藏不仅有丰富的自然、人文资源，而且拥有中央和全国各地的关怀和支援。实现经济跨越式发展，西藏具有较好的现实基础条件。

（1）中央的特殊关怀和全国的无私支援

改革开放至今，中央已召开五次西藏工作座谈会，最近两次的座谈会明确提出了西藏跨越式发展战略，成为推动西藏经济跨越式发展的重要政策动力。

首先，中央制定了一系列包括税收、金融、投融资、外贸等方面的扶持西藏发展的优惠政策。例如，第四次西藏工作座谈会后，西藏自治区随即实行"税制一致，适当变通，从轻从简"的税收政策。具体表现为：除关税、海关代征消费税和增值税（以下简称海关代征税）、增值税以外，在西藏地区征收其他中央税和共享税的具体办法，由自治区政府作出规定，报国务院批准后实行。地方税种的开征，税目、税率的制定和减免税的权利仍由西藏自治区掌握，报财政部、国家税务总局备案。2011年西藏政府还出台了《关于我区企业所得税税率问题的通知》（藏政发〔2011〕14号），明确规定"对设在我区的各类企业（含西藏驻区外企业），在2011~2020年期间，继续按15%的税率征收企业所得税"。宽松的税收环境，减轻了西藏相关企业及个人的税负，有利于提高西藏对外部资本的吸引力。在加快西藏国企改革进程的同时,促进非公有制经济的发展。例如,2009 年,浙江娃哈哈集团在西藏拉萨经济技术开发区投资 2300 万美元建厂;2010 年 2 月,深圳新豪时投资发展有限公司迁至西藏林芝地区;2010 年 5 月,成都会展集团投资的拉萨圣地天堂洲际大饭店开工①。

其次,援藏资金进一步提高。1980 年第一次西藏工作座谈会上,中央提出,以 1980 年拨给西藏的财政补助为基数,自 1981 年起每年递增 10%。此后,中央对西藏一直实行"收入全留、补助递增、专项扶持"的特殊优惠政策。据统计,自 1959 年至 2008 年,中央财政向西藏的财政转移支付累计达 2019 亿元,其中仅"十一五"期间,中央在西藏投入就达 1500 多亿元,"十二五"期间,中央将增加投资至 3000 多亿元②。与此同时,各对口援藏省市、中央企业和国家部委对西藏的资金支持也在第四次西藏工作座谈会后有了大幅度提高。资料显示,1994 年第三次西藏工作座谈会后的 15 年之间,各对口援藏省市、中央企业和国家部委对西藏实施的援藏项目有 4393 个,援藏投资达到 133 亿元。例如,广东省落实 18 亿元资金,实施林芝地区 107 个整村搬迁工程、拉萨市乡村沼气推广项目、各地区农村小康示范村等一大批重点民生项目。

再次,人才和技术的大力支持。各对口援藏省市、中央企业和国家部委对西藏的援助,除了资金投入之外,还有大量的人才和技术支持。以第六批援藏干部为例,约有 1000 位援藏干部,其中,部分是管理人员,部分是国有企业技术骨干,他们成为西藏经济发展的重要外援力量。另外,各省市都建立了对西藏的干部、技术人员进行培训的政策和制度。比如国家人力资源和社会保障部、财政部、国家民委、科技部、教育部、农业部、卫生部等七部委与西藏自治区人民政府联合制定的西藏少数民族专业技术人才特殊培养工作方案,由中央安排专项资金予以实施,该方案从 2009 年至 2013 年,选拔西藏少数民族专业技术人员到内地有关教学、医疗、科研、企业等单位进行为期一年的特殊培养锻炼。同时,选派专家赴西藏开

---

① 参见《税收政策优惠　A 股大小非竞相到西藏减持》一文,网址:http://stock.sohu.com/20101206/n278116475.shtml。
② 西藏政府网站,http://www.tibet.gov.cn/getCommonContent.do?contentId=370225。

展学术讲座、技术指导、项目合作等活动,每年为西藏培养120名少数民族专业技术人才。

除此以外,还有惠农、保护环境、促进就业等其他优惠政策,这些政策都成了西藏经济发展的重要动力来源。

(2) 大为改善的基础设施为西藏经济发展提供了基本条件

基础设施的好坏与经济增长密切相关,在提升一国或一地区经济实力和市场竞争能力中有着重要的地位和作用。

20世纪90年代以前,西藏基础设施非常落后,以交通设施为例:一是区内的道路绝大部分是土路,例如,乘汽车从拉萨到日喀则的时间当时需要一整天;二是西藏与外界的联系主要依靠青藏、康藏两条公路及拉萨机场来实现,西藏土特产只能通过拉萨到青海西宁或四川雅安公路运出区外,而飞机不仅运力有限,而且经济成本较高,普通群众进出西藏很不方便。当时西藏交通设施落后,一方面缘于西藏偏僻的地理位置,另一方面与西藏经济发展滞后密切相关。西藏地处中国西南边疆,是青藏高原的主体部分,平均海拔高度在4000米以上。地势险峻,境内海拔7000米以上的山峰有50多座,其中在8000米以上的就有11座。幅员辽阔,面积120多万平方公里,占全国的1/8,仅次于新疆维吾尔自治区,居全国第二位。险峻的地势不仅增加了基础设施建设成本,也需要更高的道路施工技术。

中央召开第四次西藏工作座谈会后,上述局面得到了翻天覆地的改变。基础设施的建设和完成,不仅为西藏经济的进一步发展扩大了投资规模,也为西藏跨越式发展准备了基础条件(见表2-3)。以青藏铁路为例,青藏铁路的开通,不仅结束了西藏铁路建设的空白,更促进了西藏旅游业的快速发展。2006年、2007年,西藏旅游年收入分别环比增长了43%、80%,成效显著。

西藏基础设施的改善表现在以下几个方面。

首先,交通基础设施条件明显改善。截至2010年,西藏已初步形成铁路、公路、航空综合交通运输网。如表2-4和图2-10所示,"十一五"期间,西藏开工或完成了四大地面交通工程:青藏铁路、两桥一隧、墨脱公路和拉贡专用公路。截止到2010年,西藏公路通车里程、桥梁建设、邮路总长度、邮电业务总量分别比2001年增长61%、279%、19%和882%

(见表2-4)。另外,西藏已有5个机场投入使用,从阿里、日喀则、林芝等地区所在地到拉萨的时间均缩短至1小时30分钟以内。另外,那曲机场也进入最后的规划阶段,届时,那曲到拉萨仅需40分钟(见表2-5和图2-11)。

表2-3 "十一五"期间西藏的四大工程

工程名称	经过的区县	投资额（亿元）	投资人	开工时间	竣工时间
青藏铁路	安多、那曲、当雄、羊八井、拉萨	约200	国家	2001年6月	2006年7月
两桥一隧	横跨雅鲁藏布江和拉萨河,洞穿嘎拉山	6.3	国家	2003年4月	2005年7月
墨脱公路	波密、打而曲、波弄贡、金珠藏布、米日、马迪、西莫河、墨脱	9.5	国家	2009年4月	2010年12月
拉贡专用公路	拉萨、曲水	15.4	国家、西藏自治区政府	2009年4月	2011年5月(计划)

数据来源：本课题组根据相关资料整理。

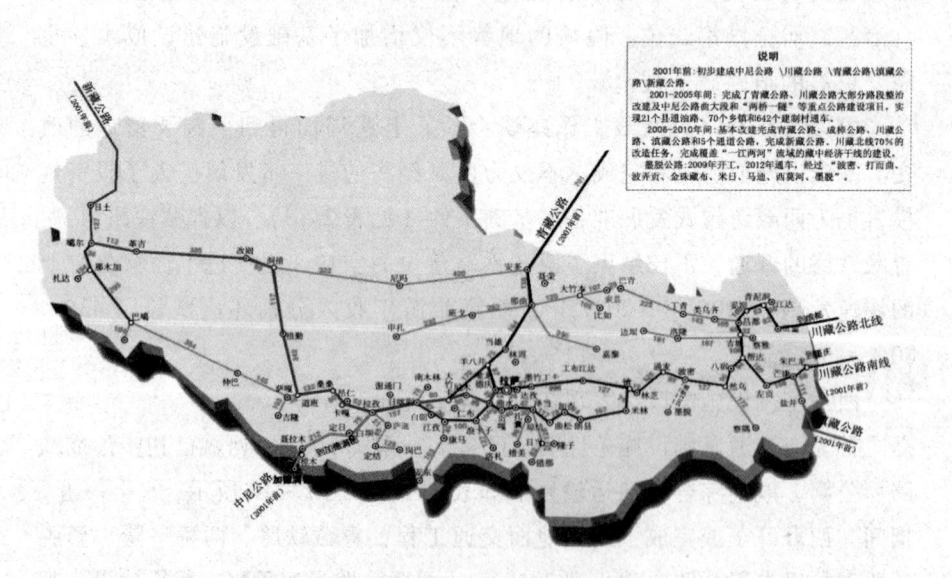

图2-10 西藏公路交通现状

第二章
西藏经济发展的现状、制约因素和主要矛盾

表2-4 西藏交通状况（一）

	2001年	2010年	增长(%)
公路通车里程(万公里)	3.6	5.8	61
桥梁(座)	1293	4906(2009年)	279
邮路总长度(万公里)	1.6	1.9(2009年)	19
邮电业务总量	6.5	63.84	882

数据来源：2001年和2009年数据来自《西藏统计年鉴（2010）》；2010年数据来自《2010年西藏自治区国民经济和社会发展统计公报》，增长率数据为本课题组计算所得。

表2-5 西藏交通状况（二）

机场名称	通航时间	到拉萨所需时间
拉萨贡嘎机场	1965年	—
昌都邦达机场	1995年	65分钟
林芝米林机场	2005年	—
阿里昆莎机场	2010年7月1日	90分钟
日喀则和平机场	2010年9月28日	—
那曲	待建	40分钟

数据来源：课题组根据相关资料整理。

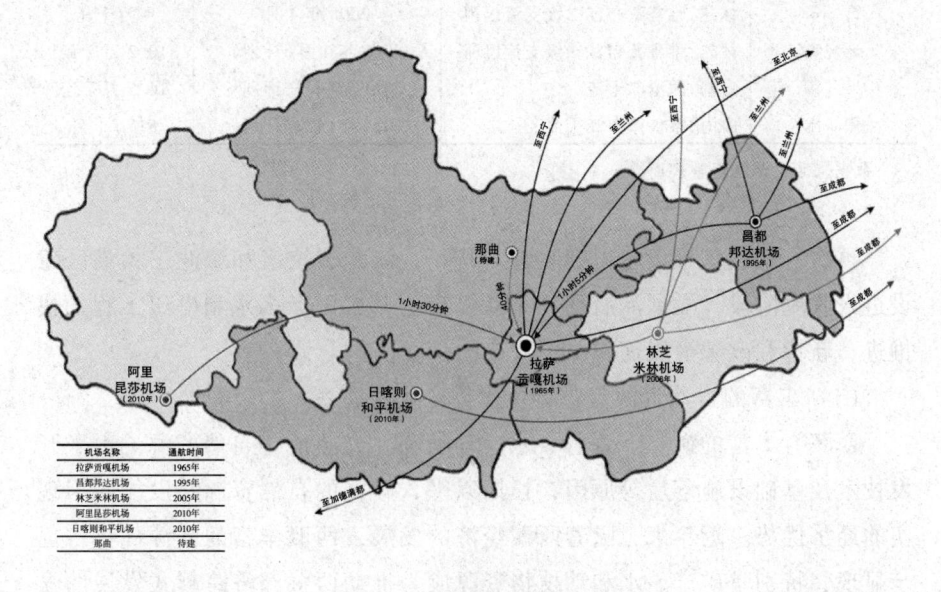

图2-11 西藏航空航线现状

其次,水电为主的综合能源体系建设加快。西藏有丰富的水能资源,但开发利用进程相当缓慢。西藏和平解放时,全区只有一座装机容量为120千瓦的小型水电站。根据西藏跨越式发展的迫切需要,近年来西藏加快了水电为主的综合能源体系建设。截止到2010年,昌都金河、拉萨直孔、阿里狮泉河、林芝雪卡等骨干水电站竣工投产(见表2-6),全区电力装机总容量达到97.4万千瓦,比"十五"末增加47.4万千瓦。藏木、老虎嘴、果多等电站建设也比较顺利,在建规模95.6万千瓦。综合能源体系的建设,不仅保证西藏经济建设所需电能,而且也能使西藏人民大量地使用电能,促进生活水平的提高。另外,由于水电站建设可以带动电子、电工、机械制造、建筑、材料、钢铁及交通运输等很多相关产业,因此还有可能在水电站附近建设新城镇,实现以水电产业为核心的城镇化建设。

表2-6 西藏水电站现状

电站名称	所在区域	竣工时间	装机容量
金 河	昌都,澜沧江支流金河	2004年8月	6万千瓦
直 孔	拉萨,拉萨河	2007年9月	10万千瓦
狮泉河	阿里,狮泉河	2006年10月	6000千瓦
雪 卡	林芝,雅鲁藏布江二级支流巴河	2008年4月	4万千瓦
老虎嘴	林芝,雅鲁藏布江二级支流巴河	2011年4月(计划)	10.2万千瓦
果 多	昌都,澜沧江干流	2014年(投产计划)	16.5万千瓦
藏 木	山南,雅鲁藏布江干流	2014年(投产计划)	51万千瓦

数据来源:课题组整理而得。

再次,水利基础设施得到改善。其一,江北、拉洛和澎波三大灌区建设进入收尾阶段,发展灌溉面积110万亩。其二,旁多水利枢纽工程加快推进,新增和改善灌溉面积111万亩。

(3)丰富的自然资源促进特色优势产业发展

西藏有丰富的矿产、森林、水、动植物、光热能等自然资源。由于开发技术及基础设施落后等原因,长期以来,丰富的自然资源并没能转为现实的经济优势。近年来,随着西藏经济的发展,西藏丰富的资源优势将逐步显现,特别是矿产、水和动植物资源成为推动西藏经济跨越式发展的强劲动力。

丰富的矿产资源推动矿产开采业及相关产业发展。截至2009年年底，西藏已发现矿种102种，查明矿产资源储量的矿种42种，主要能源矿产3种，金属矿产14种，非金属矿产24种，水汽矿产1种，这其中，12种矿产储量居全国前5位，18种居全国前10位，铬、铜的保有矿产资源储量以及盐湖锂矿的锂资源远景位列全国第一，皆为国家最主要的紧缺矿产[①]。丰富的矿产资源为西藏矿产开采业提供了必要的条件。如前所述，"十一五"期间，西藏矿产开采业也形成了一定规模。

丰富的水资源促进西藏新能源产业发展。受自然地理环境的影响，西藏向来有"千山之宗、万水之源"的美称，具有得天独厚的水资源条件。例如，西藏东部在南北走向的平行山脉之间，分别挟持着金沙江、澜沧江和怒江的深切沟谷，构成著名的藏东三江峡谷。峡谷北高南低（北部海拔5200米，南部海拔3000多米）为水电能源提供了基础条件。又例如，占西藏水域面积20.1%的雅鲁藏布江，水域面积达242004平方公里，约为整个英国的国土面积。西藏面积大于200平方公里的湖泊有24个，总面积达12477平方公里，比天津市总面积还要大。有专家估计，西藏的水能资源理论蕴藏量约为2亿千瓦，占全国水能资源的30%，其中可供开发利用的水能资源有5600千瓦，占全国总量的20%。资料显示，目前，已开发利用的水能资源还不足可开发利用的0.5%[②]。如能科学合理地利用这些水资源，西藏的能源产业也相当可观。

丰富的动植物资源可推动西藏特色农业发展。藏东三江峡谷山顶积雪终年不化，山腰森林密布，山麓田园长青，植被资料丰富。由于海拔高，空气稀薄，水汽、尘埃含量少，纬度又低，西藏是我国太阳辐射总量最多的地区，日照时数也是全国的高值中心。资料显示，西藏全区年均日照时数在1475.8~3554.7小时之间，西部地区则多在3000小时以上。如能借鉴新疆经验，在西藏种植和推广需要日照多的农作物，西藏也将有不可估量的高原特色农业前景。

另外，西藏具有独特的区位优势。西藏西部和南部与印度、尼泊尔、

[①] 金世洵主编《西藏自治区2010年发展改革白皮书》中的"2009年优势特色产业发展报告"，第151页。

[②] 参见安平《西藏经济发展的现状及问题探讨》，《商场现代化》2009年第2期。

不丹、缅甸等国以及克什米尔地区接壤，边境线长约3842公里，是中国西南边陲的重要门户。以亚东口岸为例，该口岸距不丹首都廷布约300公里，距锡金首府甘托克约100公里，到印度沿海城市加尔各答也只有几百公里，离尼泊尔首都加德满都120公里，离西藏首府拉萨460公里。据史料记载，早在100多年前，西藏就有边境贸易。如今，日益改善的交通基础设施进一步彰显了西藏的区位优势。例如，全长789公里的中尼公路，在拉萨到大竹卡、日喀则到定日等重点路段实施等级化改造后，路况大为改观，原来90公里路要走一天，现在拉萨到日喀则仅仅需4小时。众所周知，近年来，印度等南亚各国经济发展快速，东南亚经济的快速发展无疑将进一步促进西藏边境贸易的发展。

除此以外，西藏还有遍布各地的富有民族传统特色的人文资源。西藏有世界文化遗产布达拉宫、大昭寺，举世闻名的扎什伦布寺、哲蚌寺、色拉寺、甘丹寺、白居寺等佛教寺庙，世界第一高峰珠穆朗玛峰，及浓郁的藏族风情。这些以藏传佛教文化为核心的民族传统文化将成为西藏文化产业的重要资源。

综上可见，在推进跨越式发展战略过程中，西藏不仅有中央的特殊关怀和全国的无私支援，还有近10年的经济发展成果及丰富的自然资源。这些现实基础，都是推进西藏跨越式发展的有利条件。

2. 西藏经济跨越式发展的制约因素

不可否认，西藏经济跨越式发展过程中，资源禀赋、机制和体制等方面仍存在不少制约因素。客观、深入地分析并克服这些制约因素，有利于推进西藏跨越式发展。

（1）相对稀缺的人力资本、有限的资本积累能力及屈指可数的具有核心竞争力的企业制约了西藏经济跨越式发展动力的形成

一个国家或地区的经济增长与劳动力、资本、技术等基本要素密切相关。一定数量和质量的劳动力、资本及具有核心竞争力的企业是推动一个国家（地区）经济发展的基本要素。

首先，西藏人力资本总体水平较低。西藏属于人口稀少的地区。2009年年底，西藏常住人口总数仅为290.03万人，人口密度每平方公里为2.5人，是我国人口密度最低的省份。近年来，西藏大力开展扫除青壮年文盲的工作，但总的来说，西藏人力资本的总体水平仍较低。如图2-12所示，

2000年，西藏15岁及以上文盲人口占比高达44.84%，为全国最高，是全国平均水平的4倍，约为文盲率居全国第二高的青海省的2倍，也远远高于贵州、甘肃和云南等省。2009年年底，西藏平均每万人口中大学生仅为104人，中专生、中学生和小学生分别仅有74人、626人和1052人[①]。

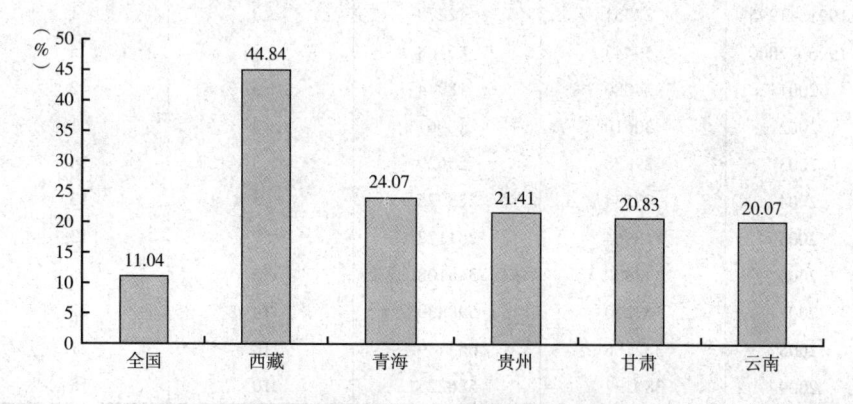

图2-12 我国15岁及以上文盲率最高的五省（区）

数据来源：《第五次全国人口普查数据（2000年）》。

其次，西藏自身资本积累能力有限。资料显示，西藏大量的固定资产投资中，民间资本或者说社会资本的比重非常有限。如表2-7所示，2009年是西藏个体经济和其他经济投资占比最高的年份，分别比2001年和1985年上升了约23和22个百分点，但也仅为约28%。因此，西藏大量的固定资产投资仍然来自政府。但是，从最近10年的情况看，西藏地方财政收入尽管有所提高，其占GDP的比重仍仅为8%左右。如图2-13、图2-14所示，2010年，西藏地方财政收入在GDP中的占比为8.3%，为近年来最高。2009年，西藏一般预算支出与收入之比仅为6.6%，远远低于全国平均水平53.4%，也低于青海和新疆的18%和28.8%。由此可见，西藏近年来大量的资本投资主要来自中央政府的投入、兄弟省份的支援，自身积累能力相当有限。这种既不是来自于市场的自由配置，也不源于自身积累的投资方式，非但不是长久之计，也不利于西藏现代经济制度的建立和完善。

---

① 参见《西藏统计年鉴（2010）》。

表 2-7 1981~2009 年西藏民间投资情况

年份	个体经济(万元)	其他经济(万元)	个体经济占比(%)	其他经济占比(%)
1981~1985	10933	0	6	0
1986~1990	50490	0	16	0
1991~1995	27331	12279	3	1
1996~2000	59443	66108	3	3
2001	24080	18944	3	2
2002	30610	10067	3	1
2003	29838	55629	3	4
2004	77534	223985	5	13
2005	143964	251172	7	13
2006	342300	348108	15	15
2007	367200	599830	14	22
2008	322166	663489	10	21
2009	380137	686225	10	18

数据来源:《西藏统计年鉴(2010)》。

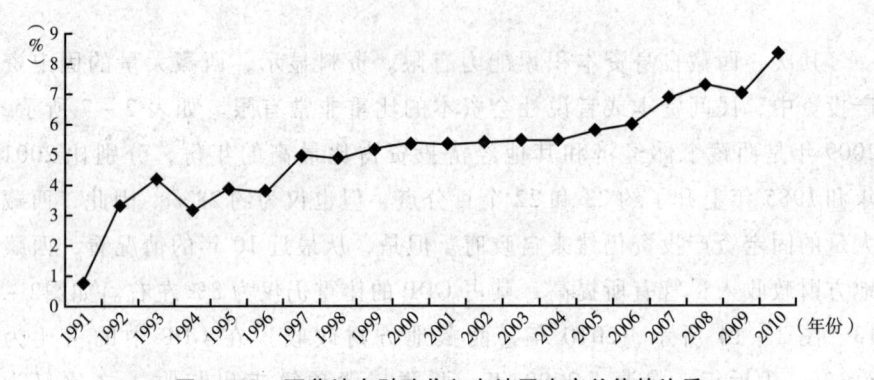

图 2-13 西藏地方财政收入占地区生产总值的比重

数据来源: 1991~2009 年数据来自《西藏统计年鉴(2010)》, 2010 年数据来自《2010 年西藏自治区国民经济和社会发展统计公报》。

再次,西藏缺少具有核心竞争力的企业。企业是市场最重要的主体。综观西藏全区的工业、服务业,具有核心竞争力的企业屈指可数。如表 2-8 所示,截止到 2011 年 2 月底,西藏的上市公司仅为 9 家,是全国上市公司数最少的省份。尽管从理论上而言,企业上市与否并不完全代表企业是否具有核心竞争力,但在中国目前的经济现实中,通常是综合实力较强的企

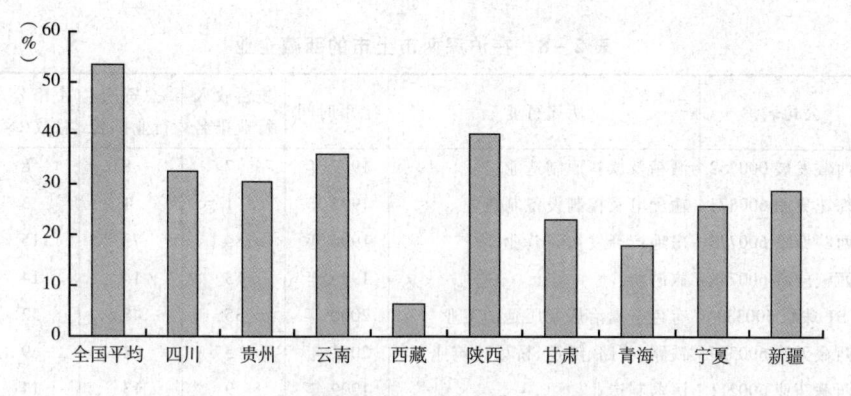

图 2-14　部分地区一般预算收入占支出的比重

数据来源：根据《中国统计年鉴（2010）》计算而得。

业得以上市，且通过上市，企业品牌、创新得以进一步实现。表 2-8 还显示，目前西藏上市公司的生产领域集中在藏药制造业、采矿业，其他领域的企业上市的较少，目前仅有从事房地产开发及旅游业的各 1 家。所有的上市公司中，大部分企业的主营收入和总资产行业排名约第 30 位左右，列上市公司的中后位置。例如，国内上市的酒精及饮料酒制造业公司共 8 家，"西藏发展"主营收入和总资产排名分别为第 7 和第 8 位，"梅花集团"主营收入和总资产在行业排名中均为第一，但其利润率却排在该行业的末位，即第 3 位。

分析这种现象，可以发现这与企业自身的经营方式及外部环境密切相关。第一，西藏第三产业的经营方式比较传统。例如，旅游业是西藏的支撑产业，但西藏的旅游业务相对单一，旅游企业主要以接待游客，把游客带到景点参观，赚取中间差价为主要赢利手段。而内地许多景点都进行集团化运作，集吃、住、游、购于一体，现代化的经营方式大幅度提高了营业收入。第二，西藏中小企业的金融环境有待完善。就区内而言，西藏第三产业发展比较快，但毕竟发展时间较短，大部分企业的规模比较小。尽管西藏中小企业也享受了优惠的税收政策，但金融环境仍有待改善。企业贷款有效需求不足，一方面，民间投资少（如表 2-7 所示）；另一方面，国有金融机构主要服务于大型项目，而上市融资则更困难。因为根据目前上市原则，行业内排名在前的企业，才有机会在沪深两市上市，创业板块又主要面向高科技行业。

表2-8 在沪深两市上市的西藏企业

公司名称	所属行业	上市时间	主营收入行业排名	总资产行业排名	上市公司总数（家）
西藏发展 000752	酒精及饮料酒制造业	1997年	7	8	8
梅花集团 600873	输配电及控制设备制造业	1995年	1	1	3
西藏城投 600773	房地产开发与经营业	1996年	84	73	115
西藏旅游 600749	旅游业	1996年	13	14	14
ST珠峰 600333	有色金属冶炼及压延加工业	2000年	35	48	52
西藏天路 600329	铁路、公路、隧道、桥梁建筑业	2001年	5	8*	9
西藏药业 600211	医药制造业	1999年	9	13	14
奇正藏药 002287	中药材及中成药加工业	2009年	28	29	40
西藏矿业 000762	黑色金属矿采选业	1987年	44	40	52

* 系统显示该行业共有9家上市公司，除了总资产排名前7位外，中二局和西藏天路排名项均为空缺。因此，西藏天路的总资产排名也有可能是第9位。

资料来源：沪深两市交易系统。

（2）特殊的高原地理环境、相对落后的交通基础设施及较小的市场容量等环境因素制约了西藏经济的规模化发展和产业化集聚

典型的高原地理环境、相对落后的基础设施及较小的市场容量是影响西藏经济跨越式发展的主要环境因素。

西藏位于中国的西南边疆，不仅地理环境复杂，而且远离中国政治、经济中心。如前所述，西藏地处世界最大最高的青藏高原，地形地貌复杂，高原气候独特，不仅气温较低，温差大，而且干湿分明；气压很低，氧气稀薄。年降水量尽管在74.8~901.5毫米之间，但地区分布极为不均，由东南向西北递减。每年6月至9月的降水量占全年总降水量的80%至90%。近年来，西藏的交通基础设施大为改善，但目前从拉萨到北京和上海的空中飞行时间仍分别需要约5小时和6小时，相当于上海和北京之间高铁的运行时间。偏远的高原环境不仅阻碍了西藏与内地的联系，也不利于西藏产业结构、经济规模的提升和集聚。例如，西藏目前设有6地1市，除山南地区外，地区所在地与拉萨市之间的飞行距离基本都在1小时左右。不仅在空间上难以集聚，而且因空间间隔远带来经济差异太大，难以进行产业上的合作。西藏的南部地区，山高、谷深、河窄，是独特的热带、亚热带经济植物区；中南部地区，多高山、湖泊、盆地，多夜雨，属高原温

带半干旱气候区，也很不适合大规模的工业开发。

另外，相对落后的交通基础设施同样不利于西藏经济的跨越式发展。虽然近年来西藏的基础设施建设有了翻天覆地的变化，但与经济发展的需要、与内地交通设施、交通条件相比，西藏的交通基础设施仍比较落后。例如，西藏境内唯一的一条铁路仅经过阿里藏北地区及拉萨，西藏南部特别是经济较为发达的日喀则、林芝等地仍无铁路通行。西藏农牧区的交通基础设施发展难度更大。尽管"十一五"期间，西藏通过"八个工程"上马了大量农牧区水、电、路等基础设施，但截止到2010年年底，西藏实现通柏油路的县仅有54个，另有6个县在建，合计仅占西藏76县的79%。公路网也没能全覆盖，还有20%的建制村没能覆盖到，其中，通柏油路的乡镇更少，仅为261个，占全区乡镇总数的38.3%。

西藏市场容量小也是一个不争的事实，较小的市场容量和市场规模已成为制约西藏经济发展的一大环境因素。现代经济学认为，市场容量是经济发展的客观原动力。没有市场容量，商品生产不能实现最终交易；有了市场容量，企业投资和经济发展才能随之被拉动。现代经济学还认为，市场容量与消费者群体大小、消费行为、可支配货币数量等有关。尽管近年来西藏农民家庭收支都有结余且有不断上升趋势，但家庭经济活动仍然是西藏农民主要的经济活动方式，走入市场的经济活动并不多[①]。另外，如前所述，西藏是一个地广人稀的地区，常住人口总量少，即使是相同的消费水平，消费需求总量也较少。同时，由于边境贸易发展刚刚起步，目前开拓国外市场容量的能力也有限。如图2－15、图2－16所示，2001年以来，西藏边境贸易总量仅占西藏GDP的10%左右。与西南边境省份相比，西藏边境贸易总量也远远落后于云南、新疆等地。因此，尽管边贸交易近年来增长较快，但其作用仍十分有限。

（3）法律法规和信用体系的不健全及市场主体未充分培育，制约了西藏市场经济体制的进一步完善

制度是经济发展的关键因素。尽管西藏已初步建立起市场体系，但市场经济体制仍需要进一步加以完善。

---

① 杨明洪：《西藏农户经济演化特征：基于农村住户调查资料的实证分析》，《中国藏学》2005年第3期。

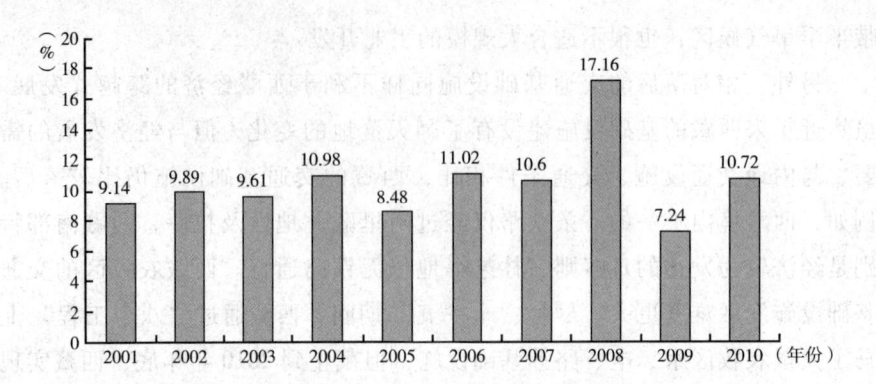

图 2-15　2001~2010 年西藏边境贸易总额占西藏 GDP 的比重

数据来源：2001~2009 年数据来自《西藏统计年鉴（2010）》，2010 年数据来自《2010 年西藏自治区国民经济和社会发展统计公报》，并按公报公布之日 2011 年 4 月 28 日人民币兑美元汇率的中间价 6.5051 折算。

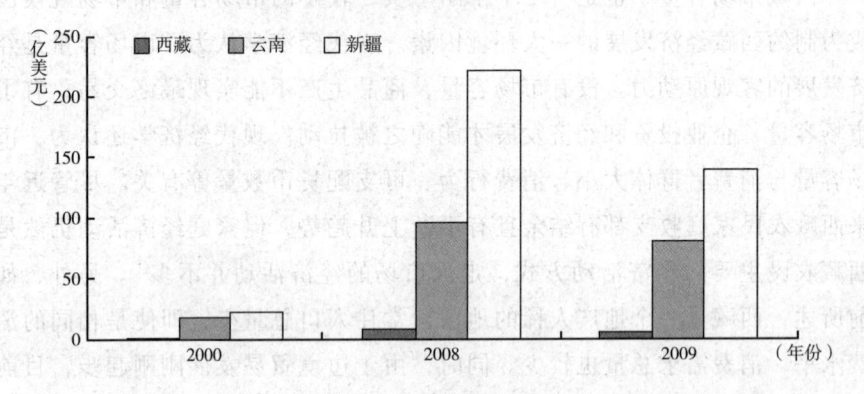

图 2-16　云南、新疆、西藏按经营单位所在地分货物进出口总额

数据来源：根据《中国统计年鉴（2010）》计算而得。

第一，相关法律法规有待建立和完善。市场经济是法制经济，改革开放后，我国开始建设中国特色社会主义市场经济。整体而言，提高和完善法制建设是全国面临的一个紧迫任务，但从各地建设的进程来看，西藏的任务更加突出。据不完全统计，西藏目前实施的地方性法规或政府规章，大部分是 2000 年以后才着手制定的。一方面，这些法规还存在一个不断完善的过程；另一方面，司法、执法的任务非常艰巨。例如，2006 年和 2008 年，西藏分别制定了《西藏自治区冬虫夏草采集管理暂行办法》和《西藏自治区矿产资源管理办法》，但在实地调研中，我们发现，一些违反法规的开采矿产行为屡见不鲜，矿产公司与当地村民发生冲突的事件屡有发生。因此，如何完善法制法规、建设法治社会是西藏地区完善市场经济体制的重要内容。

第二，信用体系需要进一步完善。市场经济是一种信用经济。银行及其他金融机构以货币形式，通过存款、贷款等业务活动提供的信用，是市场经济主导的信用形式，标志着一个国家或地区信用制度的发展与完善。近年来，西藏金融市场实现稳步发展，特别是"十一五"期间，金融机构本外币的各项存款快速增长，截至2010年年底，预计金融机构各类存贷款余额分别为1230亿元、290亿元，比"十五"末增长1.7倍和62%[①]。但西藏金融机构提供的信用仍远远不能满足经济发展的需要。例如，金融机构的存款总额远远大于贷款总额。导致这种现象出现的可能性主要有两种：一是经济发展所需要的贷款活动并非由银行等金融机构提供，二是经济发展所需要的贷款有效需求不足。现有资料显示，一方面，西藏经济发展过程中所需要的贷款活动，特别是基础设施建设、矿产业开采等大型项目，主要由政府直接拨款，不需要市场提供；另一方面，伴随西藏经济发展成长起来的中小企业有效信贷需求严重不足。两方面相互作用，最终导致银行及其他金融机构目前只能提供有限的金融信用。

第三，市场主体需要进一步培育。经济的跨越式发展离不开一定程度的、合理的市场分工和交换，需要有一定数量和质量的市场主体参与。目前，西藏经济的传统性、封闭性仍比较强，市场主体需要进一步培育。首先，需要推动大量农民参与市场分工和交换活动，并分享经济发展带来的成果。当前，藏族农民的生活尽管在不断改善，但经济行为仍以家庭经济生活为主。家庭经营性收入仍是目前西藏农民重要的收入来源，对农民家庭现金收入的贡献一直稳定在70%左右。生活消费仍是西藏农民最重要的支出项目[②]。另外，近年来随着中央转移支付力度的加大，农民转移性收入在现金收入中的比重也不断提高，2003年达到11.58%。跨越式发展需

---

① 参见《2011年西藏自治区人民政府工作报告》，西藏政府网站：http://www.tibet.gov.cn/getCommonContent.do?contentId=376447。
② 杨明洪：《西藏农户经济演化特征：基于农村住户调查资料的实证分析》，《中国藏学》2005年第3期。

要农民从这种家庭经济生活走向市场经济，切实参与市场经济。其次，需要有一定数量的驾驭市场经济的企业。但正如前所述，目前，西藏不仅缺少具有核心竞争力的企业主体，而且在第三产业中，经营性行业占比尚不到60%，吃财政饭、不创造税收和利润的非经营性行业和部门的比重却占到40%，这一比重高出全国平均水平25个百分点[1]，从严格意义上来讲，这些企业并不是真正的市场主体。跨越式发展需要有一定数量的真正参与市场的主体。再次，政府管理水平有待进一步提高。西藏推行市场经济制度相对较晚，近年来政府又投入大量资金参与经营管理，因此，政府与市场之间的职能并没有真正理顺，政府管理市场的能力也有待提高。

总之，从西藏的现状看，推进经济跨越式发展仍然面临较多的制约因素。提升西藏自身发展能力，必须切实缓解相对稀缺的人力资本和有限的资本积累瓶颈，培育具有核心竞争能力的企业。而这些要素条件的改善，又往往受制于西藏的自然地理环境和交通条件，如偏远的地理区位、严酷的自然环境、落后的交通设施等等。这些是西藏经济发展的客观现实，也是西藏经济跨越式发展的制约因素和问题所在。

三　西藏经济跨越式发展面临的主要矛盾和特殊性

充分利用西藏已有的或已形成的现实基础并克服当前制约西藏经济发展的各种因素，是推动西藏经济实现跨越式发展的重要前提。但由于西藏历史、地理具有诸多特殊性，西藏经济跨越式发展还面临许多矛盾和问题。

1. 西藏经济跨越式发展面临的主要矛盾

必须承认，西藏经济在近10年取得了举世瞩目的成就。但深入分析经济发展的成果时，我们发现，西藏经济的发展存在一些深层次的亟待解决的矛盾。特别是推动经济发展的动力源方面，存在若干阻碍经济跨越式发展的困难与矛盾。

---

[1] 金世洵主编《西藏自治区2010年发展改革白皮书》，西藏自治区发展和改革委员会，2010，第5页。

第二章 西藏经济发展的现状、制约因素和主要矛盾

(1) 地区经济平衡发展的要求与城乡收入差距全国最大的现实之间的矛盾

尽管非均衡发展和增长极理论认为,在一个国家内部,一些地区可以有别于其他地区得到更快更早的发展,成为推动经济发展的"增长极",但经济发展的最终目的仍是实现地区经济的均衡发展。西藏经济跨越式发展的最终目的也是促使全西藏各地区人民生活水平得到均等提升。这就需要通过统筹城乡协调发展等措施,最终实现全区经济发展与社会福利的均衡发展。

改革开放以来,特别是进入新世纪以来,西藏经济取得了平稳的较快的发展,各级政府大力打造了多项民生工程,尤其是以安居乐业工程为核心内容的新农村建设取得了较大的进展,使农民得到了更多的实惠。但一些数据所显示的事实也表明,西藏城乡收入差距尽管逐步缩小,但仍年年高于全国平均水平。如图2-5所示,2001~2010年,西藏的城乡收入差距普遍都高于全国平均水平。其中,2010年全国平均城乡差距比为3.23:1,较2009年有所缩小,但西藏不仅仍高达4.82:1,还较2009年有所扩大。

在西藏,城市居民收入随着经济的发展而不断提高,与此同时,藏区农民的收入长期处于较低水平且未能得到大幅度提高,这一状况进一步拉大了西藏地区城乡居民的收入差距。首先,与全国农民的平均收入水平相比,西藏农民的收入处于低位。如图2-17所示,2010年,西藏农民人均纯收入与全国平均水平相差1929元,差距非常之大。与东部省份农民人均纯收入相比,差距更大。2010年上海农村居民人均可支配收入为13680元,是西藏农民人均纯收入的3.4倍。其次,西藏农民收入增速近年来呈放缓趋势。资料显示,2006年前后,西藏农民人均纯收入迅速增长的主要原因在于,一是其收入基数本身较低,二是青藏铁路修建带来的较大收益,三是大规模农民安居工程的建设等等。随着基础设施工程和安居工程等的逐渐竣工,农民工资性收入增长缓慢,西藏农民人均纯收入增长放缓就成为必然结果。如图2-17所示,2006年以来,西藏农民人均纯收入增长率一年比一年下降,分别为17.2%、14.5%、13.9%、11.2%和13%,与全国平均水平的差距分别达1152元、1352元、1585元、1621元和1929元,差距不仅未见缩小,反呈不断扩大趋势。与此同时,西藏城镇经济发展相对平稳。其中一个主要原因是已完成或即将完成的基础设施基本集中

在城市，随着基础设施的改善，城镇第二、第三产业发展开始形成一定规模，确保了西藏城镇居民收入水平的提高。

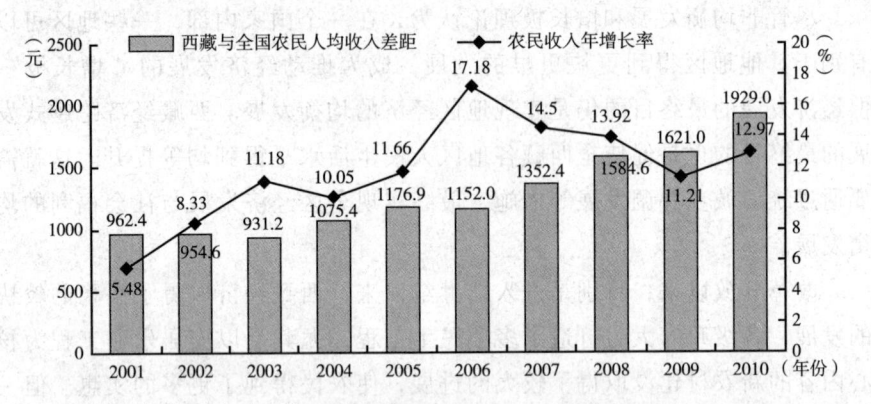

图2-17 2001~2010年西藏农民人均纯收增长率及与全国平均水平差距

数据来源：根据《西藏统计年鉴（2010）》和《中国统计年鉴（2009）》、《2010年西藏自治区国民经济和社会发展统计公报》、《2009年国民经济和社会发展统计公报》和《2010年国民经济和社会发展统计公报》计算而得。

虽然，根据国家"生态屏障"建设的战略定位，西藏许多地区需要退牧还草，在退牧还草的过程中，部分农民将得到相应的补偿款，这些补偿款可以在一定程度上增加农民的即期收入，但由于农牧种养业的休耕休蓄，农民从事第一产业以外的就业需求必然大增。如果农民富余劳动力得不到有效转移，随着一次性补偿款等收入来源的逐步减少，西藏农民收入与城市居民收入差距将进一步拉大。虽然目前西藏正在千方百计推进富余劳动力向更高产业转移，但由于劳动力自身素质所限，如科技文化水平和劳动技能的低下，农民向二、三产业转移的效果并不显著。如果没有新的有效的办法出现，大量的富余劳动力和增速相对放缓的农民收入状况，不仅阻碍了"消费拉动经济"的步伐，不利于西藏经济的平稳发展，也埋下了社会不稳定的隐患，西藏经济的跨越式发展也将无从谈起。

（2）经济发展对产业结构优化的要求与劳动力资源无法合理配置之间的矛盾

从经济结构方面讲，跨越式发展的最终目的是形成合理的"三、二、一"产业结构形态。如果我们单单看西藏地区的产出结果，西藏的产业结构在2003年时似乎已经实现了"三、二、一"的高级形态。但是，对西藏三次产业结构及其对劳动力的吸附程度作具体分析，我们将会发现问题所在，那就是三次产业的结构偏离度非常之大，西藏的"三、二、一"产业形态其实是由于二产的羸弱所形成的低水平模式。西藏自我发展能力的增强，不仅需要有合理的产业结构，而且要充分利用现有劳动力资源，以实现整个社会经济资源的最有效最合理的配置。

如图2-18、图2-19所示，以2008年为例，西藏第一、二、三次产业结构偏离度分别为-86、108和59，分别比同期全国平均水平高出13、11和41个点。这说明西藏目前还存在着较为严重的就业结构与产业结构不对称的现象。其中，第一产业的偏离度长期以来严重偏低，大部分年份都在-100左右，这表明第一产业的就业人数严重偏多；第二产业的偏离度在近年来有增高的趋势，但波动很大，表现很不稳定，如1993年为55，1995年高达232，二产偏离度的数据总体表明，西藏第二产业的就业人数

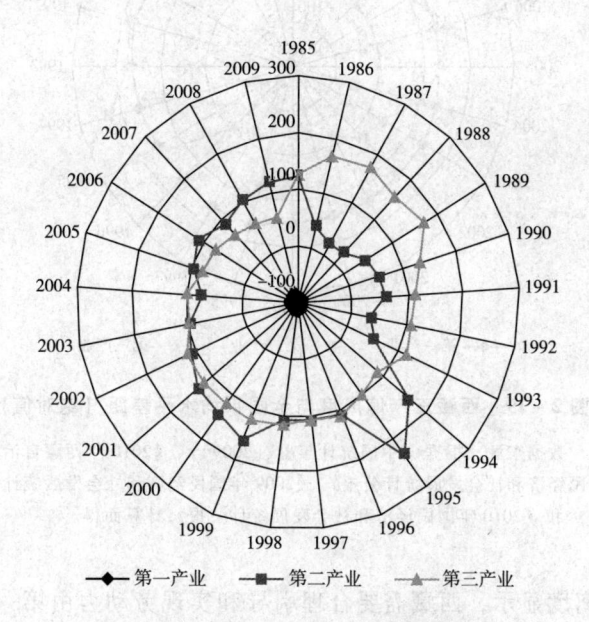

图 2-18 西藏三次产业的结构偏离度

数据来源：根据《西藏统计年鉴（2010）》和《中国统计年鉴（2009）》、《2010年西藏自治区国民经济和社会发展统计公报》、《2009年国民经济和社会发展统计公报》和《2010年国民经济和社会发展统计公报》计算而得。

偏少；第三产业的偏离度相对比较稳定，在1991年以后稍有下降，但总的来看，还是高于成熟市场经济体通常具有的20到30的水平。如果与全国平均水平相比，西藏地区三次产业的偏离度也明显偏高。如图2-19所示，与全国平均水平相比，西藏第一产业的偏离度绝对值差距较大，尽管最近三年有所缩小，但2009年二者差距仍约高达15；第二产业偏离度的差距不但较大，而且近年来还呈扩大趋势，例如2005年差距为5，2008年差距就达29；第三产业的偏离度差距从绝对值看是最大的，但近年来呈缩小之势，如2008差距绝对值为38，分别比2006年和2007年降低了13和3个点。

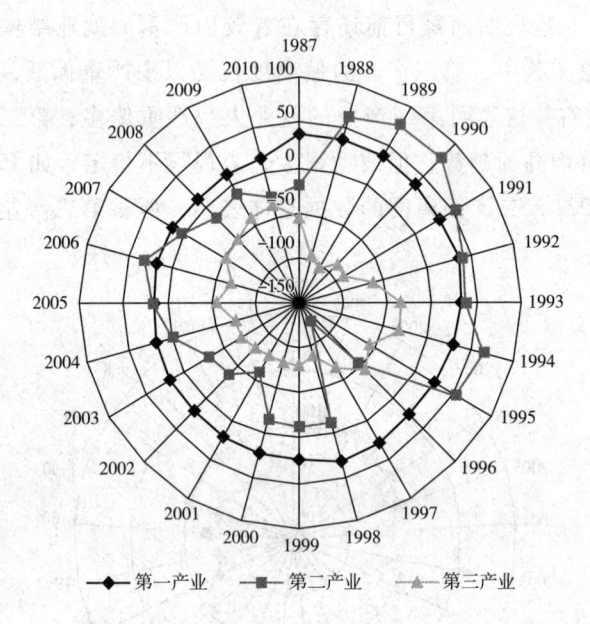

图2-19 西藏三产偏离度与全国平均水平差距（绝对值）

数据来源：根据《中国统计年鉴（2009）》、《2010年西藏自治区国民经济和社会发展统计公报》、《2009年国民经济和社会发展统计公报》和《2010年国民经济和社会发展统计公报》计算而得。

上述偏离度显示，西藏需要合理引导和实现劳动力由第一产业向第二产业的转移。但目前西藏的产业发展战略是"一产上水平、二产抓重点、三产大发展"，即第一产业劳动力向第三产业转移的空间似乎更大。但目前西藏第三产业的结构特征和发展方向更需要大量有技能有文化的技术型、管理型人才，一产的富余劳动力可能并不能在短期内及时有效地转移到三产，因此也就难以迅速缓解农民的就业问题。2010年，西藏旅游业占第三产业产值的比重约为14%。除此之外，西藏目前的第三产业主要以传统的服务业为主，为优化第三产业内部结构，西藏需要培育更多的如信息咨询、研发、会展等现代服务业。但在这些产业中，西藏的农民并没有就业优势，因此，有效解决或缓解产业结构与产业偏离度之间的冲突是西藏面临的主要矛盾之一。

（3）基础设施建设快速发展的要求和基础设施运行维护成本巨大、技术人才严重缺乏之间的矛盾

西藏经济发展离不开完善的基础设施建设，但是巨大的基础设施摊子需要巨大的运行与维护成本。如前所述，2001年以来，西藏开工或竣工了大量的基础设施建设，铁路、公路、航空立体交通网络已基本形成，水电为主的能源基础设施建设也取得初步成效。"十二五"期间，包括拉贡公路、拉日铁路等大量基础设施还将陆续竣工，如此巨大的基础设施摊子必然需要巨大的运行成本和养护管理成本，这对地形地貌特殊、气候条件特殊、自然环境特殊、战略定位特殊的西藏来说，无疑是一个非常严峻的现实问题。从西藏的现状来看，基础设施建设规模庞大、基础设施摊子铺得很开，与基础设施运行及养护管理成本巨大之间存在着十分严重的矛盾。

以青藏铁路为例，作为高原型铁路，其人力成本、燃料成本、电力成本、折旧费、修缮成本等较国内其他地区的铁路为高。交通的运行、维护成本还与交通线上的客货运量直接相关。据有关专家测算，青藏铁路格拉段的年使用运行总成本为19.98亿元[①]。但由于战略地位、地理环境和自然条件等特殊原因，青藏铁路有着与其他铁路不同的市场运营特征，例如客货运量较小、客货运输的季节性波动明显，因此期望通过市场化运作来实现良好的经济效益基本不可能，随之相伴的社会效益也不可能充分发挥。这样，如何有效降低西藏地区铁路、公路、桥梁、机场等的高昂运营成本和维护成本，不仅大大影响西藏地区铁路、公路、桥梁、机场等的使用寿命，也对西藏经济实现跨越式发展战略带来极大的挑战。

现代基础设施的管理和养护，通常都需要有较高的技术和人才，因

---

① 李京文、张景增：《青藏铁路运营需要相关政策支持》，《科学新闻杂志》2007年第10期。

此，除了资金问题之外，西藏基础设施运行管理还需要大量的技术和管理人才。但西藏不但本身缺乏技术和管理人才，与其他地区相比，西藏需要的技术和管理人才更为迫切。以青藏铁路为例，青藏铁路昆仑山隧道和风火山隧道，目前是世界上最长的高原冻土隧道和世界上最高的冻土隧道。世界性技术难题的攻克，一方面标志着我国在高原冻土区筑路取得成功经验，在冻土科研方面有了可喜进展，另一方面也要求我国自行研发解决后续的一系列维护与运营管理技术，而目前大部分相关技术和设备无法通过进口渠道获得，必须依靠自主创新，也就是必须依靠西藏本地的技术人才或内地技术人才的援助，而这又涉及科研经费支出、管理体制创新等问题。拉日铁路、墨脱公路同样也存在类似的情况。西藏的基础设施项目在建设过程中克服了诸多世界级难题，未来西藏基础设施在运营、管理、技术和设备的使用与维护方面还会碰到更多的世界级难题，需要科学家和技术人员一一予以解决。

必须承认，西藏的基础设施建设仍需不断完善，"十二五"期间仍需要有大量的资本投入。但是，西藏跨越式发展必须实现发展动力的跨越，如何把有限的资金在扩大基础设施建设和使用运营已有的基础设施之间进行平衡，是西藏面临的又一特殊矛盾。

（4）庞大的投资需求规模、内生性的投资结构要求与西藏自身资本积累能力较弱之间的矛盾

根据西藏"十二五"时期国民经济和社会发展规划纲要，为进一步缓解西藏交通、能源瓶颈制约，"十二五"期间，西藏将实施大规模的交通运输工程、综合能源工程、水利基础设施工程、通信基础设施和信息化工程，重点项目约有255个，比"十一五"期间的188个增加了36%。以综合能源重点工程为例，将建成藏木、老虎嘴、果多、多布水电站，藏中和阿里地区应急电源和调峰电源工程，建成青藏直流联网工程，开工建设青海涩北气田至拉萨输气管道和拉萨至日喀则、山南的输气管道，将继续实施农牧区户用沼气、生态校园沼气工程，等等。大规模的基础设施需要有大量的资金投入，"十二五"期间255个重点项目规划总投资为6037亿元，其中，在"十二五"的5年内投资就将达到3000多亿元，比"十一五"期间的1630亿元投资增加了约84%。为此，西藏需要3000亿元的资金供给以满足建设需求。如此庞大的投资规模，需要有一个合理健康良好

的投资结构,否则难以较好地促进经济发展。

健康良性的投资结构应该主要是内生性的,也就是需要西藏地区自身具有强大的资本积累和投入能力。但如前文所述,西藏2010年投资率高达90%以上,但自身资本积累能力较弱,不仅尚未形成完善的市场积累机制,地方财政收入也是捉襟见肘。如图2-20所示,作为历史最高水平的2010年,西藏地方财政收入也仅为36.6亿元。1985年西藏改革开放以来,累计实现地方财政收入总额仅为217亿元。可见,西藏"十二五"期间需要的3000亿元建设资金难以依靠自身积累来实现,最终还是要通过中央政府、兄弟省市、中央企业及国家部委的援助来完成。因此,庞大的投资需求规模和内生性的投资结构要求,与西藏自身资本积累能力较弱之间就产生了不可避免的矛盾,从而成为制约西藏经济跨越式发展的又一障碍。

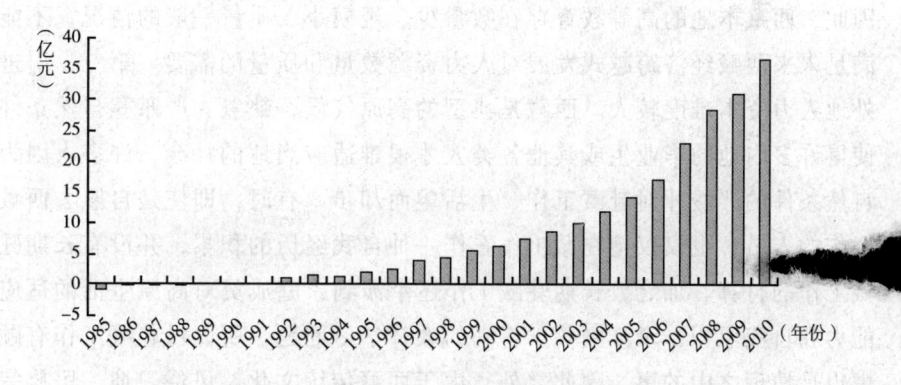

图 2 - 20　1985~2010 年西藏地方财政收入

数据来源:1985~2009 年数据来自《西藏统计年鉴(2010)》,2010 年数据来自《2010 年西藏自治区国民经济和社会发展统计公报》。

(5)经济跨越式发展对现代化人才的需求与西藏地区人力资源供给相对不足之间的矛盾

实现创新驱动是西藏经济跨越式发展的重要内容,而不管是技术创新,还是制度创新,都需要有大量的现代化科技人才。目前,西藏人力资源供给相对其他省份明显不足,造成了经济跨越式发展对现代化人才的需求与人力资源供给相对不足的矛盾。

西藏人力资源供给不足,主要有四个原因:第一,现有人力资本总量不充足。如前所述,西藏15岁及以上文盲人口占比高达44.84%,为全国最高，现有人才无法满足经济发展。第二，西藏高等教育相对落后，未来的人才供给也不足。近年来，西藏加大了基础教育的发展力度，但高等教育仍相对落后。如图2-21所示，截至2009年年底，西藏拥有的普通本、专科学校共6所，为全国各省区市最少，分别约为青海、宁夏、新疆、甘肃、贵州和云南的67%、4%、16%、15%、13%和10%。在西藏毕业的学生为7835人，分别约为上述省份的67%、39%、12%、10%、8.3%和8%。另一方面，西藏的普通高等教育在缺少院校的同时，平均每所学校培养的毕业生数量也相对较少。2010年，在西藏毕业的大学生数量达到8428人，为历史之最。其中研究生162人，普通本专科学生8266人[①]。假定这些毕业生都留在西藏，并平均分配到每个地区（市），则每个地区（市）2010年仅能分配到约1200名本专科毕业生，其中，研究生仅23人。因此，西藏本地的高等教育存在数量少、规模小、质量一般的情况，不能满足未来西藏经济跨越式发展对人力资源数量和质量的需要。第三，引进外地人力资本难度较大。西藏是典型的高原气候，缺氧、严寒等自然条件使得许多内地的毕业生或其他各类人才很难适应当地的社会，许多人因为自然条件的严峻才对赴藏工作、生活望而却步。有时，即使是自愿去西藏工作的人员，也仅仅把在藏工作看作一种自我经历的积累，并没有长期驻藏工作的打算。加之，长期驻藏工作还牵涉到家庭成员对高原生活的适应能力和自我愿望，牵涉到孩子将来的教育学习问题，所以对赴藏工作有顾虑也是情理之中的事。除此之外，由于西藏传统文化、风俗习惯、民族宗教等与内地有一定的差异，外地人才赴藏还面临对当地文化、宗教、风俗、人文等环境的适应和协调问题。因此，与内地各省份间人才交互流动的状况相比，西藏引进外地人才的难度更大。西藏和平解放后，外地援藏人才对西藏建设做出了巨大贡献，但一些人也因在西藏长期工作而患上了不同程度的高原病，为此，很多人离（退）休后最终还是选择回到原籍养老，而其子女留在西藏工作的更不多见。第四，外地援藏人才以行政干部为多、技术型人才为少。应该说，让外来人才在西藏工作一段时间（例如2~3年）而非长期（长年累月或终身）驻藏工作，可能是一种比较适合西藏区情的、一定程度上缓解西藏人力资本不足矛盾的有效方式。但目前

---

① 《2010年西藏自治区国民经济和社会发展统计公报》。

非长期工作的援藏人才主要是充实到西藏各地市政府机关部门的援藏干部,以政治领导型人才和行政管理型人才为主。而目前西藏各农牧区、工矿企业、高等院校、研究院所等急需的各类专业技术人才、科研人才和技术管理人才则不多见。这一引进人才结构的偏颇造成了西藏经济依托科技创新获得快速发展的可能性与必要性之间的矛盾和反差。

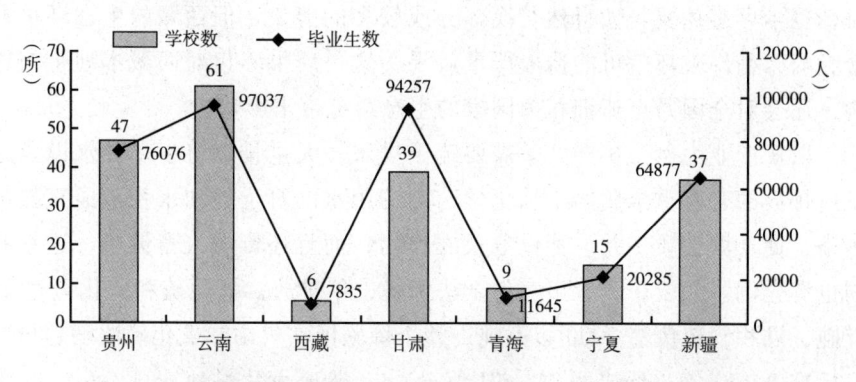

图2-21 2009年年底西藏等地拥有的普通本、专科学校和学生数

数据来源:《中国统计年鉴(2010)》。

综上,西藏实现跨越式发展,不仅面临着区域经济不平衡发展与城乡收入差距必须缩小之间的矛盾,也面临着自身积累能力较弱与投资规模需要进一步扩大之间的矛盾;不仅需要在调整产业结构的同时注重就业结构的优化,也要在扩大基础设施建设项目同时考虑长期巨额的运营维护成本和人力资源匮乏的问题。除此之外,西藏经济的跨越式发展还面临着许多特殊性。

2. 西藏经济跨越式发展面临的特殊性

(1) 保护生态环境下的优势产业的确立

西藏的发展离不开经济的支撑,经济的发展离不开产业的支撑。立足特色优势资源,因地制宜,加快产业结构调整,是西藏"十二五"期间加快调整产业结构的需要。但这种推动产业加快发展的战略选择,必须在确保国家近年来对西藏未来发展的战略定位的基础之上。近年来,国家对西藏未来发展的战略定位非常清晰,那就是要把西藏建设成"两个屏障、两个基地、两个目标":①重要的国家安全屏障,重要的生态安全屏障;②重要的战略资源储备基地,重要的高原特色农产品基地;③重要的中华民族特色文化保护地、重要的世界旅游目的地。其中，有关生态安全、资源储备等定位都与西藏地区的生态环境保护息息相关。

譬如，西藏有丰富的矿产、旅游等资源，这些优势资源有利于西藏形成比较优势的产业，西藏也需要利用这些优势资源培育支撑产业。但在开发、利用这些优势资源时，必然使用当地大量的水、电、煤等资源，同时，也不可避免要与大自然交换部分或较多的能量，但西藏的生态环境非常脆弱，稍许破坏就可能造成严重后果，这一后果不仅对西藏本地带来影响，还会对全国乃至亚洲相关国家的生态系统带来影响。

以矿产业为例，矿产开采需要疏干排水，大量排放有害矿井水以及选矿厂排放的含有重金属离子和化学药剂的废水，对土地和水系造成直接的污染，使土壤性质变差。不仅危及农作物，而且还影响人畜健康，这在我国也有先例。如云、贵、川三省土法炼磺，年排放二氧化硫和硫化氢达26万吨，堆积含硫废渣2000多万吨，整个炼磺区空气中二氧化硫浓度超过国家标准5~50倍，形成酸雨，pH值3~4，造成大片耕地寸草不生，几十年难以恢复。所谓"前事不忘、后事之师"，西藏在做大做强特色产业的同时，务必要避免这种现象的出现。更为重要的是，保护西藏的生态环境在于事实上保护了全球的生态资源和气候环境。近年来，全球灾害性气候增多，不仅造成了大量的财产损失，还夺走了无数条生命。西藏是我国以及亚洲许多大江大河的发源地，西藏的水资源不仅关系到西藏本地的用水问题，而且还维系着全国和亚洲相关国家的大气循环系统。正是对全国、对亚洲甚至对全世界人民的负责任，中央从国家战略高度提出了保护生态环境的要求。

因此，科学合理地开发西藏丰富的自然资源，保护西藏的蓝天碧水绿草，同时做大做强特色优势产业，成为西藏经济跨越式发展的重要挑战。

(2) 守护国家安全屏障下的经济开放

国家安全是国家存在和发展的基础，它具备领土完整、主权独立、居民安全、社会稳定、经济安全等要素。西藏地处祖国的西南边陲，西藏的稳定和安全，关系到我国深入贯彻落实科学发展观、全面建设小康社会的目标能否实现，是我国全面实现经济可持续发展的迫切需要，是维护民族团结和社会稳定的迫切需要，也是维护祖国统一和国家安全的迫切需要。

首先，必须正确把握好开放与稳定的关系。始终坚持以经济建设为中心、坚持四项基本原则、坚持改革开放，进一步把中央赋予的特殊优惠政策同西藏的具体实际紧密结合起来，积极推进"一产上水平、二产抓重点、三产大发展"的经济发展战略，是解决西藏所有问题的关键。西藏要发展，必须要实现经济开放；封闭的经济形态无法适合当今全球化、信息化时代对西藏经济发展的要求。但西藏地处边境，与多国接壤，是我国国际关系和政治外交的重要地区；由于历史原因，流亡海外的藏人与达赖集团在西方国家拥有不小的市场和不弱的势力，他们不时通过各种渠道和途径影响和干扰西藏地区人民的正常宗教活动、文化生活，甚至意识形态。近年来，藏区也有一些不法分子企图与达赖集团勾结在一起，这不仅扰乱了西藏的政治、经济、文化、宗教等正常秩序，也威胁到了国家和人民的政治安全和生活安全，加剧了西藏反分裂、反渗透、反恐怖斗争的复杂性。因此，与全国其他地区的经济发展相比，西藏经济发展的特殊性就在于经济的对外开放需要在守护国家安全的前提下进行。

其次，必须妥善处理市场经济发展与当地文化保护之间的关系。继承和弘扬西藏优秀文化传统，坚持在保护中传承、在创新中发展，不断推动西藏文化事业发展繁荣，是构建西藏各族人民共有精神家园的必然要求。但由于市场经济认可人类的经济行为是具有功利主义本性的，是以最小成本获得自身最大收益为目标追求的经济活动，因此，追求利润（收益）最大化这种经济利益诉求成为企业（个人）生存和发展的最大动力，也成为政府激励和约束企业或个人市场行为的最重要手段。这些市场经济行为与藏传佛教所倡导的精神追求、念经膜拜、轻视物质财富等理念必然造成文化层面的冲突。我们必须妥善处理市场经济运行过程中的利益诉求与当地文化保护之间的关系，尊重和保护藏族人民的宗教信仰、文化传统、风俗习惯，切实保证在守护国家安全屏障的前提下开放经济活动，是西藏经济实现跨越式发展的特殊要求。

长期以来，西藏一直肩负着维护祖国统一、国家安全和社会稳定的神圣使命。现在和未来，西藏的稳定和安全仍关系国家全局的稳定和安全，在保护国家安全的前提下实现西藏积极的跨越式发展是西藏有别于国内其他地区经济发展的特殊性所在。

(3) 政府强有力推动下的资源配置方式

根据西藏经济社会发展的特点,在中央和地方政府强有力的推动下实现资源的有效合理配置,目前仍是一种适合西藏经济发展的次优选择和普遍方式。

第一,西藏的商品经济极不发达。西藏广大的牧区和农民目前仍以家庭经济为主,西藏的市场体系(特别是金融市场)和市场规制也很不完善、很不健全。在价值规律、竞争规律和供求规律未能充分发挥作用的情况下,形态初级、规模有限、规制不全的市场也将无法真正实现资源配置的功能。第二,西藏特殊的战略地位仍然需要政府在经济发展中发挥重要作用。以青藏铁路使用运行为例,根据每年的使用运营成本及铁道部有关数据分析,即使青藏线客运价格采用略高于全路的运价,即客运价格为0.18元/人公里。其中,硬座客票保持全路统一价格不变,软座客票和卧席客票价格适当提高,货运价格为0.12元/吨公里,青藏线每年的亏损仍将高达10.88亿元[①]。而西藏的特殊战略地位又要求青藏铁路撇开利润因素正常营运,这其中的亏损弥补不能通过市场化的方式解决,只能要求政府在其中充当经济后盾。众所周知的事实是,在西藏经济快速发展的过程中,各级政府的投资已然成为关键力量。相应的,作为投资主体,政府必然要承担起投资者的责任和义务。因此,尽管在市场经济环境下,依靠政府直接进入市场来推动经济发展,其弊端是显而易见的,但从目前情况来看,西藏经济的跨越式发展不可能全部借助于市场的力量,必须经由"看得见的手"加以推动。第三,西藏是一个多民族的聚居地,在发展经济过程中会产生许多利益冲突和文化冲突,需要政府协调民族关系。西藏是藏族的主要聚居地,但还有门巴族、珞巴族、蒙古族、回族、怒族等其他多个少数民族在此生息繁衍,随着西藏的对内对外开放,更多不同种族、不同民族的居民来到西藏经商、工作、生活、旅游,必然造成文化的交融和信仰的冲突,更需要有强有力的政府进行引导和协调。因此,需要有效实现政府推动下的资源配置,又充分发挥市场的基础性作用,提高西藏资源配置的效率,促进西藏经济更好更快地发展。

---

① 李京文、张景增:《青藏铁路运营需要相关政策支持》,《科学新闻杂志》2007年第10期。

(4) 在民族宗教地区实现经济的跨越式发展

事实上，民族和宗教问题是当今世界的一个热门话题，也是一个十分复杂问题。民族团结，民族力量的凝聚，是社会稳定的前提，是经济发展和社会进步的保证，是国家统一的基础，实现并巩固民族团结，是党和国家各项事业顺利发展的重要保证。

虽然改革开放以来，市场经济观念逐渐被西藏人民所了解、熟悉和接受。但藏族文化历史悠久、源远流长、底蕴深厚，尤其是作为藏族的宗教信仰——藏传佛教，是西藏社会制度建立、经济发展和人民交往的重要信念来源。西藏经济跨越式发展战略的制定和实施，必须充分考虑到西藏民族地区、宗教地区的特殊性，在发展经济的过程中必须尊重和保护西藏民族宗教文化，正确处理好西藏的民族与宗教问题。

综上可见，西藏经济跨越式发展推进过程中，必须保护生态环境、守护国家安全、发挥政府作用、保护民族文化、尊重宗教信仰。相关政策的制定和实施，必须充分认识到这些特殊性，在此基础上，才能切实有效地实现西藏经济的跨越式发展。

第三章 西藏经济跨越式发展的政策研究

经济的充分发展，并且使发展的成果能为全体人民所共有、共享。经济的充分发展，不仅是社会稳定的坚实基础，也是政治稳定、国家安全的基本保障。西藏作为一块有着特殊区情的土地，其社会稳定、民心安宁已经上升到国家安全的战略高度。从这一角度而言，以普惠性和包容性为基本理念的西藏经济跨越式发展，已经不再简单地是 300 万西藏儿女自身的事情，而是关乎国家主权完整、政治和社会稳定、民生和谐的一件大事。这既是研究西藏经济跨越式发展的初衷，也是研究和制定推动西藏经济实现跨越式发展的一系列政策的根本出发点。

上文的理论分析已经表明，经济发展有其客观的内在规律性。由生产力和生产关系的矛盾所决定的经济发展阶段难以超越，即使盲目采取赶超式战略，也往往达不到预期的效果，有时甚至会对社会生产力产生严重的破坏作用。这是马克思唯物史观的基本观点。但唯物史观和辩证法也同时告诉我们，事物的发展总是一般性与特殊性共存的，对于像中国这样的大型经济体而言，尽管很难超越经济发展的一般规律，但对于这个巨系统内部的某一个子系统（如西藏就是中国这一巨系统中的一个子系统）而言，在内部基础和外在条件均已具备的前提下，走出一条跨越式发展的道路，不仅完全可能，而且在某些时候是十分必要的。

西藏和平解放后的经济社会发展实践也充分表明，西藏在经历了社会形态的跨越式发展——由奴隶社会直接跨越到社会主义社会——之后，又迎来了经济跨越发展的新阶段。从目前西藏发展实践看，西藏经济实现跨越式发展已经具备了相应的内在基础和外部条件。从内在基础看，服务业已经成为西藏的第一大产业，交通、通信、城镇网络已基本建成，特色优势资源产业蓬勃兴起，公共服务已基本普及；从外部条件看，中央对西藏支持的决心和力度仍在加大，已经出台和仍在出台大量的优惠政策，各地对口援藏政策已长期化、制度化，为西藏各地带来了大量的项目、资金和人才。

从上文对西藏经济跨越式发展的内涵的深入分析中可以看出，我们所理解的西藏经济跨越式发展的目标是在外力的适当刺激下，内部基础发生质的改变后所展现出来的一种新的发展路径和发展形态，而跨越式发展则是在为这一质变积蓄动能、营造环境和创造条件的阶段，其基本关系如图3-1所示，其中的椭圆形圈状阶段就是西藏由经济的传统发展路径向创新的发展路径飞跃的"跨越式发展"阶段。

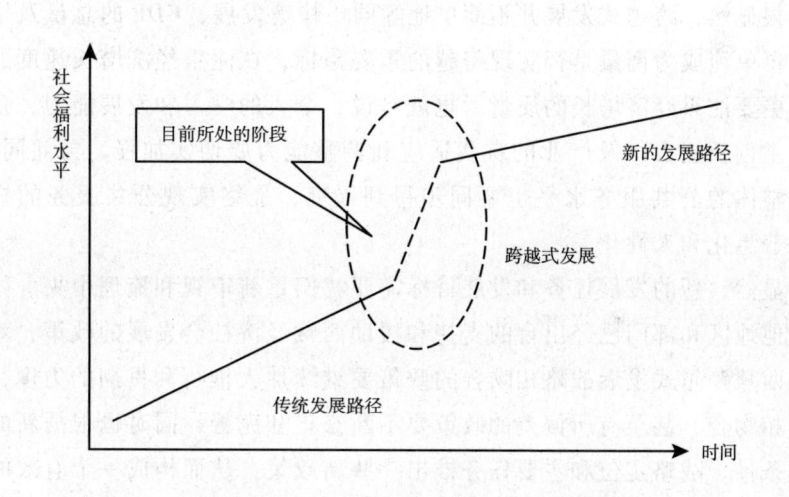

图 3-1 西藏经济跨越式发展示意

具体而言，从政策设计的角度，跨越式发展阶段要实现以下五个"有助于"：

其一，有助于经济结构的跨越，即实现健康合理的"三、二、一"产业结构。第三产业不仅要成为引领西藏经济发展的主要引擎，而且也要成为吸纳就业的主力军；二产在几个重点领域向规模化和高附加值化发展，具有较强的市场竞争能力；一产实现现代化，与市场经济全面接轨，一产领域中就业的农民要逐渐有序地向二、三产业转移。也就是实现"一产上水平、二产抓重点、三产大发展"的目标。

其二，有助于发展能力的跨越，即实现从输血到造血，从外生增长到内生增长的转变，"自我发展能力"要显著增强。

其三，有助于社会发展形态的跨越，即由"自给自足型"（或称自然依存型）社会形态跳过"资源消耗型"社会形态，直接进入"生态保护型"社会形态。

其四，有助于经济增长动因的跨越，即由最初的要素驱动阶段跨越单纯依靠投资驱动的阶段，逐渐进入投资和创新的双轮驱动阶段，并最终进入创新驱动阶段。

其五，有助于"发展中保护，保护中发展，保护也是发展"的理念的贯彻与落实。

很显然，跨越式发展并不简单地等同于快速发展，GDP的总量及增速不能再单纯成为衡量是否实现跨越的重要指标，在注重经济增长速度的同时，更要注重经济增长的质量。也就是说，个人的学习和发展能力，企业的自主创新能力以及产业的自我适应和调整能力要切实加强，与此同时，社会整体的公共服务水平也要同步得到提高，最终实现公共服务的标准化、普惠化和人性化。

显然，新的发展任务和发展目标需要我们重新审视和梳理中央、西藏及其他地区和部门已经出台的支持和援助西藏经济社会发展的政策，对其中与西藏跨越式发展战略相吻合的政策要继续加大推行和贯彻的力度，对于不相吻合，甚至有所偏差的政策要不断修正和完善，同时也根据新的基础和条件、战略定位和主要任务推出一些新政策，从而构成一个有效的政策体系，以推动西藏经济成功实现跨越式发展。

本部分的研究思路如图3-2所示。

一 制定西藏经济跨越式发展政策的基本原则

根据中央对西藏的战略定位、总体目标和任务，结合西藏的资源禀赋、约束条件以及发展基础，我们首先研究和探讨推动西藏经济跨越式发展的政策体系的目标导向、功能内涵与制定原则。

1. 政策的目标导向

第五次西藏工作会议已经把西藏未来的战略定位、西藏经济实现跨越

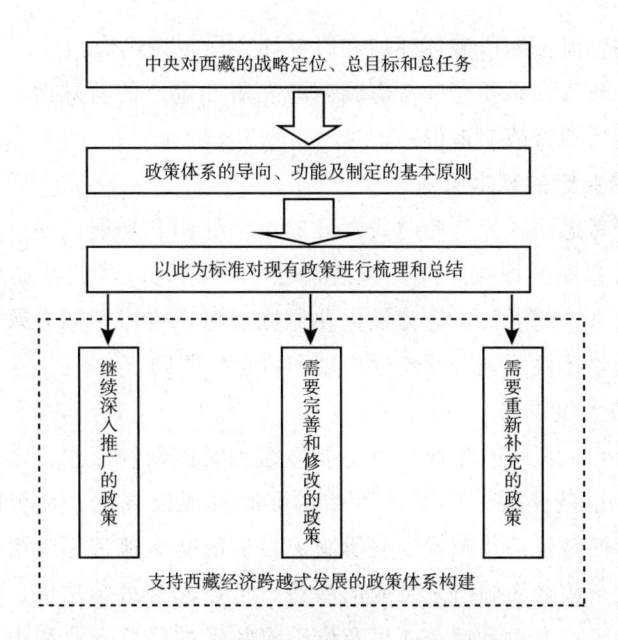

```
┌─────────────────────────────────────┐
│ 中央对西藏的战略定位、总目标和总任务 │
└─────────────────────────────────────┘
                  ⇓
┌─────────────────────────────────────┐
│ 政策体系的导向、功能及制定的基本原则 │
└─────────────────────────────────────┘
                  ⇓
┌─────────────────────────────────────┐
│ 以此为标准对现有政策进行梳理和总结   │
└─────────────────────────────────────┘
      ↓              ↓              ↓
┌──────────┐  ┌──────────┐  ┌──────────┐
│继续深入推│  │需要完善和│  │需要重新补│
│广的政策  │  │修改的政策│  │充的政策  │
└──────────┘  └──────────┘  └──────────┘
     支持西藏经济跨越式发展的政策体系构建
```

图 3-2　西藏经济跨越式发展政策研究思路

式发展的总目标（国家安全和生态安全屏障，战略资源储备和高原特色农产品基地，中华民族特色文化保护地和世界旅游目的地），以及相应的重大战略举措和重大任务都已清晰地阐释出来（见表 3-1），因此，支持西藏实现经济跨越式发展的政策体系要能紧紧围绕上述定位、目标、举措、任务，以及上文提出的跨越式发展的五大基本特征，寻找到制约的瓶颈和相应的突破口，对症下药，切实有效地推动西藏在一个较短的时间内实现经济的跨越式发展。

2. 政策的功能内涵

为实现西藏经济跨越式发展所制定的政策体系要具有以下功能内涵：

其一，政策体系要有助于突破制约西藏实现经济跨越式发展的主要瓶颈，特别是制约现代服务业全面发展、制约农民收入水平显著提高的瓶颈，要能够化解制约西藏实现经济跨越式发展的主要矛盾。

其二，政策体系要与社会主义市场经济的本质要求相契合，要符合市场竞争、优胜劣汰的基本方向，在此基础上推动西藏形成比例适当的三次产业结构，推动西藏经济获得内生发展的动力。

其三，政策体系要有助于实现经济社会环境的协调和可持续发展，经济和产业的发展不能以破坏环境和影响社会稳定为代价。

其四，政策体系要充分考虑到西藏发展和定位的特殊性，考虑到西藏在国家层面的独特战略地位。

3. 政策制定的基本原则

要充分考虑西藏经济跨越式发展的目标导向和功能内涵，政策体系必须要坚持两方面的原则，其一是理念层面的原则，其二是操作层面的原则。具体而言，前者又可分为最大化原则、协调性原则和有效性原则；后者则可分为整体性原则、适度性原则和普惠性原则。

（1）最大化原则

通常而言，任何一项政策，都要能起到突破制约瓶颈，牵一发而动全身的作用，也就是说，政策效用要尽可能实现最大化。基于此，我们认为，中央为西藏经济跨越式发展所制定目标的交集地带是政策重点关注的领域，对这一领域实施行之有效的政策，可以起到事半功倍、一箭双雕的效果。比如，加大对乡镇企业以及位于农牧区的民营企业和中小企业的扶持力度，不仅可以带动西藏的农牧区的经济发展，解决西藏人民特别是农牧区人民的就业问题，提高农民的收入水平，而且也有利于西藏特色农产品以及特色手工业和文化产业的发展，促进旅游业的发展。同时，乡镇企业的发展也会直接刺激职业培训、广告、信息等服务业的需求，从而形成一个良性的产业循环。重要的是，这种循环积累过程是内生性的，具有可持续发展的能力。另外，乡镇企业的发展也有利于西藏小城镇的建设，有利于实现农民向小城镇逐步地集中。不难看出，这样的一种政策聚焦可以同时兼顾藏民市场意识的培育、农民就业、收入增加、产业发展、城镇建设以及城市化水平的提升等多个方面。

（2）协调性原则

针对西藏经济的跨越式发展政策而言，一方面，政策体系要实现长期和短期的协调，建议在能力培育、机制完善、社会公共服务体系建立以及重大基础设施建设项目等方面由中央出台长期性的惠藏政策，而在一般性项目和一般性的基础设施建设等方面则由各省市地方政府的援藏政策以及西藏自治区自身的各项政策予以解决。另一方面，经济政策也要与社会政策、环境保护政策以及宗教文化政策实现有机协调，不能有失偏颇，甚至顾此失彼。比如至少在目前的技术条件下，大规模的资源开采行业和重化工业并不适合在西藏遍地开花，否则高昂的环境成本会吞噬掉产业发展所带来的经济效益。

（3）有效性原则

西藏经济跨越式发展政策要具有实际效力和可操作性。为此，政策要由下至上、由上至下反复磨合，不能一厢情愿，闭门造车，"拍脑袋作决策"；也要防止不考虑西藏的特殊区情，而一味地把在其他地方行之有效的政策简单地"拿来就用"。此外，对于各地的援藏政策，不能仅停留在"派几个干部，送一些钞票"的层面上，必须能切实解决西藏跨越式发展中存在的各种矛盾和问题。因此，我们建议中央对各地方的援藏政策和办法统一进行考核，这样可以在增强地方援藏积极性的同时，也能够及时发掘并总结出更为有效的援藏政策和援藏办法。

（4）整体性原则

整体性原则包括两方面内容。一方面，中央各部委、西藏以及其他省份出台的惠藏、援藏政策要形成一个统一的有机整体，相容相长且能互补。因此我们建议由中央出台一个关于地方援藏政策的指导性文件，使中央和地方在援藏问题上能够形成长期合力。另一方面，鉴于西藏在地缘、生态、宗教文化方面的特殊地位，那些可能会对此带来不利甚至是负面影响的经济行为也需要得到适当的限制，因此，政策体系不仅要包括鼓励性的优惠政策，还要有限制性政策和禁止性政策。同时对这两种政策的效果要进行深入细致的考量和权衡。

（5）适度性原则

政策的最终目标在于提高西藏的自我发展能力，使其有能力在新的发展轨道上健康运行。因此要优先考虑能够提高西藏农民人力资本的政策，优先考虑提高西藏企业的自我发展能力和自主创新能力的政策，优先考虑解决那些对西藏实现跨越式发展必不可少但短期内单凭西藏自身又很难做到的事情，比如重大基础设施建设项目等，要针对这些项目出台一些优惠政策。但与此同时政策的优惠力度也要适度，不能违背市场经济的客观规律，切忌对西藏的经济发展大包大揽，用财政"买"发展，用财政"买"增长的政策，以及使西藏产生依赖中央和"等、靠、要"等与市场竞争背道而驰的政策。与此同时，在资源开采、能源利用以及环境改造方面所出台的政策也应该有一个适度的考量，注重产业发展和生态环境的统筹协调。

(6) 普惠性原则

政策要能直接惠及西藏的企业和西藏的人民群众，特别是广大的农民。对于那些仅仅是有利于地方政府，仅仅能给地方政府带来 GDP 和税收，但对当地人民群众福利改善作用不大的政策，比如易引发假招商、假投资、污染环境、破坏资源等的投资政策，对于这样的政策，必须要特别慎重。也就是说政策要以人民群众福利最大化为根本宗旨，而不能以政府 GDP 和税收最大化为基本导向。但鉴于政策总是由政府制定的，各地援藏项目和投入也往往体现地方政府的意志，因此建议中央出台对西藏投资政策的指导意见和规范措施。

二　对现有政策的总结与梳理

上文我们提出了支持西藏实现经济跨越式发展的政策体系的目标导向、功能内涵和制定原则，这里我们以这些基本原则为标准，对现有的促进西藏经济发展的政策进行综合评价、梳理和总结，目的在于尽最大可能地延续现有政策，减少政策的波动性，避免因政策波动而引起社会波动，维护政策的权威性和西藏地区的和谐稳定。在此基础上对现有政策进行补充、修改和完善，以最大限度地降低政策制定和执行的成本。

进入 21 世纪，中央审时度势在第四次西藏工作座谈会上首次提出西藏经济社会由快速发展向跨越式发展转变的战略目标，并在第五次西藏工作座谈会上对跨越式发展的内涵和中长期目标做了深入阐述。以两次西藏工作座谈会为契机，国务院和中央各部委持续出台了一系列针对西藏的特殊优惠政策。在本课题报告的第一部分，我们已经对中央五次西藏工作座谈会在"西藏经济跨越式发展"理念和认识层面的演进与深化做了详细分析，这里我们再对这些政策在操作实践层面的具体内容作一基本梳理，如表 3-1 所示。

表 3-1 是按五次中央西藏工作座谈会的纵向时间脉络分别归纳出的中央对西藏的发展目标、战略定位、重大举措及相应的政策支持。接下来我们将按政策的特点和内容对历年出台的政策进行横向梳理，同时也对政策的主要内容作进一步细化。通过这种细致的比较梳理，我们将总结出现行政策对西藏实现经济跨越式发展的有利方面与不足之处。

表 3-1 中央历次西藏工作座谈会的主要内容及相应政策的概括总结

会议	总原则	年份	总体目标	战略举措和主要任务	政策措施
第一次		1980	建设一个团结、富裕、文明的新西藏	1. 充分行使民族区域自治的权利 2. 休养生息 3. 促进生产发展 4. 发展藏族科学事业 5. 藏汉团结	1. 3 至 5 年内实行免征、免购政策 2. 中央对西藏财政补助从 1981 年起每年递增 10% 3. 农民生产经营活动免税 4. 更为优惠的对外开放政策
第二次		1984	让西藏人民尽快富裕起来	1. 开发能源,发展交通运输业 2. 促进农牧林业和民族手工业发展 3. 发展和繁荣文化艺术 4. 对外开放,对内交流 5. 做好统战工作,培养民族干部	1. 43 项"交钥匙"工程 2. 全国援藏制度化、长期化 3. 两个"长期不变"和"两个为主"
第三次	站在党和国家工作大局的战略高度谋划西藏发展	1994	加快西藏社会经济发展	1. 以经济建设为中心,抓发展,抓稳定 2. 加快改革开放,建立新体制 3. 全国支援西藏,自力更生,把基础设施建设搞上去 4. 增加农民收入,基本完成脱贫任务	1. 62 项国家投资的建设项目和 716 个全国援建的项目 2. 在财政税收、金融、投融资、价格补贴、外贸、社会保障、企业改革、农牧业等 8 个方面,继续对西藏实行特殊政策和灵活措施
第四次		2001	促进西藏实现跨越式发展和长治久安	1. 在战略地区和战略部门,通过国家和各地的支持,引进、吸收和应用先进技术和适用技术,集中力量推动跨越式发展 2. 加大对西藏基础设施建设的投入 3. 巩固和加强农牧业基础地位,提高农民收入 4. 加快发展旅游业	1. 进一步加大对西藏的建设资金投入和实行优惠政策的力度 2. 继续加强对口支援 3. 国家投资 117 个建设项目,各省市对口支援建设项目 70 个 4. 对西藏继续实行 50 条优惠政策,包括财政补贴、税收、电站投资、乡镇基层政权、基础设施投资、扶贫、草场承包、对农民的医疗卫生、企业改革、农牧区中小学生"三包"、2.5 倍干部职工工资政策等

续表

会议	总原则	年份	总体目标	战略举措和主要任务	政策措施
第五次	站在党和国家工作大局的战略高度谋划西藏发展	2010	在科学发展的轨道上实现跨越式发展	1. 国家安全和生态安全屏障 2. 战略资源储备和高原特色农产品基地 3. 中华民族特色文化保护地和世界旅游目的地 4. 改善农民生产生活条件，促进经济社会协调发展，到 2020 年，农民人均纯收入接近全国平均水平 5. 增强自我发展能力，提高基本公共服务能力和均等化水平，到 2020 年基本公共服务能力接近全国平均水平 6. 保护高原生态环境，扩大同内地交流合作 7. 建立促进经济社会发展的体制机制	1. 继续保持中央对西藏特殊优惠政策的连续性和稳定性 2. 加大专项转移支付力度 3. 对特殊民生问题实行特殊政策并加大支持 4. 中央投资要向民生、社会事业、农牧业和基础设施倾斜 5. 加大人才培养力度 6. 进一步完善干部援藏和经济援藏、人才援藏、技术援藏相结合的工作格局 7. 加快建立生态补偿长效机制

1. 现有政策的主要内容和特点

（1）长期持续的财政补贴和税收优惠

对西藏给予财政补贴是中央一贯坚持的主要特殊政策之一。在1980年第一次西藏工作座谈会上中央便提出，以 1980 年给西藏的财政补助为基数，自 1981 年起每年递增 10%。此后，中央对西藏一直实行"收入全留、补助递增、专项扶持"的特殊优惠政策。据统计，自 1959 年至 2008 年，中央财政向西藏的财政转移支付累计达 2019 亿元，其中仅 2001～2008 年，财政转移支付就达到 1541 亿元，占同期西藏总财力的 93.7%。与此同时，各对口支援省市也对西藏给予了一定的财政支持。总体而言，西藏自治区财政收入的 90% 和固定资产投入的 70% 以上是依靠中央的财政转移支付和各兄弟省市的援助得来的。

在税收方面，从 1994 年起除关税和进口环节的消费税、增值税外，中央规定，在西藏征收的其他各项税收全部留给西藏。中央还赋予西藏全国唯一的税收管理权，除关税和进口环节消费税、增值税等不适宜由地方政府管理的税种外，由西藏自治区政府拟订其他各项税收的具体管理办法，报国务院批准后在西藏自治区执行。同时在西藏执行比全国低3个百分点的税收优惠政策，对农民免收各种税费。

（2）注重对基础设施和公共服务设施的投资建设

中央的政策十分重视对西藏重大基础设施和公共服务设施的建设。第二、三、四次西藏工作座谈会均在这方面确定有重大投资。比如第二次西藏工作座谈会明确了建设43项西藏迫切需要的中小型工程项目，工程建设内容涉及10个行业，总投资4.8亿元。第三次西藏工作座谈会确定了62项国家投资的大中型建设项目和716个全国援建的项目，总投入80多亿元。第四次西藏工作会议确定了117个国家直接投资的建设项目，总投资约312亿元，主要用于农牧业、基础建设、科技教育、基层政权相关设施建设以及生态环境保护和建设，同时还确定了各省市对口支援建设项目70个，总投资约10.6亿元。

（3）改善民生和支持农牧业发展政策

改革开放以来，中央就一直重视西藏的民生和农牧业发展，持续出台了大量特殊优惠政策，并且优惠力度呈逐年加大态势。

在土地经营方面，第一次西藏工作座谈会便提出"土地归户使用，自主经营长期不变"，"牲畜归户，私有私养，自主经营长期不变"，农村牧民的生产经营活动免征一切税收的这一政策，一直持续到现在。

在生活方面，国家在农牧区进行了道路、水利、沼气、饮水、防灾减灾等工程建设。仅"十一五"期间国家便累计投入了5亿多元，在西藏53个县实施了农村沼气建设项目，使12.2万户61万人用上了清洁能源。而在1995~2005年的十年间总投资近10亿元，实施了农牧区人畜安全饮水工程建设，这些工程项目被优先安排在安居工程点、高砷、高氟、大骨节病地区以及边境地区和人口较少的少数民族地区。同时加大对农牧区水利、道路等基础设施的建设，实施了"村村通"工程，推进了乡村文化站的建设，出台了农牧区防抗灾和牲畜疫情防治政策措施，并通过财政补贴等方式鼓励农民自建新房、民房改造、配置家用太阳能灶。

在社会保障方面，西藏的保障力度和范围在全国都是最大的。从2006年起，西藏开始全面推行农村最低生活保障制度，并大幅度提高生活救助标准，将家庭年人均收入低于800元的农村居民均纳入"低保"范围，这一政策使 23 万户相对贫困的农户受益。农村"五保户"的供养标准也多次提高，目前西藏农村五保户供养水平已经高于全国平均水平。到 2010 年，西藏将家庭年人均收入 1300 元以下的老弱病残、丧失劳动能力以及因生存条件恶劣而生活困难的农民列入最低生活保障范围，对家庭年人均收入 1700 元以下、有一定劳动能力的农民则分不同情况，采取针对性措施提供资金或项目，帮助其发展生产。同时西藏还建立了农牧区特困群众生活救助制度，建立和完善了农牧区自然灾害救助制度，对由自然灾害而导致困难的农民实施临时性生活救助。

在医疗服务方面，"十五"期间，西藏在加大全区乡卫生院基础设施建设力度的同时，财政安排专项资金对乡卫生院配置了必要的医疗设备，初步建立了农牧区初级卫生网，农牧区缺医少药的状况得到了极大改善；另外，自 2003 年 7 月起，西藏开始全面推行以免费医疗为基础的农牧区医疗制度，其中政府筹资标准由 2001 年的人均 20 元提高到 2010 年的人均 180 元，医疗报销补偿最高支付限额提高到当地农民人均纯收入的 6 倍以上，约达 2 万多元。与此同时，对农牧区特困群众医疗救助也有特殊的优惠政策。

在教育方面，建立和完善了农民子女义务教育阶段"三包"制度（包吃、包住、包学习用品），学生每天的饮食，毛巾、牙刷、脸盆、碗、被子、床单、枕头等生活用品和校服、作业本、钢笔等学习用品都由"三包"经费向学生免费提供。这一制度始于 20 世纪 80 年代，至今已 8 次提高了保障经费。2005 年农民子女义务教育阶段"三包"经费标准年人均达到 1000 元，最高可达 1950 元。

在生产方面，西藏农民在种粮、良种、农机、化肥等方面都可享受到补贴，比如"十一五"期间，中央财政将西藏粮食主产县全部纳入到粮食直补项目中，农机具购置补贴由最初的 50 万元增加到目前的 4000 万元，青稞补贴项目还被写进了 2010 年的中央 1 号文件中。同时，对于退耕（牧）还林（草）的农民也给予补贴。另外，西藏还设立了专项资金对农民实施就业培训，制定了农民生产小额贷款担保、财政贴息等政策。

除此之外，各省市和农业部对西藏发展农牧业特色项目、高效日光温室、农民建筑施工技能培训站、牲畜屠宰场、人工种草、农民安居工程、小康示范村、农畜产品加工等项目也安排有较大力度的人员和资金的支持。

(4) 金融、价格政策

中央对西藏一直都实行特殊的价格政策，凡在物价发生剧烈波动的时期，中央都会出台调价措施以消除涨价对西藏的影响。另外，国家对西藏农业生产所需的良种、化肥、农机、柴油等也采取了价格补贴政策，西藏农民用于农业生产的上述生产资料的平均价格比内地低30%~50%。

在银行信贷方面，西藏一直实行的是特殊政策。目前西藏各分行贷款利率统一执行比全国平均水平低2个百分点的优惠贷款利率。商业银行因执行优惠利率形成的利差损失，由中国人民银行以贷款平均余额为基数，按季给予各商业银行西藏分行2个百分点的利差补贴。同时按贷款平均余额的4%对中国农业银行西藏分行给予特殊费用补贴。

在保险方面，中国人民保险公司西藏分公司在西藏地区执行比全国统一费率低20%的低费率政策，其因低费率政策造成的损失由保险公司总公司报财政部核定后补贴。

对西藏企业上市，按照同等优先的原则，支持西藏企业直接融资，适当降低西藏自治区证券公司新设营业部的条件。

(5) 企业的税收及其他优惠政策

除全国统一执行的税收优惠政策外，西藏还执行如下的一些特殊性优惠政策：

其一，农民办的旅游接待型企业、在农牧区办的扶贫性企业、乡镇企业和第一产业中的生产加工企业，免征或定期免征企业所得税。同时对农牧业中的龙头企业在财税、土地、人才、外贸、融资等方面给予特殊优惠政策。

其二，对从事民族手工业产品的企业以及从事社会事业的企业，免征企业所得税。

其三，对从事能源、基础设施、地质勘查、新材料、藏医药的企业及其他高新技术企业，免征一定期限的所得税。比如对于藏医药企业免征6至10年的企业所得税，并在贷款方面给予支持。

其四，第三产业企业绝大多数都可免征若干年的企业所得税。

其五，凡新招收的持有《就业和再就业优惠证》的人员或应届高校毕业生，与其签订 6 个月以上期限劳动合同并依法缴纳社会保险费的，可享受每人 5000 元的补贴，并依次扣减营业税、城市维护建设税、教育费附加和企业所得税。

其六，国有企业改制分流的企业也可免征一定年限的所得税。

其七，对个体工商户、小规模纳税人实行优惠的增值税和营业税政策。

其八，特殊时期还出台有针对性的优惠政策。比如金融危机后，中央决定对西藏所有企业在 2008～2010 年间按 15% 征收企业所得税，而既有的优惠政策不变。

其九，设立 2 亿元中小企业发展专项资金，用于扶持和促进全区中小企业的发展。

（6）环境保护和能源利用政策

环境保护和能源开发政策在进入 21 世纪后力度逐年加大。

"十一五"期间，国家将西藏天然草原退牧还草项目的实施区域从最初的 3 个县扩大到每年 12 个县，年资金规模从 1820 万元增加到 2 亿多元，实施草原生态保护奖励政策。

"十一五"期末，国家又启动了投资总额达 155 亿元的西藏生态安全屏障保护与建设项目，该项目预计在 2030 年基本完成，包括三大类 10 项生态保护与建设工程，涉及天然草地保护、森林防火及有害生物防治、野生动植物保护及保护区建设、重要湿地保护、农牧区传统能源替代、防护林体系建设、人工种草与天然草地改良、防沙治沙、水土流失治理和生态安全屏障监测等多个方面。

在能源开发利用方面，国家陆续投资建立了太阳能研究机构、沼气能源研究机构，实施西藏薪柴能源替代战略，发展沼气、太阳能等新能源，并以此为契机建立住房、用能、粪便处理等综合协调的新居住结构，以解决大量使用薪柴、畜粪、草皮等生物资源所带来的对生态环境破坏的问题。

（7）对外开放政策

除考虑到国家安全因素而对外国人入藏有较多限制外，中央给予西藏的对外开放政策一直以来都较全国其他省份更为优惠，包括外贸出口享受全部外汇留成，允许西藏在内地转销一般性进口商品，国家管理的进出口商品计划或配额对西藏予以倾斜和照顾，安排专项外贸发展资金等。

(8) 中央各部委和地方援藏制度的建立

自第一次西藏工作座谈会以来,中央各部委、各省市以及大型央企的对口援藏工作便进入正常化和制度化轨道,发展至今,已形成如下的一系列政策:

干部援藏制度:各省市和部委定期选派优秀干部到西藏进行挂职锻炼。

人才培训:各省市都建立了对西藏的干部、技术人员进行培训的政策和制度。比如,人力资源和社会保障部、财政部、国家民委、科技部、教育部、农业部、卫生部等七部委与西藏自治区人民政府联合制定的西藏少数民族专业技术人才特殊培养工作方案,由中央安排专项资金予以实施,该方案从2009年至2013年,选拔西藏少数民族专业技术人员到内地有关教学、医疗、科研、企业等单位进行为期一年的特殊培养锻炼。同时,选派专家赴西藏开展学术讲座、技术指导、项目合作等活动,每年为西藏培养120名少数民族专业技术人才。

项目建设:各省市、部委和大型央企根据西藏的具体要求,帮助西藏各地区建设各种项目,制定相关的发展规划。而西藏自治区也从税费减免、土地征用、施工电力、运输保障和简化办事程序等方面,对对口援藏项目建设实行优惠政策。

企业合作:各省市鼓励区域内优质企业同西藏的企业进行合作,进行各方面的交流活动,同时也辅以相应的支持性政策。

推动相关委办局和地区的本职工作:比如农业部组织技术专家在西藏实施测土配方施肥项目,促进了测土配方施肥技术在西藏的推广应用;国土资源部在农村土地整治、矿产资源综合利用、抗旱找水打井、地灾防治、矿山地质环境恢复治理以及执法监察等方面加大援藏力度,援建西藏自治区基础地理信息中心和突发事件应急处置地理信息平台;与此同时,各部委也为对口单位和部门积极改善办公条件,配备各种办公设施。

(9) 其他方面的政策

在教育支持方面,内地的许多城市为西藏学生举办高中班和中等职业教育班,费用由国家和西藏自治区承担,这一政策自2010年起将逐年扩大招生规模。同时,国家安排专项资金支持西藏大学的发展,内地高等学校对口支援西藏高等学校,此外还建立了内地高等学校西藏干部教育培训基地。

在就业方面，首先是千方百计保证农民就业。为了保证农民享有充分的务工权利，西藏自治区人民政府规定，政府投入的建设工程在用工时，需招募不低于三分之一的农民，农民能够胜任的所有工作岗位尽量吸收农民就业。其次是通过鼓励企业扩招，来提高就业率，西藏对雇用持《就业和再就业优惠证》人员以及应届高校毕业生的企业给予税收减免和直接补贴。再次是积极引导高校毕业生就业。出台的相关政策有：在乡镇工作5年以上的可享受国家助学贷款本息代偿政策，到中小企业和非公有制企业就业，由同级财政部门发放社会保险代费券，并分别给予30%、40%、50%的社会保险补贴；对失业6个月以上的高校毕业生，办理《就业和再就业优惠证》，纳入就业再就业扶持政策对象范围，享受税费减免、小额贷款、社保补贴、免费职业培训、职业介绍等优惠政策；事业单位招收大学生，可享受国家财政现金补贴，金额根据合同年限从5000元到2万元不等；对就业困难的实行公益性岗位兜底安置就业。最后是扩大就业扶持的覆盖面，2007年西藏对相关就业政策措施进行了细化和完善，将各项优惠政策的扶持对象扩大到符合条件的登记失业人员、就业困难人员、退役士兵以及毕业2年以内的高校毕业生人群。

在公职人员收入方面，西藏的干部职工一直都实行特殊工资政策，工资及津贴高于全国平均水平，同时农牧区基层政权运转、村干部补贴等支出也全部纳入政府公共财政保障的范围。

(10) 西藏出台的优惠政策

除国家、省市部委和央企外，西藏自身也出台了一系列优惠政策。比如西藏在招商引资方面就执行全国最优惠的政策，特别是土地、税收减免方面力度非常大。但总体而言，西藏的政策是对中央政策的细化，且力度更大、范围更广，其用于支持的资金主要来自于中央的转移支付。另外，西藏自身的政策在上文已有部分提及。考虑到这两个因素，这里不再对西藏本地区的政策单独进行梳理。

2. 现有政策体系的缺失与不足

从上文对援藏政策的梳理不难看出，自西藏和平解放开始，中央便对西藏采取了一系列的优惠政策来支持西藏经济社会发展。尽管目前仍存在许多制约跨越式发展的因素和矛盾，但总体看来，政策的大方向是正确

第三章 西藏经济跨越式发展的政策研究

的，成效也是较为显著的。比如出台了大量提高教育水平和人力资本的政策，切实解决了西藏交通、通信、城市建设问题，培育了为数众多的市场竞争主体等等。经过几十年的发展，西藏在优势产业、基础设施、生态环境、公共服务、人民生活、收入水平等各个方面都取得了全面长足的发展，在某些领域还有重大突破。

就目前制约西藏发展的几对主要矛盾看，现有的政策也能有助于矛盾的逐步化解，但鉴于西藏的特殊区情，彻底化解这些矛盾是一个漫长的过程，不可能毕其功于一役。尽管如此，与西藏在科学发展的轨道上实现经济跨越式发展的要求相比，既有的政策体系仍存在一定的缺失与不足，突出表现为政策的着力点聚焦于对各种经济社会发展物质要素的直接配置，缺乏对个人和企业自主发展能力的培育和引导。

第一，各种政策所推动的资金在很大程度上都转化为投资，特别是固定资产投资，包括用于城市基础设施、办公楼宇和办公设施、道路交通和通信设施以及生态环保方面的保护设施等。这些投资是西藏经济实现跨越式增长的必要条件，但绝非充分条件。一方面，这些投资主要是非生产性的，比如投资力度最大且增速最快的第三产业，主要集中在交通运输仓储及邮电通信业、批发零售贸易及餐饮业、教育文化艺术及广播电影电视业、党政机关及社会团体等行业，说明非生产性的因素比例很高（孙勇，2008）；另一方面，投资已经成为西藏经济增长的主要动力，全社会固定资产的投入占到 GDP 的 75% 以上。而投资驱动的增长是不具有可持续性的，并且如果这些投资不能有效地发挥生产性功能，还可能转化为低效甚至是无效投资，反而增加经济稳定运行的风险，比如破坏银行系统的正常放贷功能。这是经济学的一个基本原理。基于此，下一步政策的焦点应该是如何有效地激活和放大前期投资的生产性功能，从"授人以鱼"向"授人以渔"转变，让它为西藏经济的跨越式发展服务。

第二，政策侧重于用行政和财政手段直接降低企业的经营成本，这虽然会增加企业在市场竞争中的生存概率，但对企业自主创新能力的培育却并无益处。其结果是，西藏产业整体发展的内生动力缺乏。以第三产业为例，目前第三产业已经成为西藏的第一大产业，但如果剖析其结构，可以发现非生产性服务业仍占据相当高的比重，比如交通运输仓储及邮电通信业、批发零售贸易及餐饮业、教育文化艺术及广播电影电视业、国家机关政党机关和社会团体等行业占到第三产业生产总值的75%左右。而旅游业的比重仍然偏低，2009年西藏旅游业总收入仅占到占全国旅游总收入的0.4%，2010年西藏旅游业占其第三产业的比重也仅为14%，这与西藏旅游业的战略定位严重不相符，而其他生产性服务业如金融、商务服务业等的规模更是严重低于我国的平均水平。

第三，政策侧重于用补贴的手段直接提高相关群体的收入，其结果是收入增长主要来自政府财政支出，也就是中央的转移支付，而不是来自人力资本的提升。比如，目前西藏一半以上农户三分之一的收入来自政府的转移性收入，收入处于底层的10%的农户近一半的收入也来自政府的转移性收入，政府公职人员的较高收入也来自中央政府的转移支付。另一方面，也是更为重要的是，从财政获得的收入要明显高于从市场中获得的收入，这不仅会拉大城乡差距，而且也会抑制人们通过市场竞争改善生活的积极性。总之，尽管目前西藏已经形成了较为典型的橄榄型的收入结构，但支撑的基础是转移支付，而不是市场经济的内生力量。

第四，现有的政策未能很好地解决城乡差距问题，甚至在一定程度上还助推了这种差距的扩大。目前西藏仍有80%左右的人口生活在农牧区，城市化率严重偏低，城乡差距也在逐年加大。这些现象都表明政策的作用方向出现了一定的偏差。这种偏差可以从以下几点反映出来：其一，财政转移支付对城市居民和农村居民的力度是不同的，对城市中的公职人员来说，其收入要保证不低于全国平均水平的2.5倍，而对于农牧区居民来说，则是保证最低收入群体能摆脱贫困。其二，城市是各种基础设施和社会事业投资的主要受益者。其三，能够享受到各种优惠政策的企业也主要集中在城市地区。

第五，现有的政策没有很好地解决西藏现代化与传统性的融合问题。中央各部委以及各省市对支援西藏的技术和设备与西藏沿袭多年的传统生产生活方式之间存在一个相互适应、相互融合并相互激发的过程。因此，对于西藏而言，最先进的东西不一定是有效的，西藏需要的是最适合的技术、设备和管理方式。

第六，现有的政策在培养技术人才方面仍要加大力度，需要更加适合西藏特点的新政策出台。尽管中央和各省市对西藏从义务教育到大学和职业培训都有长期的优惠性政策，但西藏人才的总体水平仍存在总量不足、结构失衡的状况,与经济社会发展需要还存在较大差距。特别是服务新农村建设的卫生、农技、畜牧等实用人才严重短缺,带领企业走自主创新道路的企业家人才和经济社会发展的应用开发型人才紧缺,高层次创新型人才更为匮乏。

第七,各地援藏政策仍有待进一步改进。具体而言,存在以下三点不足:其一,援藏人员重行政干部而轻技术、企业管理等专业人才;其二,援藏对象重各级政府部门,而轻企业和科研院所;其三,援藏项目重自然资源开发而轻人力资源开发,不重视资源的深度加工,对激发当地经济的内在活力效果较差。

总体而言,我们看到,前期政策体系解决的核心问题是公共服务和基础设施骨干网络的建立以及经济总量的快速增加,政策作用的方向与西藏经济跨越式发展的要求相比仍存在一定的偏差,在某些方面甚至还有一些背离,比如在人力资源方面,特别是西藏人民市场化意识培育方面力度不足,在城镇化建设方面仍有待加强,在优势产业培育上缺乏有效的手段和载体,等等,如果这些问题不解决,人力资本缺乏、城乡差距过大、产业结构偏离度不合理,基础设施维护成本高昂等矛盾都不可能得到实质性的解决。我们认为,在新的条件和发展目标下,西藏政策体系需要一种转型,即从"输血式"援藏向"造血式"援藏转型,从"以物为本"的援藏向"以人为本"的援藏转型。这要求我们要统筹协调现有的政策并将其糅合为一个目标明确的有机整体,以支持西藏经济的跨越式发展。

三 促进西藏经济跨越式发展的政策导向及思路研究

1. 西藏经济跨越式发展政策的导向

本课题报告的第二部分,从西藏的特殊区情出发,已经较为全面地阐述了西藏发展的现实基础、制约因素和主要矛盾,而跨越式发展目标的确立又对西藏的发展方式提出了较高的要求,即西藏的发展不仅要实现自主性和内生性,而且还要牢牢建立在300万西藏儿女充分就业,逐步树立现代化和市场化意识,逐步掌握各种现代技术和知识的基础上。但从西藏特殊的区情来看,我们基本上可以得出如下的几个判断:

其一，全球经济发展的趋势已经向知识经济、信息经济转移，西藏很难通过走传统工业化的道路，依托制造业来振兴地区经济。

其二，西藏所处的地理环境、交通状况、气候条件等，以及国家对西藏的战略定位决定了西藏很难照搬照抄中国内地工业化道路的模式。

其三，中国内地在制造业振兴的同时，高储蓄、大规模基础设施投资、外国直接投资和外贸扩张，同时并举；而目前的西藏，大规模基础设施基本完成或此后的扩展将受制于自然条件，储蓄率、FDI等与内地都不可同日而语。所以，依靠大规模投资和净出口拉动西藏经济跨越式发展，在目前的历史条件下恐怕不符合西藏发展的现实。

其四，大规模工业化会给西藏经济未来发展带来巨大的脆弱性和不可持续性。由于依托第二产业发展模式的投资外延性明显，增长方式粗放，在新的国际国内经济形势下，消费需求的持续低迷、投资和出口的过度膨胀会导致经济增长的内生动力不足，经济社会发展失衡，进而严重影响经济的可持续发展。如此，西藏未来的发展将遭遇增长动力不足、创新能力不足等问题。

其五，更为严重的问题在于，广大的藏族同胞根深蒂固的宗教文化传统与现代化的市场经济理念之间存在极大的不相容，甚至是尖锐的对立，这是西藏经济跨越式发展必须要正视并予以妥善解决的一个重大问题。

其六，农民分散居住的特性使得各种公共服务成本巨大，同时也难以形成必要的经济集聚度，从而制约了市场的发育。

因此，对于西藏经济来说，当务之急就是如何调整发展模式，重消费而非投资、重内需而非出口、重服务业而非制造业、重高新技术产业而非劳动密集技术含量低的工业，从而确保经济跨越式发展。

但另一方面，我们也必须要看到，西藏拥有大量得天独厚的资源，包括旅游资源、特色农牧产品和林产品资源、藏药资源等。这些产品如果走精品化开发道路，增加科技含量，通过市场深度开发，完全可以在国际国内高端市场中占有一席之地。有效地开发这些资源，不仅可以带动西藏走上富裕的道路，更为重要的是，开发这些资源符合西藏发展的比较优势，能解决更广泛的农民就业问题，与环境保护要求也容易协调。基于这些考量，我们认为西藏经济跨越式发展政策体系设计的总体导向为：建设一个社会和谐，人民安居乐业的新西藏。

政策要充分考虑到中央对西藏"两个屏障"、"两个基地"和"两个目的地"的功能定位，聚焦于农民增收和城乡差距缩小，政策的突破口是培育和建立一种新的体制机制，引导西藏有独特优势的旅游、文化、自然资源以及高原特色农产品市场化和产业化，实现经济包容性增长，促进经济的跨越式发展。

在经典发展经济学理论中，现代化-市场化，主要依托大规模的工业化-城市化，这四化之间有一种内在的循环促进的逻辑关系，对西藏而言，由于大规模工业化的不可行，其市场化环节主要依托是第三产业中的大旅游产业。为此我们提出人力资源开发、优势产业培育、城镇化建设三位一体的政策设计模式。这一模式的具体内涵是：

首先，摆在第一位的是人力资源开发，主要是通过教育和培训使藏族同胞根深蒂固的宗教文化传统能与现代社会的生产生活方式和谐共存，树立现代市场竞争理念、市场责任意识、契约信用意识、市场创新意识和风险危机意识，这是西藏人民走向自主发展道路的基本前提。必须要确立的一个基本理念是，西藏的发展，首先是西藏人民的发展，如果西藏的广大藏族同胞不能全面深入地参与西藏经济跨越式发展的伟大历程，甚至同这一历程隔绝，则西藏经济无论如何发展，都不能说是自主性的、内生性的，农民的就业、增收，西藏城市化水平的提高，产业的健康发展等都会成为无源之水。

其次，城镇化建设主要是推进农民向城镇集聚，通过集聚来培育市场和市场中的竞争主体，同时也可有效地低成本地获得各种公共服务，特别是教育和医疗。而在城镇形成一定规模的集聚，也有助于熏陶和培育市民的现代化市场意识。这一点对西藏特别重要，比如数据显示，西藏目前小学和中学入学率偏低，其中居住分散是一个重要的障碍因素。另外，城镇化所形成的人口集聚以及相对发达的基础设施也会为各种产业发展提供必要的需求、人力以及各种生产条件。

再次，优势产业培育则立足于大旅游产业，通过旅游把酒店餐饮、交通运输、广告、信息以及其他各类相关服务业、特色农林牧产品、手工艺品、藏药产品以及藏族文化产品有机地结合起来，同时也以旅游资源的深度开发来带动民营企业和乡镇企业的发展，刺激城镇化步伐的加快，让更多的西藏人民切实参与到西藏经济跨越式发展的历程中。

需要注意的是，人力资源开发、优势产业培育、城镇化建设三者之间具有一种相互支撑、相互制约的内在逻辑性，政策设计得当，则可以形成良性循环，否则反而会成为彼此发展的掣肘。由此我们建议由中央政府或全国人大常委会指定某一机构通盘负责对西藏优惠政策的设计、规划、实施、检查和评估，出台一部关于西藏优惠政策的指导性文件以规范各部委、各地方的援藏政策、援藏项目和援藏方式以及西藏自身出台的优惠政策，使诸多政策能形成合力，聚焦于当前最重要的瓶颈，选准突破口，以尽快实现西藏经济的跨越式发展。

2. 西藏经济跨越式发展政策的设计思路

（1）人力资源开发政策设计

一是延续前期对西藏在义务教育、高等教育、职业培训方面的优惠政策，加大内地西藏班的建设和教育力度，对口支援的各省市要力争使所有西藏初高中阶段的学生都能到其他发达城市学习 1~3 年。

二是推行梯度化职业技能教育，目标群体要涵盖初中、高中和已就业人群，比如职业初中、职业高中，重视力度不应低于义务教育。职业教育内容要紧贴农民的实际生产和生活，让他们从教育中切实获得实实在在的益处。

三是各地援藏政策的重心要从物资援藏、干部援藏和项目援藏上转移到智力援藏上来，针对对口地区的城镇建设和产业发展提供专业技术人员和市场开发人员。

（2）优势产业培育政策设计

第一，出台鼓励和限制性产业目录。把旅游及相关产业、民族手工艺产品制造、民族文化开发、特色农产品和中药材产品作为西藏鼓励类产业，矿产品作为限制性开发产业，环境污染型产业作为限制性产业。

第二，成立"西藏品牌"推广机构，在鼓励类产业中精选最具代表性的产品和企业，通过专项资金对其进行免费推广宣传，扩大西藏特色产品的知名度，比如在进出西藏的交通工具上进行广告宣传推广。必须认识到宣传这些产品事实上也有益于扩大西藏的美誉度，提高西藏在国际上的正面形象。

第三，加强内地龙头企业与西藏企业的全方位合作，给予特殊的优惠性政策，对于需要在内地设厂、内地开发的合资合作项目，也可给予一定的优惠政策。

第四，对于出口产品给予相应的补贴，对于出口份额占年营业收入超过一定比例的企业可进一步加大优惠措施。

第五，加大对乡镇企业的扶持力度，鼓励各方面人员来西藏创办中小型企业，以从事农牧产品、药材采集和加工、旅游服务、餐饮住宿、文化休闲等行业，通过旅游这条线把民族手工业、文化、特色农产品销售以及农民城镇化和收入增加联系起来。

第六，在对口支援方面，鼓励国家旅游局以及各省市旅游局对西藏进行援助，通过引入干部带来旅游事业发展新思路，通过援藏干部机制建立西藏同内地龙头旅游企业的合作，按照"吃、住、行、游、娱、购"六大要素的要求来培育西藏自身的旅游集团企业。通过旅游集团带动整条产业链以及产业链上的就业人员发展致富。对于前来投资的内地旅游企业，相关的连锁酒店等配套企业，可给予相应的优惠政策。比如至少在规模城镇要建立一家类似于锦江之星、汉庭、如家的舒适价廉的酒店。

第七，鉴于旅游业在西藏的特殊位置，可考虑增加旅游局对其他相关部门的协调、监督权限，比如地方政府副市长、副专员兼旅游局局长组织，成立以旅游局牵头，工商、物价、公安、消防等相关部门组成的联席会议，解决旅游过程中出现的一系列问题。出台一部旅游规范条例，对旅游产业链上的所有企业，都要有严格的标准，保证设施的卫生、安全、舒适、便捷，在购物环节上至少要做到，价格公道合理，杜绝假冒伪劣。

第八，增设环卫工人岗位，保证城镇街道的干净整洁，给外地游客留下美好的印象。

（3）城镇化建设政策设计

第一，出台到2020年西藏城镇化发展规划，明确城镇体系的布局、功能。

第二，延续前期对西藏公共服务和基础设施的投入，把投入与西藏城镇发展战略结合起来。将更多资金用于建设农牧区和小城镇的教育设施、医疗卫生设施、交通通信、中小电站和饮用水源等方面，改善居民生活环境、生活和生产方式。

第三，通过户籍制度的改革，促进农牧区人口的城镇化。在西藏推行有别于内地省份的城镇化制度创新，对愿意和有条件进入西藏城镇的农民均给予户口准入。同时通过政府的公共建设投资在边远农牧区沿交通线开辟若干定居点，使之逐步发展为小城镇。政府对迁入城镇的移民给予住房、就业、子女入学以经济和政策上的扶持。

第四，在重点城镇设置生态环境保护、农村技术推广等公益性岗位，岗位以当地农民为主，并且同农民的教育程度（比如高中以上）相挂钩，引导农民对教育的重视，解决部分农民的就业，同时也加大环境保护的力度。

第五，结合城镇化建设推广农业产业化示范园区和手工艺品加工园区建设。鼓励内地企业、高校和科研院所来园区投资建厂，以及其他各种形式的产学研合作，在土地、税收和知识产权等方面给予优惠。采取各种灵活措施，鼓励大学教师、科研人员以及在校研究生（硕士生、博士生）到示范园区进行科研或创业活动。

第六，鼓励各种新能源技术和产品在西藏城镇推广和应用。由国家出台相应的优惠政策，鼓励内地企业的太阳能产品、风能和地热能产品以及生物质能利用技术在西藏进行推广，既可缓解西藏居民能源不足的困境，又可为新能源产品和新技术开辟一个新市场。

附录一
西藏基本经济情况数据表汇总

表 1　1991～2010 年西藏经济基本情况

年份	生产总值			地区财政收入		固定资产投资额		
	地区GDP（亿元）	年均增长率（%）	人均GDP（元）	绝对值（万元）	年均增长率（%）	绝对值（亿元）	年增长率（%）	GDP占比（%）
1991	30.53	10.22	1358	2325	28.5	10.57	38.84	34.61
1992	33.29	9.04	1468	10869	367.5	13.33	26.15	40.04
1993	37.42	12.41	1624	15601	43.5	18.15	36.13	48.49
1994	45.99	22.9	1964	14235	-8.8	21.17	16.68	46.03
1995	56.11	22	2358	21500	51.	36.95	74.52	65.85
1996	64.98	15.8	2688	24388	13.4	30.36	-17.83	46.72
1997	77.24	18.87	3144	38254	56.9	34.55	13.8	44.73
1998	91.5	18.46	3666	44273	15.7	42.75	23.72	46.72
1999	105.98	15.83	4180	54581	23.3	56.6	32.42	53.41
2000	117.8	11.15	4572	63265	15.9	66.5	17.49	56.46
2001	139.16	18.13	5324	73790	16.6	85.77	28.97	61.64
2002	162.04	16.44	6117	87325	18.3	108.97	27.06	67.26
2003	185.09	14.22	6893	100342	14.9	138.62	27.19	74.89
2004	220.34	19.04	8103	119899	19.5	168.44	21.51	76.44
2005	248.80	12.92	9036	143330	19.5	196.19	16.48	78.86
2006	290.76	16.87	10422	172682	20.5	232.35	18.43	79.91
2007	341.43	17.43	12083	231437	34.1	271.18	16.71	79.43
2008	394.85	15.65	13824	285872	23.5	309.93	14.29	78.49
2009	441.36	11.78	15295	309108	8.1	379.42	22.42	85.97
2010	507.50	14.99	17319	421100	36.2	463.26	22.1	91.29

数据来源：1991～2009 年数据来自《西藏统计年鉴（2010）》，2010 年数据来自《2010 年西藏自治区国民经济和社会发展统计公报》。

表2 1991~2010年西藏三次产业情况

年份	产业结构			就业结构			结构偏离度		
	一产	二产	三产	一产	二产	三产	一产	二产	三产
1991	79.4	3.9	16.7	50.8	13.7	35.5	-36.0202	251.2821	112.5749
1992	78.2	4.2	17.6	49.8	13.4	36.8	-36.3171	219.0476	109.0909
1993	78.5	4.8	16.7	48.9	14.7	36.4	-37.7015	205.6521	118.11
1994	77.1	3.7	19.2	46.0	17.1	36.9	-40.3807	363.0854	92.18399
1995	77.8	4.9	17.3	41.8	23.6	34.6	-46.2129	381.5614	99.75214
1996	76.2	5.0	18.8	41.9	17.4	40.7	-45.0669	248.4149	116.5969
1997	75.5	5.3	19.2	37.8	21.9	40.3	-49.8767	312.3389	109.9112
1998	74.3	5.7	20.0	34.3	22.0	43.7	-53.8571	286.1566	118.5246
1999	74.4	5.2	20.4	32.3	22.5	45.2	-56.5626	332.9554	121.3699
2000	73.3	5.9	20.8	30.9	23.0	46.2	-57.8563	289.1974	121.8966
2001	71.0	6.5	22.5	27.0	23.0	50.1	-62.0054	253.4393	122.4458
2002	68.8	6.2	25.0	24.5	20.2	55.3	-64.3445	225.6862	121.0812
2003	64.1	9.3	26.6	22.0	25.7	52.3	-65.6953	176.7616	96.53109
2004	62.6	9.6	27.8	20.1	23.9	56.0	-67.8829	149.3306	101.2913
2005	60.1	9.5	30.4	19.3	25.5	55.2	-67.8511	169.5725	81.63464
2006	58.9	9.6	31.4	17.5	27.6	54.9	-70.2787	187.5	74.84076
2007	56.0	10.8	33.2	16.1	28.8	55.1	-71.25	166.6667	65.96386
2008	54.6	10.5	34.9	15.3	29.3	55.4	-71.978	179.0476	58.73926
2009	54.5	10.8	34.7	14.5	30.9	54.6	-73.4022	187.3632	57.20746
2010	13.4	32.3	54.3	53.1	11.1	35.8	-74.7646	190.991	51.67598

数据来源：1991~2009年产业和就业结构数据来自《西藏统计年鉴（2010）》，2010年数据来自《中国统计年鉴（2011）》，结构偏离度为课题组计算

表3 1991~2010年西藏人民生活情况

年份	城市居民可支配收入			农民年收入			西藏城乡收入之比
	绝对值（元）	年均增长率（%）	与全国平均水平相比	绝对值（元）	年均增长率（%）	与全国平均水平相比	
1991	1995	23.7	294.4	617	6.4	(91.6)	3.233387
1992	2083	4.4	56.4	653	8.1	(131.0)	3.189893
1993	2348	12.7	(229.4)*	706	10.6	(215.6)	3.325779
1994	3330	41.8	(166.2)	817	20.9	(404.0)	4.075887
1995	4000	20.1	(283.0)	878	20.1	(699.7)	4.555809
1996	5030	25.7	191.1	975	13.9	(951.1)	5.158974
1997	5135	2.1	(25.3)	1085	16.9	(1005.1)	4.732719

续表

年份	城市居民可支配收入			农民年收入			西藏城乡收入之比
	绝对值（元）	年均增长率（%）	与全国平均水平相比	绝对值（元）	年均增长率（%）	与全国平均水平相比	
1998	5439	5.9	13.9	1158	16.6	(1004.0)	4.696891
1999	5998	10.3	144.0	1258	14.0	(952.3)	4.767886
2000	6448	7.5	168.0	1331	9.4	(922.4)	4.844478
2001	7119	10.4	259.4	1404	16.4	(962.4)	5.070513
2002	7762	9.0	59.2	1521	14.9	(954.6)	5.103222
2003	8058	3.8	(414.2)	1691	12.7	(931.2)	4.765228
2004	8200	1.8	(1221.6)	1861	17.6	(1075.4)	4.406233
2005	8411	2.6	(2082.0)	2078	11.5	(1176.9)	4.047642
2006	8941	6.3	(2818.5)	2435	15.3	(1152.0)	3.671869
2007	11131	24.5	(2654.8)	2788	15.9	(1352.4)	3.992468
2008	12482	12.1	(3298.8)	3176	14.4	(1584.6)	3.930101
2009	13544	8.5	(3631.0)	3532	10.6	(1621.6)	3.834655
2010	19263	42.2	154.0	3990	13.2	(1929.0)	4.82782

数据来源：1991~2009年西藏数据来自《西藏统计年鉴（2010）》，2010年数据来自《2010年西藏自治区国民经济和社会发展统计公报》，1991~2010年全国数据来自《中国统计年鉴（2011）》

*用括号括起来的数字表示西藏的收入水平低于全国平均水平。

附录二
历次西藏工作座谈会后中央、地方及各部委对西藏经济发展的支持政策梳理

一 第一次西藏工作座谈会后出台的相关政策

1980年3月14~15日,中共中央总书记胡耀邦在北京主持召开了第一次西藏工作座谈会。根据中共十一届三中全会精神,座谈会讨论了西藏地区的工作,进一步明确西藏面临的任务及需要解决的方针政策等问题,并形成《西藏工作座谈会纪要》。此次会议给予了西藏高度的自主权以及一系列的相关配套政策。

1. 中央特别强调从西藏实际情况出发制定方针政策,对中央和中央各部门制定的方针、政策、制度,发往全国的文件、指示规定,凡是不适合西藏实际情况的,西藏党政领导机关可以不执行或变通执行。但重要的问题要事先请示,一般的问题要事后报告。

2. 在发展农牧业生产、对外贸易、经济管理体制、自留地、自留畜、家庭副业等一系列政策问题上,纠正了各种"左"的偏差,让群众休养生息发展生产、改善生活。在落实党的农牧业、财贸、文教、民族、宗教、统战等各项政策上,制定具体的实施方案,抓紧解决迫切需要解决的问题。

3. 在所有的经济政策方面西藏都实行特殊的灵活政策,促进生产的发展。

4. 国家加大对西藏的援助力度,如年均定额补助增加到4.96亿元,各种专项拨款0.9亿元,基本建设投资2.622亿元。这些转移支付主要用

于发展农牧业和藏族人民日常迫切需要的方面上。

5. 西藏在 3 至 5 年内实行免征、免购政策；以 1980 年中央给西藏的财政补助为基数，从 1981 年起每年递增 10%。

6. 国家在西藏实行"土地归户使用，自主经营长期不变"，"牲畜归户，私有私养，自主经营长期不变"，对农民的生产经营活动免征一切税收。

7. 实行比其他地区更为优惠的对外开放政策，外贸出口享受全部外汇留成，允许西藏在内地转销一般性进口商品。

二 第二次西藏工作座谈会后出台的相关政策

1984 年 2~3 月，中央召开第二次西藏工作座谈会，会议对 1980 年以后的西藏工作成绩给予了充分肯定。同时根据新情况新问题，制定了一系列符合西藏实际的经济政策和改革开放政策。主要包括：

1. 为庆祝西藏自治区成立 20 周年，中央决定由北京、上海、天津、江苏、浙江、福建、山东、四川、广东等省市和水电部、农牧渔业部、国家建材局等有关部门，按照西藏提出的要求，分两批帮助建设 43 项西藏迫切需要的中小型工程项目，包括电站、旅馆、学校、医院、文化中心和中小型工业企业。九省市为建设这 43 项工程共投入了 1.9 万人，在一年多的时间里完成了这些工程，为西藏提供了一些经济和社会发展的基础项目。工程建设内容涉及 10 个行业，总投资 4.8 亿元，总建筑面积 23.6 万平方米。援建方式被称为"交钥匙工程"，即从设计、施工到室内一切设备用具及管理人员的培训等，均由承建单位包干，竣工后交出钥匙，即可投入使用，产生效益。43 项工程基本满足了 20 世纪 80 年代西藏社会经济发展，特别是旅游业的需要，被人们誉为高原上的"43 颗明珠"。比如拉萨饭店、西藏人民会堂、体育馆等等，都是那时兴建的。以社会公益为主的 43 项重点工程，极大地改善了西藏群众文化场所条件和旅游接待能力。

2. 继续实行"土地归户使用，自主经营，长期不变""牲畜归户、私有私养，自主经营、长期不变"等一系列有利于西藏经济发展的特殊优惠政策。在第二次西藏工作座谈会的推动下，西藏农村经济得到迅速发展，经济社会由封闭型向开放型、由供给型向经营型转变。

三 第三次西藏工作座谈会后出台的相关政策

1994年7月20~23日,中共中央、国务院在北京召开了第三次西藏工作座谈会。会议的主要任务是:以邓小平建设有中国特色社会主义理论和党的基本路线为指导,围绕西藏的发展和稳定两件大事,研究新情况,解决新问题,进一步明确加强西藏工作的指导思想,落实加快发展和维护稳定的各项措施,努力开创西藏工作的新局面。

会议认为,目前西藏自我发展的能力还比较弱,在相当一段时间内,加快西藏发展要靠国家的扶持,要着眼于从体制上解决问题,辅之以资金上的专项补助。为了帮助西藏自治区解决改革和发展中遇到的困难和问题,国务院决定在财税、金融、投资、价格和外贸等方面,继续对西藏实行特殊政策和灵活措施,同时也把援藏项目初步落实下来。这些政策主要包括:

1. 财政税收政策。中央对西藏的财政补贴,实行"核定基数、定额递增、专项扶持"政策。税收实行"税制一致,适当变通,从轻从简"的政策。

2. 金融投资政策。继续实行优惠的贷款利率和保险政策。对西藏的能源、交通、通信以及综合开发等大中型骨干项目和社会发展项目,由国家给予重点支持,对建设周期长的实行动态投资,对西藏的固定资产投资项目,国家在资金上给予优先保证。

3. 价格补贴政策。为提高西藏人民的生活水平,对中央出台的重大调价措施在西藏的涨价影响,由国家财政给予适当补贴。

4. 外贸政策。对西藏外贸实行"放宽政策、扩大开放、加快发展"的政策,国家现行对西藏外贸管理方面的优惠政策不变。

5. 农业和农村政策。继续实行"两个长期不变"的政策。在草场土地共有的前提下,鼓励个人开垦农田、荒滩、荒坡,实行"谁开发、谁经营,谁受益,长期不变,允许继承"的政策。继续免征农牧业税。

6. 企业改革政策。分期分批解决国有企业历史包袱问题,优先解决效益好的企业。

7. 确定兴建62项大中型项目,投资30多亿元,包括农业、水利、工业、交通、能源、邮电通信、教育、文化、卫生、旅游、城市建设等各个领域。主要包括交通通信项目建设，如中尼公路部分改造、格尔木炼油厂至 101 油库输油管道、拉萨至日喀则光缆工程、拉萨西郊长途电信枢纽楼、12 个卫星通信地球站等；市政建设，如布达拉宫广场、拉萨市环行路、日喀则上下水工程、山南泽当镇道路改扩建、林芝宾馆等；文教卫生广播电视建设，如西藏博物馆、拉萨市新华书店、乡级太阳能广播电视接收站、自治区藏药厂扩建、日喀则市二中、乃东县中学、贡觉县中学等。

四 第四次西藏工作座谈会后出台的相关政策

2001 年 6 月 25~27 日，中共中央、国务院在北京召开了第四次西藏工作座谈会。座谈会强调：西藏的发展和藏族同胞的命运，历来与祖国和中华民族的命运紧紧联系在一起。全党同志必须站在党和国家工作大局的战略高度，扎扎实实地做好新世纪的西藏工作，努力实现邓小平同志提出的要使西藏"在中国四个现代化建设中走进前列"的伟大目标。

会议认为，基础设施薄弱是西藏经济发展的主要制约因素，必须加快铁路、公路、机场、电力、通信、水利等设施建设。充分发挥资源优势，形成既有优势又有市场的支柱产业和特色经济。巩固和加强农牧业基础地位，以调整农牧区和经济结构重点，搞好农牧业综合开发，千方百计提高农民收入。必须高度重视和切实加快发展旅游业，要把旅游业作为西藏的支柱产业。认真实施"科教兴藏"战略，大力培养各类人才，大力推动科技进步和创新，努力采用先进适用的技术，使现代科学技术在经济发展中发挥更大的作用。为此，出台的相关政策有：

（一）中央方面

1. 进一步加大对西藏的建设资金投入和实行优惠政策的力度，继续加强对口支援。确定了国家直接投资的建设项目 117 个，总投资约 312 亿元。考虑到西藏的特殊情况，西藏的重点建设项目资金主要由国家来承担。国家投资和中央财政扶持，主要用于农牧业、基础建设、科技教育、基层政权相关设施建设以及生态环境保护和建设。

2. 中央在增加直接投资的同时，继续实行特殊的扶持政策。现行的优惠政策，能够继续执行的继续执行，需要完善的在完善后继续执行。

3. 新增了一些优惠政策，对口支援也得到加强，确定各省市对口支援建设项目70个，总投资约10.6亿元。

4. 2001年，中央给西藏安排中小学危房改造资金5500万元，贫困地区无校乡校舍建设资金1000万元，两项共计5600万元。

5. 对西藏农牧区中小学生继续实行"三包"政策，改革经费使用办法，实行助学金、奖学金制度。提高"三包"标准，中央补助资金在增加的定额补助基数中统筹考虑。"三包"具体标准为：经费小学生每生每学年600元，其中，伙食费500元，服装费、装备费、学习用品费等100元；初中学生每生每学年800元，其中伙食费650元，服装费、装备费等150元。边境中学、边境乡小学的农民子女住校生，其"三包"费用标准在上述基础上年人均再增加50元。享受"三包"以外的学生，享受助学金情况为：普通高中农民子女住校生，每生每学年800元；初中、小学（包括教学点）中的农民子女走读生，小学生每生每学年50元，初中生每生每学年100元。

6. 2008年，中央财政安排资金在促进西藏旅游产业发展、加快重点项目实施、支持有关公共服务设施的修复和建设等7个方面给予扶持。

7. 2005年根据《中共中央国务院关于进一步做好西藏发展稳定工作的意见》（中发［2005］12号）的精神，中央又出台了"四十"条针对西藏的优惠政策，主要涉及财税金融、投资融资、工资、产业建设、对外开放、社会保障、农牧业、科技、教育、文化、卫生和人才资源开发等多个方面，主要包括：

——在农民、农牧区和农牧业方面，加强农牧业基础设施、农牧区公益设施与农牧区社会化服务体系、农牧业防灾减灾体系建设，加大中央投资和援藏资金对西藏"三农"的投入力度。继续把西藏作为特殊集中连片贫困区域，逐步加大扶贫力度。将西藏退牧还草和牧区建设工程列入全国重点实施范围，提高项目资金投入比重。积极实施饮水安全工程，到2010年基本解决人畜饮水和饮水安全问题。逐步加大对西藏兴边富民行动的扶持力度。对西藏边境地区的基础设施建设和社会事业发展，予以重点倾斜。加大对西藏人口较少民族地区的建设投入，重点改善当地群众的生产生活条件。国家对牧民定居给予支持，到"十一五"末，通过多渠道筹集资金，基本解决西藏牧民定居问题。加快西藏农村通水、通电、通路、通讯、通广播电视等基础设施建设，到"十一五"末，基本解决农民用电问题，力争80%以上的县通沥青路，乡镇和80%的建制村通公路。对西藏农民购买化肥、农用柴油、农机、兽用疫苗等农用生产资料实行补贴。加大扶持力度，鼓励牲畜出栏。支持西藏建立健全农牧业科技推广服务体系。

——在基础设施方面：构建西藏综合交通运输体系。"十一五"期间，确保青藏铁路及配套工程按期完成，建设青藏铁路延伸线；重点整治改建青藏、川藏、滇藏、新藏、中尼等干线公路，基本建成沥青路；加快重要经济干线、口岸、国防和边防公路建设。加快西藏区内机场建设，特别是阿里机场的建设。加快区内输油管道和格尔木至拉萨输气管道的规划研究和建设。建设完善西藏综合能源体系。"十一五"期间，继续发挥中央投资在西藏电力建设中的主渠道作用，加快雪卡、老虎嘴、藏木等骨干电源点的勘测、设计、论证和建设，扩大电网覆盖范围．完善供电网络设施，保障电网安全稳定和经济运行，加快农网建设和改造，确保西藏经济社会发展对电力的需求。尽快开展雅鲁藏布江和藏东南"三江"流域等水电资源开发规划和前期工作，论证"西电东送"接续能源基地建设工作。进一步加强西藏水利基础设施建设。继续搞好西藏重点江河流域综合开发，加快骨干水利工程及配套设施建设，提高灌溉能力，增加保灌面积。加强西藏主要江河综合治理，巩固和提高防洪能力。加大对西藏小水电工程建设的支持力度。加大西藏邮政、电信设施建设力度。建立健全西藏乡村邮政体系。"十一五"期间，基本实现乡乡通邮，并逐步拓展行政村通邮工作。对于西藏开展乡村通邮普遍服务所发生的亏损，在邮政企业自身努力降低服务成本的前提下，由国家给予适当补贴。在电信普遍服务基金建立前，继续通过"村村通电话"工程推进西藏电信普遍服务；基金建立后，根据实际情况，在补偿政策和资金使用方面对西藏给予倾斜，到"十一五"末基本实现村村通电话。加大对西藏信息化建设的支持力度，加快建设覆盖西藏区域内的电子政务、电子商务网络和应急管理信息网络。

——在基层基础建设方面：继续对西藏地（市）、县机关周转房和危房改造工程以及乡村党组织活动场所建设给予支持。帮助西藏建立和完善突发公共事件应急体系，提高处理突发事件的应急能力。鉴于西藏幅员辽阔、公共服务半径大，适当增加西藏的行政事业编制和公安现役部队编制,重点向基层倾斜。对西藏确需增加的机构编制事项,及时研究,单独办理。加大对西藏政法基础设施和装备的投入。加强西藏政法部门建设,建立健全县和重点乡镇政法机构,增设公安派出所。

——人才和教育方面:加大对西藏人才工作的支持力度,根据经济社会发展对各类人才的需要,将紧缺专业高层次人才纳入援藏范围。帮助西藏逐步建立自治区、地(市)两级人才市场。继续加大对西藏义务教育和扫盲教育的支持力度,以农牧区为重点,加强西藏初中和小学学校(含教学点)特点是寄宿制学校的建设,全面普及九年制义务教育。对西藏农牧区中小学生,继续实行"包吃、包住、包学习费用"的政策,适当提高标准。强化"双语"(藏语、汉语)师资培训,提高教师队伍整体素质。积极发展职业教育、职业技能培训和远程教育。对接受中等职业教育的贫困农民家庭子女实行助学金制度。加强高中教育,提高高中入学率。巩固完善高等教育。继续办好内地西藏班(校),扩大招生规模,优化招生结构。继续采用"单独招考、定向培养"的方法,为西藏培养急需人才。进一步加强内地省市和高校对口支持西藏教育工作。加强基层干部队伍建设,建立农牧区党员干部现代远程教育网络。继续帮助西藏大规模培训干部,加强西藏党校、行政学院、社会主义学院和地(市)级党校基础设施、配套设施建设,办好中央党校、中国浦东干部学院及内地重点高等学校设立的西藏干部培训班。

——科学、卫生、文化和社会保障方面:加大对西藏科学研究、技术开发与科普宣传方面的支持力度。对具有发展前景的特色产业的研究开发给予重点扶持。支持西藏建立农牧产品、藏药及藏药材等本地特色产品质量标准体系和食品药品安全监督检验检测体系。推进科技成果产业化,加强科技基础条件平台建设和科技信息网络建设,加快科技人才队伍建设。加大投入,强化藏医药基础研究、临床研究和药物研究,加强藏医药文献整理和适宜技术推广。加强藏医医疗机构建设和藏医药专业人才的培养,改善藏医医院服务条件,完善藏医医院综合服务功能。加大对西藏文物保护工作的投入力度。继续加大对"西新工程""村村通工程""县级图书馆、文化馆及乡镇综合文化站建设""农村电影放映工程""文化信息资源共享工程"等文化建设方面的投入力度。继续对西藏农民实行免费医疗,适当提高国家补助标准。帮助西藏建立和完善疾病预防控制体系、突发公共卫生事件医疗救治体系和优生优育服务体系。以县、乡为重点，加大对公共卫生设施建设和人员培训的投入力度，建立健全覆盖全西藏的公共卫生服务体系。继续帮助西藏建立和完善覆盖城乡的社会保障体系。逐步做实基本养老保险个人账户。帮助西藏健全城镇职工基本医疗保险制度、特困群众生活救助制度，有条件的地区逐步探索建立农牧区最低生活保障制度。加强就业服务设施建设。加强流浪未成年人保护设施、儿童福利院、农村敬老院、残疾人综合服务设施建设。

——对外开放和市场环境方面：健全涉外管理措施，完善军事设施保护措施，加快开放区域报批审批，进一步扩大西藏对外开放范围。国家管理的进出口商品计划或配额。根据西藏经济社会发展的需要，继续予以倾斜和照顾。继续支持西藏内外贸事业发展，结合外贸发展基金收支情况，统筹安排西藏外贸发展资金。积极支持西藏结合自身实际情况利用国外优惠贷款。加大西藏口岸建设力度，加快建设连接南亚地区的陆路大通道。帮助西藏建立和完善农牧区产品交易市场体系、重要商品（边销茶、药品、石油等）与救灾物资储备设施及应急体系。

——财政税收方面：中央对西藏继续实行"收入全留、补助递增、专项扶持"的财政补贴政策。即除关税干口进口消费税、增值税外，在西藏征收的其他各项税收全部留给西藏；中央财政适当增加对西藏的定额补助基数，并逐步递增；继续执行全国统一的一般性转移支付、少数民族地区转移支付、专项转移支付的规定。中央政府出台的重大调价措施在西藏形成的涨价影响，继续由中央财政给予适当补助。利用国家中小企业发展专项资金、科技型中小企业技术创新基金，加大对西藏具有民族特色、地区特色项目的支持力度。对西藏继续实行"税制一致，适当变通"的税收政策。除关税和进口消费税、增值税外，目前，中央在西藏征收的其他各项税收的具体管理办法，仍由自治区人民政府拟订，报国务院批准后实行。今后开征新的税种，按全国统一的税制执行，如需要变通，报国务院批准。西藏在内地所办企业，其所得税仍回西藏缴纳。"十一五"期间，继续保留西藏自用物资关税返还政策，并对返税商品范围进行微调。具体政策由财政部商有关部门负责落实。

——金融方面：继续对西藏实行货币、信贷指导性计划。由人民银行拉萨中心支持统一编制全自治区年度货币、信贷计划草案，报人民银行总行批准后执行，同时抄报有关国有金融机构备案，人民银行拉萨中心支行负责组织实施。继续执行现行的再贷款政策和现金管理政策。实行宽松的外汇管理政策。继续实行有区别的加罚息政策。试行有管制的贷款利率浮动政策。在西藏执行有区别的优惠贷款利率政策。各类金融机构在西藏的分支机构贷款利率（不含外汇贷款），统一执行低于全国平均水平的优惠贷款利率。将西藏游牧民定居、地方病病区群众搬迁纳入扶贫贴息贷款范围。各类金融机构因在西藏执行优惠贷款利率形成的利差损失，由中央财政给予利差补贴。对中国农业银行西藏分行继续进行特殊费用补贴。中国人民财产保险服务有限公司西藏分公司在西藏继续执行低于全国统一费率政策，因此造成的损失，由中国人民财产保险股份有限公司报财政部核定后予以补贴。鼓励设立国家政策性银行和各类人寿保险公司的西藏分支机构，积极引导银行和保险公司将西藏的业务纳入全国统一规划，积极开发适合当地群众的金融产品。

——投资方面：中央对西藏实行投资倾斜政策。"十一五"期间，围绕改善农民生产生活条件、加快基础设施建设、提高公共服务水平、加强生态建设与环境保护、加强国防交通和边防设施建设、加快发展特色产业、改善基层工作生活条件等方面进一步加大投入力度，有力保障西藏经济社会发展的需要。考虑西藏自我积累能力差，在西藏安排的农林水利、社会事业、政权建设等投资项目，一般不要求西藏安排配套资金。在做好建设项目论证、决策工作的基础上，考虑西藏实行，加快下达投资计划和资金预算。采取直接投资、投资补助、贷款贴息等方式，以特色旅游业、优势矿产业等特色优势产业为重点，加大对西藏特色产业发展的扶持力度。创新电力、采掘业等投资模式，鼓励大型企业和其他社会资金到西藏投资，为这些行业的发展创造条件。根据规划部署，国土资源大调查项目和国家地质勘查资金适当向西藏倾斜，提高西藏地质工作程度，加强优势矿产资源调查与勘查。继续搞好水土保持、小流域综合治理和地质灾害防治。加大对西藏生态建设与环境保护的投入力度。将西藏纳入国家生态环境重点治理区域，实施天然林保护、退耕还林、防沙治沙、荒山荒地造林等重点生态建设工程，加强自然保护区管护，构建西藏高原国家生态安全屏障。对西藏在保障国家生态安全、维护重要生态功能和预防污染等方面的工作，国务院有关部门给予重点指导

——干部职工生活待遇方面：继续执行中央第三次和第四次西藏工作座谈会确定的"要使西藏机关、事业单位平均工资水平达到全国平均工资水平2.5倍"工资政策。进一步完善西藏特殊津贴实施办法。对在西藏工作的干部职工，从优处理折算后工龄涉及的有关待遇政策问题。充分考虑西藏高寒缺氧的特殊情况，进一步完善西藏干部保健制度和冬季取暖制度。帮助西藏在内地建立干部疗养基础。在保持进藏干部队伍稳定的前提下，定期组织进藏县以上干部交流和科以下干部内调，并妥善安置。西藏干部职工子女，在父母原籍所在地或父母房产所在地接受学前、小学、初中、高中教育，享受当地生源同等待遇。

（二）中央各部委

1. "十五"期间，国家教育部安排给西藏"国家贫困地区义务教育工程"资金1.7亿元，要求地方配套解决8500万元，配套比例为1∶0.5。资金分5年下拨。

2. 从1999年开始，教育部逐年增加内地西藏班普通高中的招生计划，1998年为425名，2001年达到945名，2002年的招生计划为1460名。

3. 国家人力资源和社会保障部、财政部、国家民委、科技部、教育部、农业部、卫生部等七部委与西藏自治区人民政府联合制定了西藏少数民族专业技术人才特殊培养工作方案，由中央安排专项资金予以实施。从2009年至2013年，陆续实施西藏少数民族专业技术人员特殊培养工作。其主要任务是选拔西藏少数民族专业技术人员到内地有关教学、医疗、科研、企业等单位进行为期一年的特殊培养锻炼。同时，选派专家赴西藏开展学术讲座、技术指导、项目合作等活动，每年为西藏培养120名少数民族专业技术人才。

4. 国家计委决定从2002年国债资金中给我区安排初级中学改扩建资金2亿元，重点高中改扩建资金2000万元。2001年投入西藏职业教育建设资金1000万，该项资金已分到用于西藏自治区综合中专学校、日喀则、山南、拉萨、昌都等地的职业教育建设。

5. 农业部等8部委和西藏培育和发展农牧业产业化经营龙头企业的相关政策：

——财税政策。自治区安排龙头企业发展专项贴息资金，从2003年起,每年增加100万元,达到300万元,用于扶持龙头企业的建设。龙头企业享受与多种经营项目同样的优惠政策。财政要逐年适当增加对龙头企业的资金支持。各地(市)、县(市、区)财政要安排一定资金,用于扶持龙头企业的发展。支持龙头企业的资金主要用于龙头企业基本建设以及基地建设的贷款贴息。增值税一般纳税人购进农牧业生产者销售的免税农牧业产品的进项税额扣除率为13%,促进农产品加工和出口。龙头企业从事林木、林木种子和苗木作物及从事农林产品初加工的,为农牧区提供产前、产中、产后技术服务或劳务所得暂免征收企业所得税。有偿转让国有土地使用权用于农牧业产业化基地或基础设施建设的,免征土地增值税。

——金融政策。区内各商业银行把扶持农牧业产业化经营作为信贷支农的重点,在资金安排上给予倾斜。对龙头企业用于基地建设和技术改造项目的贷款,自治区各级农业主管部门应积极向商业银行推荐,商业银行按照信贷原则和相关程序,予以优先安排。农牧业产业化重点项目申请贷款资本金比例降低至20%,并允许龙头企业用房产、设备等作贷款抵押。自治区金融管理机构应加大对农畜产品出口的金融政策支持力度,国有商业银行对农畜产品出口所需流动资金贷款按信贷原则优先安排,重点支持;对资信好的农畜产品出口企业核定一定的授信额度,用于对外出具投标、履约和预付金保函。龙头企业开发项目属于扶贫开发的,有关部门应按照扶贫开发贷款项目予以安排并提供扶贫贷款优惠利率。取得外贸进出口经营权的龙头企业,享受外汇管理有关政策。

——土地政策。鼓励在保护改善生态环境、防止水土流失和土地荒漠化的前提下,开发国有荒山、荒地、荒滩、荒坡,从事种植业、林业、畜牧业、渔业生产的,使用权归开发者所有,使用期50年不变。国土资源部门对龙头企业生产基地所需土地应当优先审批。鼓励农村集体农用地在不改变用途的前提下,入股龙头企业,作为生产基地。土地、城建部门对龙头企业设立的农副产品批发市场建设用地,优先安排、优先审批,各项收费标准按成本收取。

——外经贸政策。对符合条件的龙头企业,外经贸等部门要在外贸经营权的登记、审批以及外经贸发展促进资金使用等方面给予倾斜,并适当放宽其经营范围;从出口渠道、出口市场等流通环节上给予引导和资金支持。

——人才政策。鼓励党政机关、事业单位干部职工到农牧业产业化经营龙头企业挂职或工作，其待遇按《关于从党政机关、事业单位选派优秀干部到企业挂职工作的通知》规定执行。

——龙头企业中的乡镇企业同时享受乡镇企业有关优惠政策。区外经济实体和个人来西藏领办、创办龙头企业，符合自治区招商引资有关规定的，享受自治区招商引资优惠政策。凡经自治区科技厅认定为高新技术企业和高新技术产品的，享受高新技术企业和高新技术产品的有关优惠政策。

五　第五次西藏工作座谈会后出台的相关政策

2010年1月18～20日，中共中央、国务院召开的第五次西藏工作座谈会在北京举行。会议为未来西藏的发展指明了方向，即"使西藏成为重要的国家安全屏障、重要的生态安全屏障、重要的战略资源储备基地、重要的高原特色农产品基地、重要的中华民族特色文化保护地、重要的世界旅游目的地"。为此，国家又出台了大量的支持性政策，基本原则是要继续保持中央对西藏特殊优惠政策的连续性和稳定性，进一步加大政策支持和资金投入力度。这些政策体现在以下几个方面：

（一）中央方面：

1. 切实保障和改善民生。大力改善农民生产生活条件，解决好零就业家庭和困难群众就业问题，建设覆盖城乡居民的社会保障体系，2012年以前基本实现新型农村社会养老保险制度全覆盖。

2. 加快发展社会事业。优先发展教育，义务教育和高中阶段农民子女全部实行"三包"政策。

3. 进一步完善以免费医疗为基础的农牧区医疗制度，逐步提高国家补助标准和保障水平。

4. 扶持优秀藏语文图书、音像制品出版，加强西藏物质和非物质文化遗产保护和传承。

5. 加强基础设施建设。完善综合交通运输体系，加强能源建设、水资源利用和保护，加快提升信息化水平。

6. 加快发展特色产业，增强自我发展能力。

7. 加强生态环境保护，特别是重点地区生态环境建设，加快建立生态补偿长效机制，让西藏的青山绿水常在，积极构建高原生态安全屏障。

8. 继续执行并完善"收入全留、补助递增、专项扶持"的财政政策，加大专项转移支付力度，对特殊民生问题实行特殊政策并加大支持。继续实行"税制一致、适当变通"的税收政策。

9. 加大金融支持力度，继续维持西藏金融机构优惠贷款利率和利差补贴等政策。

10. 加大中央投资力度，继续扩大专项投资规模，中央投资要向民生领域倾斜，向社会事业倾斜，向农牧业倾斜，向基础设施倾斜。

11. 加大人才培养力度，培养更多当地急需的各类专业人才。落实西藏干部职工特殊工资政策，完善津贴实施办法，并按全国规范津贴补贴的平均水平相应调整西藏特殊津贴标准。

12. 加大对口支援力度，继续坚持分片负责、对口支援、定期轮换的办法，进一步完善干部援藏和经济援藏、人才援藏、技术援藏相结合的工作格局。

（二）中央各部委

1. 工业和信息化部加强援藏以及与西藏的合作力度，推出了一系列的支援政策：

——推进西藏特色优势产业发展，扶持培育新兴产业。加大对高原生物产业和食（饮）品业、农畜产品精深加工的支持力度，改造提升民族手工业，共同推动藏药业发展，发展壮大区域特色产业。在保护生态环境前提下，指导西藏有序发展优势矿产业，积极发展绿色建材业。指导帮助西藏编制新兴产业发展规划，共同培育和发展新一代信息技术、新能源和生物医药等新兴产业。

——支持中小企业发展，推动产业集聚和有序转移。加大对西藏中小企业发展的资金支持。支持、帮助西藏推进中小企业信用担保体系和服务平台建设。鼓励和引导民间资本到西藏投资创业。加大对西藏工业园区规划和产业布局的指导。支持西藏积极创建国家新型工业化产业示范基地。推动建立全国工信系统援藏工作机制，组织动员有关省市工业和信息化主管部门做好对口援藏和产业转移工作。

——加强信息基础设施建设，提高经济社会信息化水平。加快进出藏干线光缆和宽带网建设，继续推进通信"村村通"工程和"信息下乡"活动。加强无线电监测技术设施和人员队伍建设。加大党政专用通信基础设施建设力度。指导西藏建立完善网络与信息安全协调机制，提高网络信息安全保障能力和应急处理能力。大力推动重点行业、企业和园区信息化建设。支持拉萨市创建国家级两化融合试验区。指导西藏电子政务工程项目的建设实施，支持社会领域信息化建设。培育特色软件与信息技术服务业。

——加强规划引导和政策扶持，加大项目资金支持力度。指导帮助西藏编制"十二五"工业、通信业和信息化发展规划，协调推动西藏重点项目建设。针对西藏特色产业发展实际，实行差别化产业政策。国家专项资金优先向西藏倾斜。指导西藏制订和发布技术改造项目投资指南。扶持西藏食品安全检测能力建设。

——加强基础工作，提高工业和信息化工作支撑能力。帮助西藏工信系统加强自身建设，支持加强煤、电、油、气、运的监测调控能力建设。加强干部援藏，有计划地互派干部和专业技术人员挂职锻炼。发挥部属院校及专业优势，建立智力和人才支持长效机制。

2. 国土资源部的援藏政策

——专项投入累计援藏资金近亿元。

——成立国土资源部援藏工作协调领导小组，各省（市）厅（局）和解放军土地管理局均成立了对口援藏工作领导小组，部办公厅牵头建立了援藏工作联络员制度，对工作进展情况实行定期通报。

——加强了青藏高原地质矿产调查与评价专项工作，截至2010年，青藏高原地质矿产调查与评价专项在西藏投入资金达到9亿多元，其中2010年安排资金4.717亿元。与此同时，国土资源部投入1.14亿元在西藏部署青藏高原油气资源战略调查及评价项目，投入1760万元开展危机矿山接替资源找矿工作。

——从农村土地整治、矿产资源综合利用、抗旱找水打井、地灾防治、矿山地质环境恢复治理以及执法监察等方面加大资金投入力度：支持西藏土地二调工作，扩大了1:1万比例尺土地调查面积，落实西藏调查地图制作和土地利用现状调查经费6180万元；支持西藏推进土地整治下达预算指标6097万元，利用高新技术手段提高土地矿产监管和利用水平工作投入2010万元；指导修编和编制西藏土地利用、矿产资源总体规划和地质灾害防治规划，落实西藏地质灾害防治专项经费2175万元，增加矿山地质环境项目投入7050万元，地质遗迹保护和地质公园建设落实经费630万元；国土资源大调查对西藏严重缺水、农区干旱的三个县投资335万元开展地下水调查评价工作；安排882万元用于青藏铁路沿线地质环境调查评价和喜马拉雅重大地质灾害调查及减灾对策研究项目。与此同时，国土资源部投入10多亿元，对青藏专项、油气战略调查评价、危机矿山的找矿投入力度也不断加大，加快了青藏地区的矿产资源勘查开发进程，开拓了找矿战略接替区，为将西藏本地资源优势转化为经济优势打下了坚实基础。

——国家测绘局落实西藏基础测绘专项补助经费1480万元，向西藏捐赠了一台价值150万元的测绘航空遥感飞机，并投资300万元援建了西藏自治区基础地理信息中心。2008年，国家测绘局与西藏自治区人民政府签订了共建合作协议，无偿投资1000万元建立西藏自治区突发事件应急处置地理信息平台。

——中国地质调查局持续加大西藏地区地质工作，认真实施国土资源大调查项目，并积极落实青藏专项在西藏片区的各项工作，安排427万元支持西藏地区野外地质技术装备更新。

——部信息中心累计投入400多万元，建设西藏自治区和拉萨市国土资源数据中心，组织开发了地政、矿政行政审批和业务管理信息系统，建成包括西藏厅和全区7个地市的西藏国土资源业务主干网与视频会议系统，建立了集群式的西藏国土资源网站群。全国地质资料馆投入115万元开展青藏高原地质资料开发利用与服务工作。福建、湖南、黑龙江等省帮助林芝、山南、日喀则等地开展国土资源信息化建设，资金投入总计达到220万元。湖南、黑龙江、浙江等省采取多种形式帮助解决山南、日喀则、那曲等地办公楼和基础设施建设的资金缺口达472万元。全国国土资源系统在支援西藏国土资源系统的同时，也积极投身西藏地方经济建设。黑龙江、山东两省分别出资1200万元和400余万元援建了日喀则地区谢通门县的文化广场、市政道路等建设和日喀则地区中学操场建设。

——各对口援藏单位更是急西藏之所难、帮西藏之所需，按照包县落实、对口支援的原则，给西藏国土资源厅和7个地市国土资源（规划）局各1辆丰田陆地巡洋舰越野车，74个县（市）局各1辆三菱帕杰罗越野车和办公设施，经费达4338万元。国土资源援藏捐赠的越野车已经驰骋在高原各地，电脑、传真机、复印机、摄影器材等办公设备已经在西藏全区各个县局投入使用。

（三）其他地区及西藏自身出台的相关配套政策

1. 陕西省和阿里签署《陕西省援藏建设规划（2010~2015年）》，决定与阿里"十二五"发展规划相衔接，未来五年累计投入援藏资金约8亿元，初步安排71个项目，并把援建项目重点放在推进民生改善、加强基础设施建设、加快社会事业发展、壮大优势特色产业等四个领域，全力促进阿里跨越式发展和长治久安。

2. 西藏出台了促进藏医药事业发展的税收优惠政策。对传统藏药剂型改良、配方革新和规模化生产，新药研究、开发和生产并取得《药品生产许可证》的企业，以及经行业主管部门批准，从事藏药材种植、养殖、经营的企业，自该项目取得第一笔生产经营收入所属纳税年度起，免征企业所得税6年。被国家认定为高新技术企业，且高新产品产值达到国家规定比例的，自认定之日起，可分别免征企业所得税10年和8年。继续实施特殊优惠的信贷政策，各金融机构将按照"区域集中、规模做大、提升质量、提高效益"的总体要求，调配好信贷资金，对发展潜力大的藏药业项目给予重点支持，加大对藏药业的信贷力度，推进藏药业发展。

3. 西藏出台的积极的就业政策。积极引导和鼓励高校毕业生到基层和中小企业、非公有制企业就业。对到乡镇工作5年以上的大中专毕业生，可享受国家助学贷款本息代偿政策；属国家计划内招收的区内高校毕业生到中小企业和非公有制企业就业，与用人单位签订一定期限劳动合同或协议，由同级财政部门按照合同年限发放社会保险代费券，用于缴纳各项社会保险。按合同二年、三年、五年的期限，分别给予30%、40%、50%的社会保险补贴。落实高校毕业生享受再就业扶持政策。自治区各级人力资源和社会保障部门对自失业登记之日起6个月以上未就业的高校毕业生，办理《就业和再就业优惠证》，纳入就业再就业扶持政策对象范围，继续享受税费减免、小额贷款、社保补贴、免费职业培训、职业介绍等优惠政策。落实奖励资金政策。自治区各类企业和自收自支事业单位每接受1名国家计划内招收的区内应届高校毕业生，由财政部门给予用人单位一定数额的奖励资金；签订2年劳动合同的，给予5000元奖励资金；签订3年劳动合同的，给予12000元奖励资金；签订5年以上劳动合同的，给予20000元奖励资金。截至目前，自治区已兑现吸纳高校毕业生就业奖励资金1900多万元。做好对零就业家庭和就业困难高校毕业生的就业援助，提供"一对一"的就业指导、就业服务和重点推荐。积极组织就业困难的高校毕业生参加职业资格培训、职业技能鉴定和就业见习，使零就业家庭和就业困难高校毕业生实现及时就业。对就业困难高校毕业生实行公益性岗位兜底安置就业。2006年以来，共有300多名高校毕业生到技术性、专业性较强的公益性岗位就业。

附录三
《西藏经济跨越式发展理论与政策研究》课题中间成果之一

试论西部后发地区经济跨越式发展的理论基础[①]

提要： 地区经济均衡协调发展要求后发地区实现经济的赶超型、跨越式发展，这是我国经济改革与发展的重要保证。后发地区追赶发达地区实现经济跨越式发展需要寻找到充分的理论依据，以确保后发地区经济的跨越式发展不只是注重于速度的超越，而是经济发展的全面综合跨越。本文通过对后发地区经济发展经典理论的分析，从后发优势理论、大国经济非均衡发展理论、区域产业结构优化理论、增长极理论等多方面为我国西部后发地区经济跨越式发展提供了理论基础。

关键词： 西部地区　后发地区　经济跨越式发展

改革开放以来，我国地区经济发展取得了前所未有的巨大成就，为全面迈入小康社会奠定了坚实的经济基础。但是应该主要到，在经济发展的过程中，西部后发地区与发达地区相比，在发展、改革、开放与稳定方面还存在不小的差距，在城乡发展、经济社会发展、产业结构升级、城市化与工业化方面也存在着不平衡。诸多客观因素和内在矛盾制约了西部后发地区经济向更高层次、更深领域的发展。

---

① 本文发表于《广东社会科学》2012 年第 4 期。

这些问题，需要从理论层面加以深入研究，特别是在后发地区追赶发达地区，实现经济跨越式发展之时，需要理论界对于经济跨越式发展找到充分的理论支撑，以确保后发地区经济的跨越式发展不只是注重于速度的超越，而是经济发展的全面综合跨越。也即跨越式发展要突破传统工业化道路中单纯追求速度型的增长，避免经济发展中的短期行为，以及单项突进的发展模式，追求速度与效率并重，当前发展与长远发展兼顾，经济和社会、生态环境协调发展的模式。

一 后发地区经济跨越式发展的内涵与背景

地区经济的跨越式发展是基于该区域的资源要素禀赋优势，遵循并运用市场经济发展规律，利用经济的后发优势，缩短经济发展的一般阶段，实现经济发展预期目标，提高居民生活福利水平，最终实现经济、社会、文化等领域发展水平整体跃升的一种新的发展方式。

在经济实现跨越式发展的战略目标之下，我国一些具有特殊区位与特殊资源禀赋的经济后发地区，其经济发展可能不必经历先前发达地区经济发展经历的所有阶段，而借鉴我国乃至发达经济体的发展经验，跳过或缩短工业化进程，直接过渡到某种特殊形态的经济发展阶段（如服务经济形态），使得经济总量增长更快，经济效益更高，资源消耗更低，人民生活水平提高速度更快，自然资源和人力资源得到充分利用，经济、社会与环境相协调并实现可持续发展。

后发地区经济跨越式发展的内涵包括以下五个方面：一是社会发展形态从传统农牧业社会向生态保护型社会的跨越，跃过消耗大量自然资源和对自然生态环境带来严重破坏的工业化阶段，直接过渡到资源节约型和环境友好型社会阶段。二是经济结构从一二三次产业向三二一次产业结构跨越。不必按部就班地经历传统社会发展所必须经历的三次产业结构演进阶段（即三次产业结构由传统的一二三发展次序，到二三一发展次序，再到三二一发展次序），而是利用本地区的资源禀赋优势，与其他地区形成分工与协作关系，通过产业形态和产业技术上的突破，拉动本地区经济增长与社会发展，过渡到以现代服务业为主导的高级产业结构形态。三是经济发展能力从外生性增长向内生性增长的转变。也即经济发展能力更多地体现出"造血"式的内生增长特征，依靠充足的资本、较高水平的生产技术与人力资本等因素推动本地区经济的较快增长。四是增长驱动力由要素驱动向创新驱动跨越。即不一定遵循由要素驱动向投资驱动转变，由投资驱动向创新驱动转变，再由创新驱动向财富驱动转变这样四个循序渐进的阶段，不必经过大规模的工业化投资发展阶段而向更高阶段的创新驱动转变。五是经济发展模式由投资需求为主导向消费需求为主导转变。在居民收入大幅度提高的前提之下，消费成为拉动经济增长的最主要的动力，满足城乡居民的物质需求与精神需求成为生产的主要目的。

在信息化时代，经济全球化构成了后发地区经济跨越式发展的宏观大背景。因此，任何一个后发地区经济跨越式发展必须置于世界生产分工与协作体系中予以审视。认识当今世界经济发展趋势对于把握、推进后发地区经济跨越式发展的方向十分重要。

20世纪90年代以来，世界经济生产形成了以比较优势与要素禀赋为基础的新国际生产分工体系，把经济全球化推进到前所未有的程度，构成了世界经济的均衡生产机制。生产的垂直分工与水平分工相结合，国际生产劳动分工进入全新阶段。由于市场分工的细化与深化，国际经济的比较优势与要素禀赋的获得与利用达到了空前程度。世界经济越来越融为一个整体。经济全球化以跨国公司为主要载体，通过国际贸易、国际金融和外商直接投资的方式，把全球各个国家与地区的生产链接在一起，构成了一个全球经济生产体系。在经济全球化背景下，一个开放的国家和地区的经济生产就是世界性的。

在全球经济越来越联结为一个整体的时候，世界经济增长波动对一个国家或地区影响巨大，一个地区的经济与社会发展与其他地区和国家也紧密相连。在国际经济分工与协作进入一个新的发展阶段的时候，世界各国与地区的竞争也进入到了一个更为剧烈的阶段。技术、跨国公司与经济区域化成为现代经济发展的重要构成要素。世界范围内不同国家与地区的竞争模式已经从依赖于资源、成本和规模的路径，转为依赖于包括资源、成本、规模、人力资本、科技创新和制度优势等综合实力的路径之上。同时，一个地区需要与周边地区形成具有比较优势的区域体系，形成不可复制的整体优势与经济环境，否则孤立的经济行为无法获得发展机会。

改革开放以来，我国经济市场化范围已经扩展到全国各地，包括西部地区。经济市场化意味着资源的自由配置，意味着分工与协作的自由进行。加入世贸组织以来，我国经济融入世界经济体系的步伐进一步加快，各个地区市场化水平与市场竞争程度进一步提高。在这样的大背景下，后发地区可以也应当更好地参与到新的国际生产分工体系之中，在世界经济生产分工与协作体系和世界经济生产价值链条与环节中找到自己的位置。

二 经典理论对后发地区实现经济发展的论述

二次大战后，当代发展理论经历了四个历史阶段的演进发展，即第一阶段的经济增长，第二阶段的社会结构变革，第三阶段的人本思想核心，及第四阶段的包容性、可持续发展。经典理论对后发地区经济发展的理论贡献主要来自发展经济学和发展社会学。

对于资源禀赋特殊地区如何实现跨越式发展，发展经济学家分别从不同角度进行了研究，对资源禀赋比较特殊地区实现经济超常规发展提出了较多的发展方法与策略。早期的发展经济学者强调资本积累对这些地区经济发展的重要性，把资本视为一个地区或国家经济增长的关键因素，资金、技术与生产资料对于后发地区经济加快发展具有关键作用。W. 刘易斯（W. Lewis）、R. 纳克斯（R. Nurkse）和 P. 罗森斯坦·罗丹（P. N. Rosenstein-Rodan）等人认为，资本的投入对一个地区经济增长具有重要意义，在经济落后国家，发展的核心问题是资本的形成。① 后发地区的投资规模直接影响到该地区的经济增长率，假如本地资本不足，那么可以通过引进外资加以弥补。此后，以 T. 舒尔茨（T. Schultz）、G. 贝克尔（G. Becker）和 J. 明塞尔（J. Mincer）为代表的人力资本论学者从强调物质资本投入逐渐转移到强调人力资本积累上来，他们认为教育水平与劳动技能对经济发展具有重要意义。② 发展教育对于后发地区经济实现跨越式发展具有不可

---

① 〔英〕多马：《经济增长理论》，郭家麟译，商务印书馆，1983；〔美〕R. 纳克斯：《不发达国家的资本形成问题》，谨斋译，商务印书馆，1966。

② 〔美〕雅各布·明塞尔：《人力资本研究》，张凤林译，中国经济出版社，2001；〔美〕加里·贝克尔：《人力资本理论：关于教育的理论和实证分析》，郭虹等译，中信出版社，2007；〔美〕西奥多·W. 舒尔茨：《论人力资本投资》，吴珠华等译，北京经济学院出版社，1990。

忽略的作用，必须特别强调教育与人才培训在地区经济跨越式发展中的作用。

J. 丁伯根（J. Tingbergen）、A. 赫尔希曼（A. Hirschman）和H. 钱纳里（H. Chenry）等发展经济学家从社会主义国家的经济成就中得到启发，强调政府计划与强力推动是后发地区摆脱贫困状况的关键性要素。[①] 他们认为，后发地区经济要取得跨越式发展，如果听凭市场与社会自生自发发展，那么地区经济可能长期处于低水平的经济贫困陷阱之中不能自拔，后发地区的经济与社会已经形成自我累积循环机制，已无社会与市场的内部力量向经济发展的积极方向推进。因此，如果要打破后发地区的恶性循环机制，就必须利用"大推进"策略，采用中央政府与国家强有力的力量推进后发地区走出低水平发展的陷阱。简而言之，他们认为，中央政府与地方政府的规划、大规模投入与强有力的推动，是后发地区实现跨越式发展的首要条件与关键因素。

由于世界上不同国家及其区域经济与社会问题的特殊性，假想能用一般性的理论与政策来实现世界上所有后发地区经济跨越式发展是不符合现实的，也是不可能的。随着发展经济学的发展，以资本积累、政府投入和加快工业化进程的通用理论来解决后发地区的经济与社会问题的研究方法逐渐被特殊的、具体的经济学分析所代替。后发地区要取得非常规发展，首先必须根据本地区历史、经济、社会与文化的特殊性，进行具体与详细的分析，此后再提出切合实际的政策与建议。

目前，发展经济学对后发地区的个案研究，一方面采用经验与行为实证分析方法，在理论依据上主要采用新古典经济学的理论，运用均衡与最大化标准进行分析；另一方面，发展经济学也认识到采用单纯经济学分析方法不足以提出切合实际的建议，因此也结合进历史、文化与社会等因素进行综合性分析，采用了综合化研究的方法。发展经济学试图在追溯后发地区存在相对落后的历史缘由之际，强调过去、现在与未来之间的连续性与承接性，主张基于结构平衡的理论，地区经济发展不仅需要在产业结构

---

① 〔荷〕J. 丁伯根：《经济政策：原理与设计》，张幼文译，商务印书馆，1988；〔美〕赫希曼：《经济发展战略》，曹征海、潘照东译，经济科学出版社，1991；〔美〕霍利斯·钱纳里：《结构变化与发展政策》，朱东海、黄钟译，经济科学出版社，1991。

之上进行平衡发展与合理发展,也必须注意本地区的进口与出口之间的平衡,更要注重经济、政治与社会并重发展才能使后发地区逐渐走出低水平发展陷阱,实现跨越式发展。

随着对资源禀赋特殊地区、后发地区及相对贫困地区研究的深入,发展社会学者们逐渐发现,这些地区的经济、社会与文化方面是相互关联的,也是一体的。在更加深入地对后发地区经济增长与社会发展两者关系问题进行研究的基础上,K. 缪尔达尔(K. Myrdal)等学者认为,制约后发地区经济与社会发展的不仅仅是经济方面的因素,更有其在社会方面的因素。社会现代化与转型既是一个地区经济发展的内涵与后果,也是经济发展的必要条件。①

早期的发展社会学承袭了社会发展的阶段论思想,如 K. 马克思(K. Marx)的五个社会阶段划分方法、西方现代化理论的传统与现代社会两分法以及沃勒斯坦(Wallerstein)的现代世界体系等。②接着,以美国的 P. 巴兰(P. Baran)为代表的学者进一步推动了发展社会学的依附理论发展;此外,R. 普雷维什(R. Prebisch)的"中心—外围"思想也得到了发展。③在这个时期,直线式的社会发展进程和主张现代社会优于传统社会曾经一度是西方发展社会学的主流观点。学者们认为摆脱经济贫困与社会发展停滞的对策就是实现现代化,实现工业化与现代化是推动经济与社会发展的不二法门。这种观点以西方中心主义为基础,以社会进化论与单线式发展的分析为依据,认为由于发展中国家处于传统社会阶段,因此尚未进入社会现代化的阶段,其重要特征是农业与手工业经济盛行,而工业经济尚处于初级阶段。后发地区要实现现代化,只有改革社会制度结构与文化传统,引进先进技术,采取个人主义、民主政治、市场经济与法治社会才有可能实现社会现代化。这种思想是现代化理论的重要组成部分。

然而,发展中国家的学者从反"中心-边缘"和西方化的观点出发,认为正是西方国家现代化过程及其现存不合理的国际政治与经济秩序,才

---

① 〔美〕威廉·巴伯:《纲纳·缪达尔》,苏保忠译,华夏出版社,2009。
② 〔美〕伊曼纽尔·沃勒斯坦:《现代世界体系》(第2卷),吕丹等译,高等教育出版社,1998。
③ 〔美〕保罗·巴兰:《增长的政治经济学》,蔡中兴、杨宇光等译,商务印书馆,2000;董国辉:《劳尔·普雷维什经济发展思想研究》,南开大学博士学位论文,2001。

使得后发地区与国家长期处于落后状态并形成自我累积循环机制。如国内马克垚等[①]认为,应当从后发地区的实际情况出发,特别是必须摆脱发达地区与落后地区之间存在的依附与汲取关系,从社会与文化的延续性出发发展,对特殊地区提出特殊解决方案,才能实现后发地区经济与社会进步。简而言之,一个地区与国家的经济发展是基于自身各种因素相互作用的结果,必须根据后发地区自身发展的特殊性,寻找本地区的内部原因,针对地区经济贫困的症结所在,有的放矢地提出政策建议。

同发展经济学一样,发展社会学逐渐从经验上注意到了后发地区居民的微观行业与具体制度对经济与社会的影响。在方法论上,它逐渐摒弃单一性与欧洲中心主义的取向,转而承认世界的多元化和多中心特征,从侧重于强调国家与地方政府主导地区经济与社会发展转向强调国家、社会与市场共同引导经济、社会与文化发展,注重文化多样性与社会多元化特征,尤其注重社会参与、公平正义、文化延续性与可持续发展等。

发展经济学与发展社会学对后发地区实现经济跨越式发展与社会现代化转型的研究,从一般化理论研究逐渐发展到根据特定区域进行具体分析,根据后发地区的历史、经济、社会与文化的特殊性,进行较为微观的实证研究,并提出具有针对性的对策与建议。理论演进的过程实际上反映了现实发展的需求,也说明了发展经济学与发展社会学对后发地区实现跨越式发展的指导作用正在不断加强。

三 后发优势理论与大国经济非均衡发展理论下的西部经济跨越式发展

在世界经济发展史上,一些国家和地区能在较短时间之内追赶上经济发达国家,而另外一些国家和地区始终陷于低水平发展陷阱之中不能自拔。对于这种现象,经济学家和经济史学家给出了许多解释,其中最受认可且较为令人信服的是后发优势理论。美国经济史学家 A. 格申克龙(A. Gersehenkron)在总结德国、意大利等国经济追赶成功经验的基础上,提出了后发优势理论。后发优势是指经济后起的国家在推动工业化

---

① 马克垚:《世界文明史》,北京大学出版社,2004。

方面所拥有的由后起国地位所致的特殊优势，后发地区通过对技术与制度等引进、模仿、学习，可获得后发利益，从而具有后发优势，由于其学习成本大大低于创新成本，使技术性后发优势和制度性后发优势不小于先发优势。后发优势理论后来也用来分析一个大经济体之内的相对后发地区追赶先进地区的过程。相对落后地区的经济发展相对落后状况会激发起其居民加快经济增长的愿望，包括加快推进工业化进程，特别是生产资料工业化的生产速度。这会形成社会压力，推动社会制度创新，突破束缚经济发展的社会管理体制与非经济因素的桎梏。后发地区通过学习和借鉴发达地区的成功经验，吸取其失败的教训，采取优化的赶超战略，可以缩短经济发展的时间，较快地进入到较高的经济阶段，提高地区居民的收入水平。

然而，后发优势理论表明，落后地区变为发达地区只是一种可能性。把可能转变成为现实是"惊险的一跃"，其间是惊险的"卡夫丁峡谷"。作为经济发展落后地区，首先应该清醒地认识到"潜在"与"现实"的区别，进而使自己具有把"潜在"变为"现实"的能力。这种能力需要后发地区政府的正确决策，选择正确的产业与发展路径。后发地区学习与借鉴先发地区的经济发展经验，并不等于照搬先发地区的模板，而是具有独创性。后发地区必须根据本地区的要素禀赋与比较优势，再通过本地区的努力与创新，根据自身的实际，选择有别于发达地区的不同发展道路和不同发展模式。后发优势主要表现为后发地区在形成乃至设计工业化模式上的可选择性、多样性和创造性。后发地区引进发达地区先进的技术和设备，节约科研费用和时间，快速培养人才，在一个较高的起点上推进工业化进程。通过人才、技术、资本与制度形成一种综合因素，构成整体追赶能力，从而成为后发地区追赶经济发展的必要条件。

目前，我国中西部地区经济增长速度有所提高，国内产业梯度转移推动了中西部地区的工业化与城市化进程。东部地区经济增长的速度已经在逐步放慢，而中西部和东北地区的经济增长速度则在逐步加快，我国区域经济差距正呈现不断缩小的态势。但从总的情况来讲，西部后发地区经济总量较小，处于工业化的初中期阶段。相对于邻近省市，经济社会发展指标滞后。在产业资本投入方面，正如刘易斯所言，"经济的增长与人均资本的增加是有联系的"。① 后发地区作为低收入地区，比较大的一个问题是资金与资本的不足。人均收入低下使得资本形成过程很容易陷入低水平陷阱与恶性循环之中。目前我国东部地区形成了相对丰富的资金与投资能力，这是西部后发地区实现经济跨越式发展可以利用的资本。东部地区的资金正在寻找利润回报率较高的投资地区与产业。西部地区对东部地区的资本吸引力相对较高，可以吸收大量外来资金，推动经济发展与社会现代化。为此，西部地区需要创造优越的投资环境，包括产业环境与制度软环境，吸引国际投资与东部地区的投资。

国际经验表明，一国区域经济发展差距是先扩大后趋于缩小。中国作为一个大国，由于区域要素禀赋差异、地理区位与经济发展基础的不同，人力资本结构、物质资本结构及产业结构也不同，因而，形成了不同层次的区域产业体系与区域经济格局。在区域经济发展过程中，随着人力资本的提升、物质资本的积累与产业结构的优化，一个发展相对滞后地区的要素禀赋将逐渐显现并得到利用，进而可能接受来自先发地区的技术、组织、管理与人力资本等先进生产要素的辐射，逐渐同先发地区形成均衡化发展。所以，大国的经济发展不可能是全面与均衡地进行的，其经济发展必然从重点区域开始，再通过增长极的作用推动其他地区发展，最终实现均衡化发展与国民福利待遇均等化。

改革开放初到20世纪末，我国区域经济发展的差距不断扩大。当前，我国的经济发展整体进入了工业化中后期阶段，但从我国经济发展的区域特征来看，各地区间经济发展水平差距比较明显，最近二三十年来还有扩大的趋势。从我国东、中、西、东北四大经济板块的工业化水平看，东部工业化程度居首位，已进入工业化后期；东北次之，为工业化中期的前半阶段。在西部经济发展相对落后地区，其经济发展才处于工业化初期或正在向中期过渡阶段。西部地区人均国内生产总值仅相当于全国平均水平的2/3，不到东部地区平均水平的40%，个别地区还处于传统的相对封闭的社会状态。相对于东部地区，广大西部地区需要通过加快发展才能实现与东部地区共同富裕的最终目标。

1999年后，我国区域经济发展差距开始显现逐步缩小的趋势。一方

---

① 〔英〕多马：《经济增长理论》，郭家麟译，商务印书馆，1983，第244~299页。

面，国家的区域均衡发展政策如西部大开发战略、中部崛起战略与东北振兴战略促进了区域经济朝均衡发展的轨道迈进，中央政府有意识引导和加大对中西部地区的基础设施投资也加快了中西部地区的经济增长速度；另一方面，随着土地成本、劳动力成本与商务成本的不断上升，东部地区的一些传统产业从21世纪初开始向中西部地区转移，也成为推进中西部地区经济增长速度较快提高的重要因素。于是，2007年以来，我国东、中、西、东北四大经济板块的地区经济增长速度逐渐趋于缩小。由于我国东部地区经济经过多年的高速增长，其先发及政策优势效应逐渐减弱，特别是珠三角和长三角地区的经济发展受到土地、资源、劳动力成本等的制约，传统的粗放经济增长模式与工业化模式已经不可持续，东部地区经济增长速度开始放慢。这一市场化因素加上政府的投资推动，两股力量一起构成促进中西部地区工业化与城市化的主力，有效地推进了中西部地区经济的加快发展，这为我国西部后发地区迎来了难得的发展机遇，为西部地区经济跨越式发展提供了良好的发展环境，也改善了西部经济发展的外部条件。

四 区域产业结构优化理论与西部经济跨越式发展

首先，从理论层面，我们讨论基于内生的产业结构优化与区域经济形态发展的关系。

经济总量与经济结构特别是产业结构是相互依存、相互作用和紧密联系的。西部地区经济跨越式发展，不仅表现在总量上急剧增长，而且表现在经济结构上的转换与升级。经济跨越式发展需要总量持续性增长，同时，产业结构的转换与升级是经济跨越式发展的重要表现，也是经济增长的重要推动力。后发地区的产业转换与升级必须基于内生与市场需求，才能促进形成合理化的产业结构。一个外生的、同本地区市场需求与要素禀赋不相符合的产业结构不可能持久地发展下去，也不可能支持地方经济实现跨越式发展。产业结构同市场需求相适应意味着产业间和产业内部实现了资源的优化配置，形成了最优的产业结构，这样的产业结构必然会推动经济总量持续增长和经济跨越式发展。

从产业一般演进规律来看，一个经济封闭体要实现经济增长，走工业化的道路是最常见的选择，工业在国民经济中的比重呈现出先增加后减少的态势。由于机器生产替代了较为辛苦的手工与农业劳动，再加上农产品与手工产品在一定程度上的需求收入弹性较低，这使得农业劳动力可以向工业转移。同时，在工业结构内部，工业发展遵循着轻工业、重化工业的发展路线，推动着重化工业的比重不断上升。由于经济结构日益复杂，再加上工业创造出来的财富越来越多，社会居民可支配收入越来越多，人们的需求也愈趋高级与复杂，这就使得人们对第三产业的需求越来越大，这样就进一步地吸引了社会劳动力从第二产业向第三产业的转移，从而推动了第三产业的发展，使得全社会的服务经济比重不断提高，最终使得第三产业的比重占据主导地位，形成了服务经济社会形态。

但是，一个国家的情况与一个国家内部的某一区域的情况是不同的。对于开放的经济体或者作为一个国家内部有机组成部分的某个地区而言，它可以基于区域之间的分工协作关系，不必要经过产业发展的所有阶段，经济结构可以从较低阶段直接过渡到较高的发展阶段；它可以不必经过工业化与重化工业阶段，在一些主导服务业态的带动下，直接进入服务经济社会形态。这主要是通过占据生产价值链的某个重要环节与技术制高点的创新性作用，形成不可复制的产业发展环境的带动作用。这种生产环境的形成是基于内生与比较优势的产业发展所推动的。

其次，从实证层面，我们分析产业结构外生与目前西部的产业支持政策及其经济绩效。

从目前我国西部产业之间的协作来看，各产业部门之间的社会化分工尚不合理，专业化协作水平较低、关联效应较差，内部结构不甚合理。从西部，特别是像西藏、新疆等一些民族地区目前的产业内生性来看，长期的援助政策使得这些地区产业结构的外生性较为明显，而其内生性比较脆弱，与市场需求存在脱节现象，并与地方的比较优势与要素禀赋呈现脱节。

一是西部地区的部分县市和地区产业关联度很小。这制约了西部地区产业进行合理化延伸发展与产业链条拉长。二是目前西部地区的产业结构存在趋同化倾向，这不利于地区间生产要素的合理流动。进一步地，如果深入分析西部地区的产业结构，可以发现西部地区产值结构与就业结构也不对称，就业结构未随产业结构的变化而相应变化。长期以来，中央的财政支持、建设项目支持、追赶型经济发展使西部地区的产业结构亟须在内生性方面加快发展，需要在产业结构进行适应性调整，发展根据地方要素禀赋与资源符合市场需求的产业体系。

西藏经济跨越式发展关键在于区域内部形成相互支持的产业体系，形成合理化的产业结构。只有根据西部地区的要素禀赋发展地区产业体系，并且产业之间具有相互协调的联系方式，各产业之间的关联效应才可能合理展开，重点产业部门的优先发展才能带动其他产业部门的发展，从而带动整个经济健康发展。反之，如果各个产业之间不具备相互服务和相互促进的关系，则个别部门的优先发展只能导致产业部门之间增长关系的不协调，难以达到经济协调增长、实现国民经济平衡增长的目的。

五　增长极理论与西部经济跨越式发展

一个地区或国家经济不是均匀与均衡增长的，而是由某些主导部门或有创新能力的企业与产业在一些地方集中并形成适合企业与产业发展的经济环境，从而形成一种资本、技术高度集中，具有规模经济效益、较快增长速度，并且能对周围区域产生辐射推动作用的增长极，再通过增长极带动周边区域共同发展的。一个国家与地区经济发展首先必须走聚集的路子，在形成经济规模与位势之后再利用先发地区的技术、资本与人才，对外扩散、拓展，再拉动其他区域的发展，最终实现整个地区的均衡发展。F·佩鲁（F. Perroux）认为，一个国家或地区的经济增长不会同时出现在所有地方，它以不同的强度首先出现于一些地区，然后通过不同的渠道向外扩散。在某个地区集中相同或相近产业，可以实现劳动力市场共享，拥有中间投入品的规模经济，也可以获得知识信息的外溢，从而较快地取得技术进步。[1] 佩鲁的增长极理论后来由布德维尔（J. R. Boudville）从产业关系发展成为地理空间关系，并由此得出区域经济增长极的战略思想。[2] 作为经济增长极，由于规模经济、地方化经济与城市化经济的作用，不仅能为产业内部的厂商带来正的外部性，同时也能对当地的产业产生正的外

---

[1] 弗朗索瓦·佩鲁：《增长极概念》，载《经济学译丛》1988年第9期，第67~71页。
[2] J. R. Boudville, *Problems of regional economic planning*, Edinburg University Press, 1966. p. 2.

部性,从而促进当地的城市规模不断扩大。

因此,西部经济发展不可能是全面与均衡的发展过程,必然选择某些重要城市构筑增长极,以增长极带动整个区域经济的发展。西部地区通过规模经济、产业的地理集中达到形成增长极的目的,再对先进的生产要素进行扩散发展,从而实现区域相对均衡发展,这对后发地区的发展既是一种战略,也是区域经济发展必然经历的阶段。整个西部在发展经济时,各个地区需要准确定位自己行业与产业,通过产业集群获取竞争优势,利用增长极推动经济的"蛙跳"式发展。西部各地区之间应当立足资源优势,因地制宜,突出重点,遵循先形成增长极再区域均衡的经济发展规律,真正地把资源优势转化为经济优势;需要创造环境推动一些主导产业部门或者有创新能力的企业与产业在某个区域聚集,形成资本、人才与技术相对集中的增长极,构建具有对辐射能力的城市区域,带动周边经济区域发展。

在培育区域经济增长极的过程中,区域城镇体系具有举足轻重的作用,中心城市对于整个区域经济发展的带动作用至为关键。区域城镇体系直接关系到区域经济结构的层次性与合理性。为此,构建具有较大聚集与辐射功能的中心城市,再通过城镇体系带动整个区域发展十分重要。

从城镇体系与人口分布来看,西部地区人口较少、密度较小。这些人口与经济活动尚未形成有层次与有增长极的经济体系与区域经济结构,即尚未形成以城镇为中心的、有层次的、分布相对合理与均匀的区域城市体系。在区域城镇体系发展方面,城市要素离散性较高,城镇体系在空间分布上总体表现为由西北向东南方向偏离。

地广人稀的西部地区,经济实现跨越式发展必然遵循区域经济发展从非均衡到均衡、从点轴到面的过程及其规律。鉴于西部城镇体系尚处于发展初中级阶段,数量及规模都较小,区域经济带动力不强,西部地区宜利用其要素禀赋,集中比较优势产业,建设城市基础设施特别是城市与周边地区的交通基础设施,利用范围经济与规模经济,利用同一区域劳动力市场共享、中间投入品生产的规模生产以及知识信息的外溢,形成地方化经济与城市化经济,不断推进某个区域内部形成相互关联与支撑的产业关系,形成经济增长极,带动区域产业结构不断合理化与高度化。

在西部地区经济增长极形成且具有辐射能力之后,西部地区可以通过其城镇体系，特别是利用城镇带与城镇圈的带动作用，通过点轴的优先与率先发展，把增长极对周边区域的技术、人才与资本辐射作用沿着城镇体系不断释放出来，把先进的生产要素与理念从城市扩散到乡镇，再从乡镇扩散到农村，最后使整个西部地区都具有一定的生产基础设施与相当的经济与社会发展水平，从而实现经济与社会的跨越式发展。由此看来，需要加快推进西部地区的城镇化进程，逐步向其他地区扩展，发展区域中心城市与城镇，通过区域城镇体系的带动作用，实现西部经济超常规发展，最终实现西部地区经济的均衡化发展，实现地区内居民和农民的平等发展与全面发展。

附录四
《西藏经济跨越式发展理论与政策研究》
课题中间成果之二

气候变化条件下的西藏特色农业跨越式发展研究[①]

内容摘要： 应对气候变化调整农业生产是促进西藏特色农业发展的重要措施之一。目前，西藏已采取的适应气候变化调整农业生产的措施主要集中在农业技术和资金投入两个方面；但其不足之处表现为农户主动性适应行为没有明显改善和适应气候变化的市场能力相对较弱。为进一步提升西藏特色农业适应气候变化能力，本论文建议提高农户非农业收入水平、完善对口支援模式并积极探索巨灾保险机制。

关键词： 气候变化　特色农业　适应

大力发展特色种养殖业和特色畜牧业，符合西藏自身发展需要也是中央对西藏希望。西藏"十二五"规划明确提出，着力推进"一产上水平、二产抓重点、三产大发展"经济发展战略。中央第五次西藏工作座谈会也明确要求，推进西藏跨越式发展，使西藏成为重要的高原特色农产品基地。

IPCC报告认为全球气候变化将对农业，尤其是适应性、调整能力差，生产异常脆弱地区的农业产生重大影响。西藏自然生态环境独特，发展

---

① 本文发表于《西藏大学学报》（社会科学版）2012年第2期。

高原特色农牧业具有巨大潜力。但西藏高原植被生态系统对人为干扰和自然环境变化的敏感性程度极高，特色农业生产条件异常脆弱。因此，西藏成为重要高原特色农产品基地，特色农业实现跨越式发展，必须适应气候变化。

一 相关文献综述

随着气候变化对全球的自然生态系统以及社会经济体系的影响日益明显，加上西藏特殊的地理位置和生态作用，气候变化下西藏农业发展的相关研究逐渐涌现。已有相关研究在内容上主要分为三大类：第一，气候变化对西藏农业发展所需的温度、降水量等基本要素影响分析。代表研究主要有：杜军（2004）研究发现，温暖半干旱地区降水呈减少趋势，不能满足青稞用水需求；相反，温暖半湿润农区降水呈增加趋势，有利于青稞幼穗分化和大穗形成。德吉（2007）研究发现，气候变化使冬小麦传统播种期内的气温逐渐升高。针对降水量和温度变化，上述研究分别建议重视灌溉系统建设、利用和推迟冬小麦播种期。第二，气候生产力的响应状况研究。代表研究主要有：卓玛等（2007）对西藏主要农区作物区的研究，研究显示"暖湿型"气候趋势使Pv有不同程度提高，有利于西藏农业生态环境改善；杜军等（2008）对西藏一江两河流域作物气候生产力研究也得到类似的结论。第三，气候变化对农业产出的影响研究。代表研究主要有：汤小橹等（2008）采用小波分析方法研究显示，西藏粮食生产正由相对丰年向相对贫年转化；尼玛扎西等（2010）在分析全球气候变化趋势的基础上，分析了冰川消融、冻土层融化、山泉数量减少、极端气候和灾害性天气常态化、新病害与虫害发生等全球气候变化所带来的负面影响与西藏农牧业发展的脆弱性，提出了气温升高、降水增多给西藏高原农牧业发展带来积极一面和发展机遇。

另外，已有相关研究主要体现了以下三个特点，第一，主要从技术层面研究气候变化响应。上述研究不管是气候生产力研究还是对未来农业产出的影响，均着重关注降水量、温度、日照等生态环境因素，相关的政策建设也主要是调整农业生产技术。而国内外其他区域的相关研究已加大对农户适应能力、融资体制、市场机制等方面研究（IPCC，2007；丁勇，

2011等）。第二，研究时间相对较早。IPCC早期报告（1996，2001）指出，农业是气候变化影响较大的领域，但早期研究主要关注发达国家，且比较重视公共基础设施及弱势群体，包括中国在内的发展中国家农业领域对气候变化的响应研究，则主要出现在近期，例如Osman-Elasha et al.（2006）、Lasco et al.（2006）、Wehbe et a.（2006）。他们通过土壤肥力、水资源系统进行区域研究后认为，农业技术应适应调整，并强调政府应发挥重要作用。国内研究也同样集中在近期。例如，有学者从理论上阐述结构调整、改变播种期、改种作物新品种等适应气候变化的农业技术（孙芳，2008；王雅琼等，2009；谢立勇等，2009）；赵文智（2010）研究绿洲农业后认为，为适应气候变化绿洲农业也应调整用水、品种等技术。第三，主要由本地学者完成。资料显示，联合国粮农署、英国雷丁大学、瑞士再等国际国外机构参与了安徽、内蒙古、黑龙江等地农业对气候变化响应研究。本论文认为，西藏位于中国西南边陲、地处世界最大最高的青藏高原，不仅地理环境复杂、高原气候典型，而且在中国有重要的政治经济战略意义，这些因素导致西藏相关研究主要由本地学者完成。

以中央第五次西藏工作座谈会为指导，西藏在2011年西藏气象局长会议上明确提出在应对气候变化方面要"不断提高气候变化能力"等四个能力建设。基于西藏特色农业逐渐走向开放型、市场化，为进一步提升西藏特色农业适应气候变化的能力，本论文拟对当前西藏特色农业适应气候变化的成就、特点、不足等有关现状作一梳理，并提出相关政策建议。

二 农业适应气候变化能力的内涵

适应性一词起源于自然科学，尤其是进化生态学，但广泛运用于人类行动的描写，例如Piaget的发生认识论、Steward的文化生态学理论。20世纪90年代以来，气候变化领域的适应性研究不断涌现。早期的案例有Butzer（1980）研究可预测的气候变化对世界食品供应的影响。

（一）适应性能力定义

IPCC（2001）将适应性能力（adaptability）定义为：一个系统、一个地区或一个群体适应气候变化的能力或潜力，是自然、人文系统对现状、未来气候变化的响应和调整,包括预期的、自动的、瞬时的、规划的、公共的和私人的。IPCC(2007)还进一步把适应能力区别为通用的适应能力(generic)和专用的适用能力(specific)两部分。目前国内外大部分相关研究均使用该概念。

为进一步理解上述定义,有学者对以下三个关系作了进一步阐述:第一个关系,适应性(adaptation)和适应能力的关系。适应能力在生态学中意味着适应某种环境变化的能力,适应性是结构、功能和组织行为的特征。适应性是适应能力的反映,系统较好地处理暴露、敏感性的适应性反映了适应能力,形式上可分为技术的、行为的、金融的、经济的、制度的、信息的(Smit B,Wandel J. 2006 等)。第二个关系,适应能力与响应能力(capacity of response)的关系。一般而言,适应能力内涵应该比响应能力要宽,不过,这些都将取决于耦合社会生态系统研究对适应能力、响应能力的具体界定(Gallopín G C. 2006)。第三个关系,适应能力与恢复力(resilence)。通常,适应能力指系统对恢复力变化的有效性,是恢复力的组成要素(Gunderson,2000 等)。也有学者把脆弱性作为恢复力的反面或反义词(Carpenter,2002)。上述 IPCC 同化了第二、第三类关系的概念。

(二) 农业适应性能力内涵

海平面上升、农业、能源及水资源系统是关注气候变化的国内外学者相对集中研究领域,但相关研究均鲜有本领域的适应性能力内涵明确界定。根据上述 IPCC(2001)的概念及 IPCC(2007)的区分,本论文所指的农业适应能力指农业领域适应气候变化的能力,主要指人文系统对现状、未来气候变化的响应和调整,包括长期的、即期的、公共的和私人,从形式上划分为农业技术适应性能力、农户适应性能力、融资机制适应性能力和市场机制适应性能力四大方面。

三 西藏特色农业适应气候变化的成就和措施分析

西藏农业所处的自然环境、组织形式、市场环境明显不同于沿海或平原地区,探索适应气候变化的过程,也必然具有鲜明的西藏特色。

（一）西藏农业发展的现实基础

西藏农业发展的现实基础有以下两个特点：第一，耕地面积有限，高原气候典型，劳动力总量较大。西藏地域辽阔，土地面积约为1.2亿公顷，仅次于西藏。但西藏实有耕地面积相对较少。截至2009年年底，西藏实有耕地面积仅为229.57千公顷，约占全区土地总面积0.19%。西藏又具有典型的高原气候。气温较低，温差大，干湿分明；年降水量尽管在74.8~901.5毫米之间，但地区分布极为不均，由东南向西北递减。6月~9月的降水量占据了全年总降水量的80%~90%。与此同时，西藏人口稀少，劳动从业人员总量不多，但绝大部分劳动力从事农业生产。2009年底，西藏常住人口总数仅为290.03万人，是全国范围内地均居民人数最低的省份。169.07万的全区劳动从业员中农村劳动力总量达119.36万人，与全区劳动从业人员的占比高达70.6%[1]。目前，西藏就业结构与产业结构不对称现象相当严重。2009年第一、二、三次产业结构偏离度分别达到－86、118和57，分别比同期全国平均水平相差－15、29和38。[2]

第二，得到中央和全国各地的无私关怀和大力支援。20世纪80年代以来，西藏在土地政策、资金、技术等方面得到中央和全国各地的无私关怀和大力支援。在土地经营方面，第一次西藏工作会议便提出"土地归户使用，自主经营长期不变"，"牲畜归户，私有私养，自主经营长期不变"，农民的生产经营活动免征一切税收的政策，该政策一直持续到现在。在生产方面，西藏农民在种粮、良种、农机、化肥等方面都可享受到补贴，比如"十一五"期间，中央财政将西藏粮食主产县全部纳入到粮食直补项目，农机具购置补贴由最初的50万元增加到了目前的4000万元，青稞补贴项目写进了2010年中央1号文件。同时对于退耕（牧）还林（草）的农民也给予补贴。另外，各省市和农业部对西藏发展农牧业特色项目、高效日光温室、农民建筑施工技能培训站、牲畜屠宰场、人工种草、农民安居工程、小康示范村、农畜产品加工等项目也安排有较大力度的人员和资

---

[1] 绝对值数据分别来自《西藏统计年鉴（2010）》，百分比为作者计算而得。
[2] 西藏历史与现状综合研究项目，《西藏经济跨越式发展理论和政策研究》，课题编号XZ1022。

金的支持。

西藏农业适应性能力的提升，必须利用、适应上述现实基础。事实上，上述现实基础，有的为西藏农业提升适应性能力创造了有利条件，有的给西藏农业提升适应性能力提出了挑战。西藏农业适应气候变化成就主要通过如何趋利避害体现。

（二）西藏特色农业适应气候变化的成就

西藏人民在长期的生产实践中，利用复杂的高原气候条件培育了多种高原特色作物。"十二五"规划显示，西藏特色农产品主要有青稞、冬小麦、高原油菜、马铃薯等。已有相关研究显示，气候变化对西藏特色农业的影响有利也有弊，因此，西藏特色农业适应气候变化取得的成就体现在以下两个方面：

1. 充分利用气候变化带来的有利环境，促进西藏特色农业的发展

气温升高是气候变化的重要表现。利用气温升高带来的热量资源及降水量增加，西藏特色农业取得了新发展：第一，单位亩产量提高。利用现有耕地面积提高单产，是目前我国农业生产发展的重大挑战之一。通常，提高单产的途径包括增加化肥、农田基础设施、科技等投入和复种两种。直到上世纪末，西藏复种指数也仅为96%，远低于全国平均水平151.2%，极大阻碍西藏单产的提高。近年来，西藏利用气温升高带来的积温、光合潜力增加等因素，在加大农田基础设施和科技投入的同时，在一江两河流域大力推广复种，并取得一定成效。数据显示，2009年，西藏复种指数提高到了102%[1]，从而使西藏耕地面积在比前年减少830公顷情况下，播种面积得到基本保护，耕地面积的单产也得以有效提高，例如，曲水色达乡利用早熟冬青稞后复种一季荒根，亩产达1200~1500公斤，最高田块亩产达2800公斤[2]。第二，种植面积扩大。地处平均海拔高度为4000米以上的青藏高原，西藏尽管阳光优势明显，但气温一直较低且温差大。数据显示，西藏近年来年平均气温屡创新高，2008年，西藏年平均气温达5.9摄氏度，较常年偏高1.5摄氏度，是自1971年以来的历史最高值；2011年

---

[1] 根据《2010西藏统计年鉴》8-1农村和农业基本情况计算。
[2] 金涛、尼玛扎西：《西藏发展复种潜力研究》，《西藏农业科技》2007年第2期。

度（2010年11月~2011年10月）西藏12个气象站年平均气温创历史同期新高，其他7个站年平均气温与历史极值持平。面对这种变暖的气候，西藏把一年一熟种植地向北推移，并且在更高的海拔高度地带开垦种地。2009年农作物种植面积增加了约4000公顷①。典型的案例包括：山南的浪卡子县在20世纪50年代没法种植青稞等农作物，近10年来可以大面积种植；海拔3900米至4300米的高寒农区，因气候变暖带来霜冻期大大缩短，很多区域可以进行农业开垦了。

2. 敢于正视气候变化带来的不利条件，减少西藏特色农业发展的风险

不可否认，气候变化对西藏农业带来了不利影响，主要表现在气候变化导致各类自然灾害和极端天气气候事件发生频繁。极端天气对农业造成的不利影响主要体现在以下几个方面：第一，耕地面积面临风蚀、水蚀等自然因素危害。例如，2004年夏天开始，那曲乃日平措和错鄂湖持续上涨，最快时速可达每天一米向附近村子逼近，5年后，湖水淹没沿湖村庄近3万亩草地，200多户牧民被迫迁移；第二，农作物受暴风雪、干旱等灾害影响。2009年，干旱席卷雅鲁藏布江两岸的大部分农牧区，西藏历史上首次启动了防抗干旱三级应急响应，全区共41个县（市）不同程度受旱，播种面积受旱达51.02万亩，造成的经济损失已达5876万元。2010年西藏遭受强暴雨雪灾害中，林芝地区察隅县4个乡镇的6007亩农田受灾，其中农作物受损面积为5150亩，绝大部分春播作物面临绝收的困境。

面对各类自然灾害和极端气候事件，西藏自治区在中央和各省市、相关部委的支援下积极应对，一方面结合基本农田建设提高耕地面积适应气候变化，另一方面积极投入抗灾救灾和灾后恢复生产工作。截止到2011年，西藏拥有基本农田465.7万亩，达到国家规定的保护目标。西藏农业总产值从2009年的29亿增加到2009年的39亿元。

（三）西藏特色农业适应气候变化的措施

青藏高原是气候变化影响最为严重的地区之一。为提高西藏农业适应气候变化的能力，使西藏农业更好地适应气候变化，西藏已成功采取或正在探索多种适应性措施。

---

① 《西藏统计年鉴（2010）》。

1. 农业适应气候变化的技术措施

西藏人民采取的适应气候变化的技术措施主要体现在以下两个方面：第一，改变播种期、采用新作物品种等农业技术。林芝地区推迟冬小麦播种期即为典型的农业适应气候变化的技术措施。根据历史资料显示，林芝地区历年平均播种期为10月18日，最早在10月初，最迟在10月20日。由于气候变化，传统播种期内降水量减少，容易导致播种时底墒水不足，从而造成苗不齐、不全、不壮等后果，而冬前积温偏高，又势必造成小麦冬前旺长，使小麦有可能在冬前完成春化阶段而开始幼穗分化，甚至拔节，作物未得到很好的抗寒锻炼，这时植株的抗寒能力减弱，一旦遇到强冷空气过境，就会受到严重的霜冻灾害。因此，根据农业专家的建议，林芝地区适当推迟冬小麦播种期。第二，加强水利建设，保证基本农田用水。整体而言，气候变化增加了西藏地区的降水量，但降水量空间分布的不均匀。抽穗——乳熟期，温暖半干旱农区的降水有73%的年份能够满足青稞的需水需求，而半湿润农区不仅多数年份的降水完全能够满足青稞需水，且还有盈余；在全生育期，温暖半干旱农区多数年份自然降水不能满足青稞生长发育的需求，对青稞产量的限制作用较为突出，而半湿润农区大多数年份的降水多于青稞需水要求①。因此，适时灌溉才能确保青稞等西藏特色农业的发展。《西藏自治区"十二五"时期水利发展规划》显示，十二五期间，西藏将续建旁多水利枢纽工程、续建山南江北灌区、建设39项重点灌区与节水增效工程、综合开发建设"一江两河"流域、启动拉洛水利枢纽及配套灌区工程建设、开工建设澎波灌区等。上述水利设施完成后，西藏农民生产条件将进一步得到改善。以江北、拉洛和澎波三大灌区建设为例，按规划，三大灌区建设进入收尾阶段后，将发展灌溉面积110万亩。正是对水利设施的不断加大投入，西藏特色农业适应气候变化的能力得到进一步提高。

2. 农业适应气候变化的资金措施

适应气候变化必然需要资金投入。西藏农业适应气候变化所采取的资金措施大致可分为以下三方面：第一，中央、各省市和农业部对西藏实施

---

① 杜军等：《西藏青稞需水关键期降水的气候变化特征》，《干旱地区农业研究》2004年第1期，第26页。

项目援助。20世纪80年代以来，中央、各省市和农业部对西藏实施技术、资金、政策形式的援助，其中，用于西藏农业应对气候变化的资金支持也不在少数，尤其是近年来，随着气候变化的影响日渐明显及人类对气候变化适应能力的日益重视，中央、各省市和农业部以项目形式对西藏进行适应气候变化的资金援助力度进一步加大。以2011年为例，2011年国家新增西藏小型农田水利重点县6个，自治区新增小型农田重点县3个，截至7月底，全区共落实农田水利基本建设投资2.84亿元（包括重点县），其中国家投入重点县1.36亿元①。第二，中央及西藏各级政府财政补贴。财政补贴是西藏农业适应气候变化的重要措施。近10年来，中央及西藏各级政府对西藏农业适应气候变化采取了多种形式的财政补贴。有的是生活补贴，例如2008年《西藏自治区薪柴替代能源发展规划》规定，"中央为每户补助2200元，主要用于沼气灶具及其配件采购、技工工资和部分建材费用；地方配套资金800元，主要用于建材采购和温室建设"；有的是生产补贴，例如，2010年中央1号文件明确要求启动青稞良种补贴。第三，开展农业保险。西藏特色农业积极通过商业保险机制对分散极端气候变化事件带来的负面影响，使西藏特色农业适应气候变化的筹资渠道从灾后扩大到灾前。仅2009年，西藏财政部门安排资金2000万元，以扩大试点面，提高农牧业风险防范能力。

3. 农业适应气候变化的市场措施

市场经济条件下，贸易成为农业适应气候变化的重要措施。西藏耕地面积不仅有限，而且分布相对比较集中。集中在雅鲁藏布江干流台地及拉萨河等支流谷地内的农业区导致西藏粮食基地县主要集中在日喀则、山南和拉萨地区。如下表1所示，西藏11个粮食基地县中有4个分布在日喀则，3个分布在山南，而那曲地区为空白。粮食基地的集中分布，使粮食安全受气候变化的风险也相对集中。一旦发生极端气候事件，势必对西藏粮食供应造成一定的影响。为应对气候变化造成的粮食供给风险，也为了促进西藏特色农产品走向国内外市场，使西藏农民获得更多收入，除采取技术和资金措施应对气候变化外，西藏正加强特色农产品基地和农贸市场

---

① 麦朵：《西藏自治区水利建设今年投入将超过30亿》，中国西藏新闻网，http://www.chinatibetnews.com/xizang/2011-08/22/content_764567.htm。

建设，进一步强化农业适应气候变化的市场措施。2010年和2011年西藏分别参加了在武汉和成都召开的农业博览会，藏鸡蛋、青稞等一批西藏的特色农产品吸引了大量当地及其周边地区居民，促进西藏特色农产品开拓中西部大市场。

表1 西藏粮食基地县分布情况

地　　区	粮食基地县	
日喀则地区	江孜县、白朗县、日喀则市　　拉孜县	4
拉萨市	堆龙德庆县、林周县	2
林芝地区	波密县	1
山南地区	贡嘎县、乃东县　　扎囊县	3
昌都地区	芒康县	1

数据来源：《2010年西藏统计年鉴》。

四　西藏特色农业适应气候变化的主要不足及原因分析

不可否认，西藏特色农业适应气候变化的能力仍有限，这不仅是西藏产业结构优化的巨大挑战，而且也成为西藏劳动力实现合理配置的关键。

（一）西藏农户主动适应农业气候变化的行为没有明显改善

1. 主要表现

个体适应气候变化的行为，通常可分为主动抗逆行为和外部抗逆行为两大类。作为感知气候变化最为敏感的群体，农户适应气候变化的行为也可分为主动抗逆行为和外部抗逆行为两大类，并以前者为主。个案调研显示，尽管不能定量描述气候变化的程度，但西藏农户对气候变化的定性感知还是比较明显的，特别是对主要气候要素（降水、温度、日照等）变化趋势的感知、对气候变化影响（例如作物产量的增减、植物种类结构、病虫害等）及极端气候灾害事件发生和影响的感知明显。但从应对气候变化的行动来看，西藏农户主动应对气候变化的行为并没有显著的改变。第一，从事单一农业性经营的行为仍然普遍。通过多种从业和经营来增补收入减少对种植业的依赖,是农户应对气候变化的重要途径之一。调研发现,绝大部分西藏农户更愿意留守农业生产,而不愿外出务工,部分农户即使外出务工,也难以在城市逗留较长时间。除此之外,西藏农户主要的经济活动主式仍以传统家庭经营活动为主,较少使用现代市场经济方式,从而阻碍了西藏农户进入更便捷、有效的应对气候变化的经济活动中。第二,种植品种的选择与变化不明显。调整种植结构是国内外农户普通采取的应对气候变化的措施之一。2000年以后,西藏大力推广高原油菜、马铃薯等经济作物,并取得了一定的成效。但从调整结果来看,经济作物的种植面积仍有限,下表2显示,2009年,经济作物在农业产值中的占比仅为6.1%,与2000年相比,仅提高了0.5个百分点,而粮食作物在农业产值中的占比仍高达44.8%。可见,尽管近十年,西藏种植了薯类、油料等高原经济作物,但仍以小麦、玉米等粮食作物为主。

表2 近十年西藏种植业结构情况

单位:%

	粮食作物	经济作物		粮食作物	经济作物
2000年	67.6	—	2008年	48	5.3
2003年	66.6	5.6	2009年	44.8	6.1
2007年	50.8	6.1			

数据来源:根据《2010年西藏统计年鉴》中农业分项产值计算而得。

事实上,西藏农户在适应气候变化过程中,外部给予的抗逆行为相对比较积极的。其中,中央、兄弟省市及农业部、西藏各级政府对特色农业的高度重视和无私关怀是最典型的外部抗逆支持。

2. 原因分析

西藏农户主动适应气候变化的行动不明显,主要原因可归纳为以下三个:第一,有限的外出务工收入及做礼拜等风俗阻碍西藏农户外出务工。近年来,西藏大力开展了扫除青壮年文盲工作,但总体而言,西藏人力资本的总体水平仍较低。如图1所示,2000年,西藏15岁及以上文盲人口占比高达44.84%,为全国最高,是全国平均水平的4倍,约为文盲率居全国第二高的青海省的2倍,也远远高于青海、贵州、甘肃和云南。2009年底,西藏平均每万人口中大学生仅为104人,中专生、中学生和小学生也分别仅有 74 人、626 人和 1052 人。① 由于文化及技术水平有限，西藏农户外出打工时，大部分人只能从事技术含量较低、工资水平不高的劳动，不足以弥补离家在外的经济、情感成本，从而使西藏农户不愿意外出务工。与此同时，藏族同胞每天需要祷告等风俗，也使用工单位与藏族同胞在工作时间、方式等方面存在摩擦，加大了西藏农户外出务工的阻力。

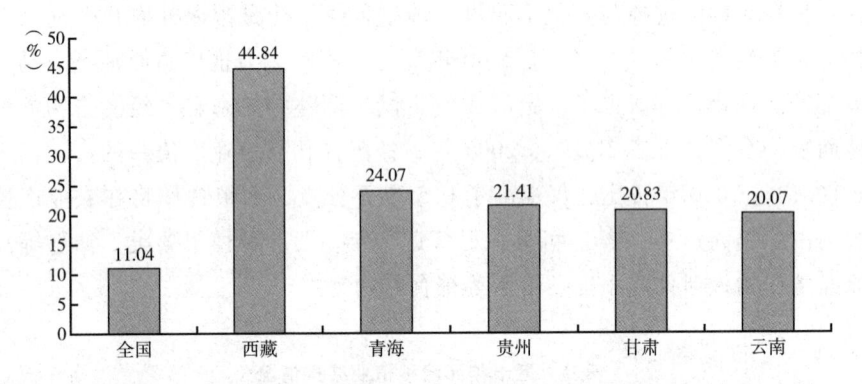

图1　2000年我国15岁及以上文盲人口最多的五省（区）

数据来源：《第五次人口普查数据（2000年）》

第二，政府为主导的种植结构调整，尽管在一定程度上提高了农户收入，但削弱了西藏农户调整种植结构主动性。除了具备适合种植经济作物的耕地面积及农户掌握了相关种植技术外，种植经济作物能有效提高家庭收入，是粮食作物向经济作物调整的最大动力。近十年来，西藏出台了多个调整种植结构的政策，并从种植技术免费培训、种子化肥优惠等方面鼓励农户种植特色农产品，但这种以农牧业主管部门为主导的种植结构调整，一方面对政府相关部门提出了较高的要求，另一方面也遏制了市场机制对农牧业资源进行优化配置发挥作用。农牧区一些具有较好经济能力、有经营头脑、又愿意从事特色农业生产的农户，由于没有区别化的激励政策，主动性、积极性不易提高，反而不利于种植结构的调整。

第三，现有对口支援模式存在的不足。20世纪80年代以来，中央和兄弟省市各级政府不断探索、完善对口支援模式如今，对口支援主要模式可以概括为输血式救助、造血式项目支援及异地搬迁模式三种。其中，造

---

① 《西藏统计年鉴（2010）》

血式项目支援相对最容易实施，且成效相对较好。但由于西藏自然、社会和经济环境的特殊性，造血式项目支援仍存在许多挑战，例如投资规模不经济。投资规模的不经济，导致部分项目实施效率低下甚至难以实施。而农户技术水平、适应气候变化能力投资也存在这样的问题，难以解决。而适应气候变化能力投资，相对而言又是一项需要大量投资，缺乏中央、兄弟省市或相关部门的支援，西藏政府较难在有限的财政收入中解决。

（二）西藏农业适应气候变化的市场能力急需大力提高

1. 主要表现

IPCC（2007）显示，通过市场有效调节农作物价格和供需数量是农业应对气候变化的有效途径之一。但从西藏特色农产品外销市场开拓现状来看，农业适应气候变化的能力急需大力提高。第一，区外农产品市场近期才开始拓展。内地广阔市场是西藏特色农产品发展的重要动力，拓展和完善国内销售渠道是西藏特色农产品参与国内市场流通的重要环节。西藏开展这项工作的时间相对较晚。例如，2008年，西藏农产品才首次亮相第五次农业博览会。目前，在国内举办的大型农产品贸易还有"中国绿色食品博览会"、"中国国际农产品交易会"等多种类型，相对新疆、四川而言，仍然有限，西藏参加的类型较少。例如，2011年12月1日在广州举办的中国绿色食品博览会上，四川"川藏高原优质特色农产品"引起客商们极大的兴趣，而该博览会上，并没有西藏高原特色农产品的展出。第二，区内农产品批量生产市场建设的时间也较晚，且数量有限。西藏农产品批发的龙头市场是位于堆龙德庆县东嘎镇桑木村拉萨东嘎农产品批发市场。作为西藏最大的农产品批发市场，东嘎农产品批发市场在2007年才投入使用。除此之外，西藏农产品批发市场均为地区型，年交易量和交易金额有限。

2. 原因分析

西藏农业适应气候变化的市场能力较弱，主要原因可归结为以下两点：第一，西藏市场经济不发达，区内市场容量小。目前，西藏经济的传统性、封闭性仍比较强。有研究显示，当前藏族农民的生活尽管在不断改善，但经济行为仍以家庭经济生活为主。家庭经营性收入仍是目前西藏农民重要的收入来源，对农民家庭现金收入的贡献一直稳定在70%左右。生活消费仍是西藏农民最重要的支出项目①。而西藏又是一个地广人稀的地区，常住人口总量较少，即使是相同的消费水平，消费需求总量也较少。因此，较小西藏内部的市场容量，难以推动西藏内部市场发展。第二，西藏交通设施的彻底改变在近期才发生，对经济拉动作用还没有完全显现。20 世纪 90 年代以前，西藏与外界的联系主要依靠青藏、康藏两条公路及拉萨机场，西藏农产品只能通过拉萨到青海西宁或四川雅安线路运出区外，而飞机运力有限，经济成本又比较高。第四次中央西藏工作会议以后，西藏交通设施才得以彻底改变，例如，2006 年青藏铁路的开通。近期才改变的交通设施对经济的拉动作用还没有完全显现。

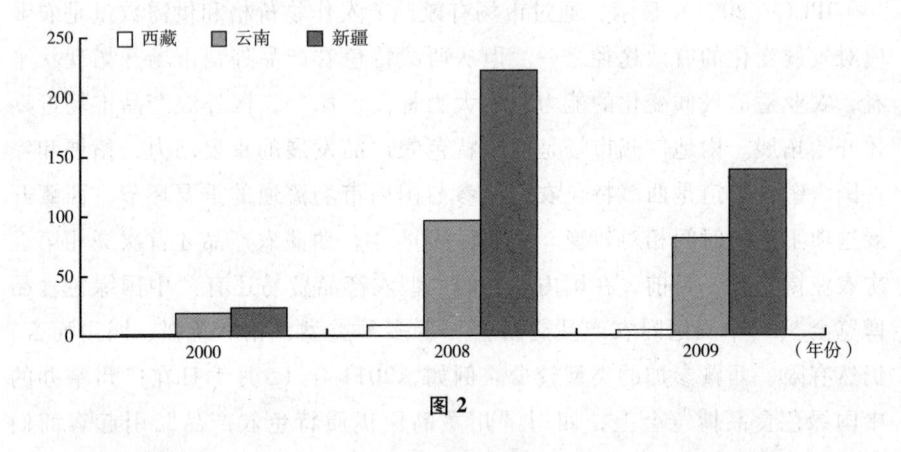

图 2

五 政策建议

针对上述两个不足及西藏社会经济发展的特殊性，本论文建议：

1. 切实加强农户种植业技术水平提高及其他劳动技能的培训，有效提高西藏农户适应气候变化相关措施的执行力度和积极性。建议充分发挥西藏农学院、当地有经验老农的作用，提高妇女农户、年轻农户的种植技术；建议进一步加强外出务工人员技能培训，提高外出务工人员技术含量，并积极开拓西藏本地务工渠道，实现离土不离乡。

2. 对口支援过程中突出开拓市场渠道和市场体系完善建设，进一步提

---

① 杨明洪：《西藏农户经济演化特征：基于农村住户调查资料的实证分析》，《中国藏学》2005 年第 3 期。

高西藏特色农业适应气候变化的市场能力。切实提高西藏高原特色农产品基地建设课题质量，并加快西藏高原特色农产品基地建设；充分利用兄弟省市对口支援西藏跨越式发展的优势，通过西藏特色农产品基地与内地超市对接、直销点、专卖店等形式把更多的西藏特色农产品销售到国内各大市场。

3. 积极探索巨灾保险机制，有效缓解和分摊西藏特色农业巨灾风险。借鉴国际机构在内蒙古、安徽等地开展的天气指数保险经验，积极争取国家农业部和中国保监会在西藏指导相关部门在日喀则、拉萨、林芝粮食生产基地开展天气指数保险，并争取中央和兄弟省市在巨灾保险人才培养、保费补贴等方面的切实支援。

参考文献

IPCC, Climate Change: Impacts, Adaptation and Vulnerability [M], Cambridge University Press, 2001

Working Group Ⅱ Contribution to the Inter-governmental Panel on Climate Change Fourth Assessment Report. Climate Change 2007: Impacts, Adaptation and Vulnerability. http://www.ipcc.ch/index.htm

Eugene N. Gurenko, Climate change and insurance-disaster risk financing in developing countries, Eathescan, 2006

Ghesquiere, Francis; Mahul, Olivier Sovereign natural disaster insurance for developing countries: a paradigm shift in catastrophe risk financing, World Bank Policy Research Working Paper 4345.

Pollner, John D, Catastrophe risk management: using alternative risk financing and insurance pooling mechanisms, World Bank Policy Research Working Paper 2560.

Sergio Margulis, The Costs to Developing Countries of Adapting to Climate Change, http://climatechange.worldbank.org/climatechange/

杜军等：《西藏一江两河流域作物气候生产力对气候变化的响应》，《干旱地区农业研究》2008 年第 1 期。

德吉等：《气候变化对林芝中部地区冬小麦播种期的影响》，《西藏科技》2007 年第 4 期。

杜军等：《西藏青稞需水关键期降水的气候变化特征》，《干旱地区农业研究》2004 年第 3 期。

尼玛扎西等：《全球气候变化与西藏农牧业发展》，《西藏科技》2010 年第 3 期。

政府间气候变化专门委员会:《管理极端事件和灾害风险,推进气候变化适应特别报告》(SREX)"决策者摘要",2011。引自网站及网址:http://www.ipcc.cma.gov.cn/Website/index.php?ChannelID=11&NewsID=1602

《气候变化国家评估报告》编委会:《第二次气候变化国家评估报告》,科学出版社,2011。

附录五
《西藏经济跨越式发展理论与政策研究》
课题中间成果之三

西藏经济跨越式发展的制约因素及对策研究[①]

内容摘要：近十多年，西藏经济发展取得了卓越成就，但西藏要实现经济跨越式发展，仍面临许多制约因素：1. 相对稀缺的人力资本、有限的资本积累能力及屈指可数的具有核心竞争力的企业制约西藏经济跨越式发展动力形成。2. 特殊的高原地理环境、相对落后的交通基础设施及较小的市场容量等环境因素制约西藏经济的规模化发展和产业化集聚。3. 法律法规和信用体系的不健全及市场主体有待培育制约西藏市场经济体制进一步完善。西藏经济跨越式发展制约条件的改善，往往与一些深层次的亟待解决的矛盾相关。它们是：1. 经济发展对产业结构优化的要求与劳动力资源无法合理配置之间的矛盾。2. 经济跨越式发展对现代化科技人才的需求与西藏人力资源供给相对不足的矛盾。3. 基础设施建设快速发展的要求与运行维护成本巨大、技术人才不足之间的矛盾。4. 政府强有力推动下的资源配置方式和充分发挥市场基础性作用之间的矛盾。为此，本论文从加强西藏同胞的教育和培训、发展西藏特色农牧业、加强西藏流通体系建设和深化西藏

---

① 本文发表于《上海经济研究》2012 年第 5 期。

行政管理体制改革等角度提出对策建议。

关键词：跨越式发展　制约因素　资源配置

2001年6月，中央召开第四次西藏工作座谈会，正式提出了"西藏经济跨越式发展"理念。2010年1月，中央召开第五次西藏工作座谈会，进一步明确了"在科学发展的轨道上推进西藏跨越式发展"的基本思路。客观、深入地分析西藏自然、经济、社会等方面的限制条件，有利于推进西藏跨越式发展。

一　文献综述

改革开放以来，伴随着西藏经济的快速发展及其在我国经济发展中战略地位的日益突出，西藏经济发展的相关研究也越来越多。但在中央召开第四次西藏工作座谈会以前，相关研究主要是梳理西藏经济发展的历史和演进、现状和特点、经验和教训。之后，即21世纪以来，相关研究不仅进一步分析西藏经济跨越式发展的现状，而且开始深入研究西藏经济跨越式发展的优劣势和制约因素。已有有关西藏经济跨越式发展制约因素的研究，大致可分为两类：第一类，宏观的、综合性角度研究西藏经济跨越式发展面临的制约因素。这类研究通常从自然、历史、经济、社会等多个角度进行全面分析。例如，王太福等（2004）分析了西藏经济跨越式发展的机遇和挑战、基础与外部条件；赵曦（2005）从区域经济发展角度把西藏经济跨越式发展的制约因素概括为生态环境脆弱、耕地承载能力脆弱，生产方式原始落后、基础设施落后、社会环境封闭五个方面，并着重分析市场经济和知识经济对西藏经济实行跨越式发展的挑战，强调了教育的重要意义；郑长德（2009）从静态和动态两方面分析了西部民族地区经济发展的几个方面，包括资源与发展、经济增长与结构变迁、产业与发展、资本与发展、人口城镇化与经济发展、贸易与发展、环境与发展，并提出了充分发挥后发优势实现跨越式发展的战略转型思路。第二类，产业经济发展的角度研究西藏经济跨越式发展面临的制约因素。这类研究比较关注西藏经济的某个产业，且主要从经济角度进行分析。例如刘键等（2003）把制约西藏农村经济发展的因素归纳为农牧区产业结构不合理、农牧业基础设施薄弱、农畜产品市场流通与服务体系落后、劳动力素质差、非农牧产业发展缺乏有力的组织与引导和农村组织化程度低和传统习俗对农民增收的制约等七个方面；李爱琴（2009）把制约西藏乡镇企业发展的因素归纳为观念陈旧、融资渠道不畅、产品科技含量低、人才匮乏、产权制度改革滞后、管理水平低和外部发展环境差七个方面。

上述研究，为进一步研究西藏跨越式发展制约因素提供了很好的方法和思路。但近十多年来，西藏经济发展取得了前所未有的巨大成就，中央的特殊关怀和全国的无私支援又为西藏发提供了大量的资金和政策支持。因此，有必要研究新形势下西藏经济跨越式发展的制约因素。另外，西藏经济跨越式发展还面临多重深层次矛盾，西藏经济跨越式发展制约因素与主要矛盾相结合的相关研究，也不多。基于此，本论文拟较深入地分析西藏跨越式发展战略提出10年后，西藏经济发展的制约因素，并结合西藏目前的主要矛盾，提出相关对策建议。

二 西藏经济跨越式发展制约因素及原因分析

近十多年，西藏经济发展取得了卓越成就，为西藏跨越式发展奠定了坚实的经济基础，中央的特殊关怀和全国的无私支援又为西藏经济跨越式发展提供了包括税收、金融、投融资、外贸、人才技术等方面的资金和政策支持。但西藏要实现经济跨越式发展，仍面临许多制约因素：

1. 相对稀缺的人力资本、有限的资本积累能力及屈指可数的具有核心竞争力的企业制约西藏经济跨越式发展动力形成

一国（地区）经济增长与劳动力、资本、技术等基本要素密切相关。一定数量和质量的劳动力、资本及具有核心竞争力的企业是推动一个国家（地区）经济发展的基本要素。但西藏目前面临人力资本稀缺、自身资本积累能力弱、具有核心竞争力的企业又缺乏的不利局面。

西藏属于人口稀少的地区。2009年底，西藏常住人口总量290.03万人，每平方公里仅为2.5人，是全国范围内人均居民数最低的省份。近年来，西藏大力开展了扫除青壮年文盲工作，但总体而言，西藏人力资本的总体水平仍较低。如下图1所示，2000年，西藏15岁及以上文盲人口占比高达44.84%，为全国最高，是全国平均水平的4倍，约为文盲率居全国第二高的青海省的 2 倍，也远远高于青海、贵州、甘肃和云南。

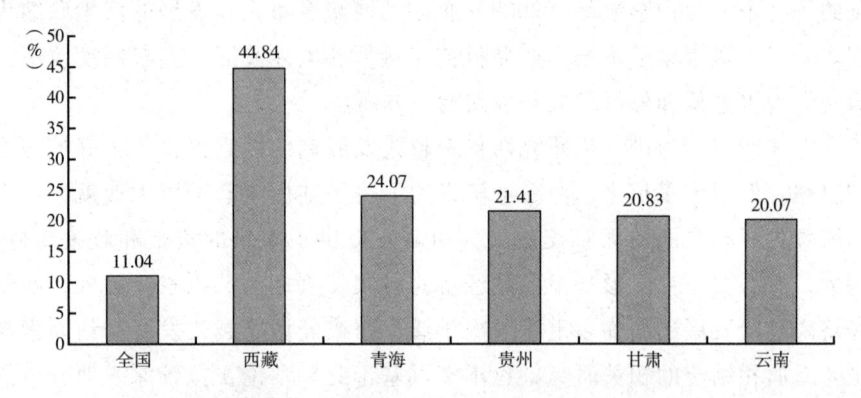

图 1　我国 15 岁及以上文盲人口最多的五省（区）

数据来源：《第五次人口普查数据（2000 年）》。

其次，西藏自身资本积累能力有限。资料显示，西藏大量的固定资产投资中，民间和社会的比重是有限，大量的固定资产投资来自政府，且主要来自中央政府、兄弟省份的支援，自身积累能力有限。如下图 2 所示，近 10 年，西藏地方财政收入尽管有所提高，占 GDP 的比重仍仅为 8% 左右，2010 年，西藏地方财政收入在 GDP 中的占比为 8.3%，为近年来最高。这种既不来自市场配置，也不源于自身积累的投资方式，不仅不是长久之计，也不利于西藏现代经济制度的建立和完善。

再次，西藏缺少具有核心竞争力的企业。综观西藏全区的工业、服务业，具有核心竞争力的企业屈指可数。截止到 2011 年 2 月底，西藏上市公司仅 9 家，为全国最少的省份。尽管从理论上而言，企业上市并不完全代表企业具有核心竞争力，但在中国目前的经济现实中，通常是综合实力较强的企业得以上市，且通过上市，企业品牌、创新得以进一步实现。另外，目前西藏上市公司的生产领域集中在藏药制造业、采矿业，其他领域的企业上市的较少，目前仅有从事房地产开发及旅游业的各 1 家。所有的上市公司中，大部分企业的主营收入和总资产行业排名第 30 位左右，列上市公司的中后位置。例如上市的酒精及饮料酒制造业公司共 8 家，"西藏发展"主营收入和总资产排名分别为第 7 和 8 位，"梅花集团"主营收入和总资产行业排名中

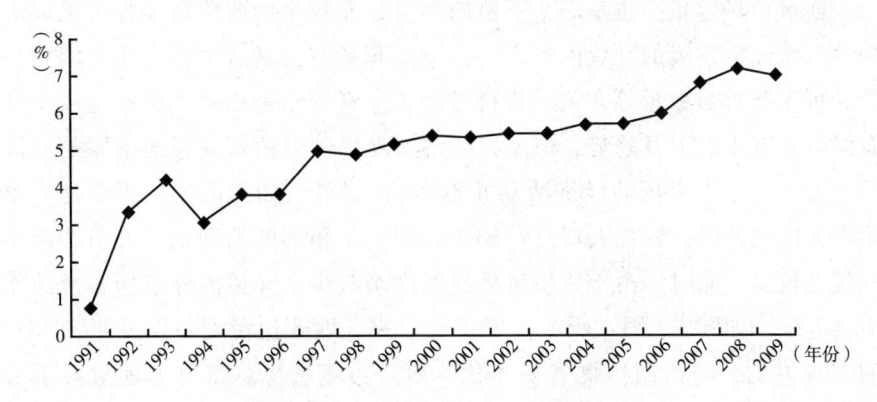

附录五
《西藏经济跨越式发展理论与政策研究》课题中间成果之三

图2 地方财政收入占地区生产总值的比重

数据来源:《西藏统计年鉴(2010)》。

均为第一,但其利润率却排在该行业的末位,即第3位。

2. 特殊的高原地理环境、相对落后的交通基础设施及较小的市场容量等环境因素制约西藏经济的规模化发展和产业化集聚

西藏地处世界最大最高的青藏高原,地形地貌复杂,高原气候独特,不仅气温较低,温差大,而且干湿分明;气压很低,氧气稀薄。

近年来,西藏的交通基础设施大为改善,但相对仍比较落后。例如,西藏境内唯一的一条铁路仅经过阿里藏北地区及拉萨,西藏南部特别是经济较为发达的日喀则、林芝等地仍无铁路通行。即使是航空,目前从拉萨到北京和上海的空中飞行时间仍分别需要约5小时和6小时。至于农村交通基础设施,发展空间则更大。截止到2010年底,西藏实现通油路的县仅有54个、6个县在建,合计仅占西藏76县的79%。公路网也没能全覆盖,还有20%的建制村没能覆盖到,其中,通柏油路的乡镇更少,仅为261个,占全区乡镇总数的38.3%。偏远的高原环境不仅阻碍了西藏与内地的联系,而且也不利于西藏产业、经济规模的提升和集聚。例如,西藏目前设有6地1市,除山南地区外,地区所在地与拉萨市之间的飞行距离基本都在1小时左右。不仅在空间难以集聚,而且因空间距离远带来经济差异大,难以进行产业上的合作。例如,西藏的南部地区,山高、谷深、河窄,是独特的热带、亚热带经济植物区;中南部地区,高山、湖泊、盆地,多夜雨,属高原温带半干旱气候区。

西藏市场容量小也是一个不争的事实,而较小的西藏市场容量已成为制约西藏经济发展的环境因素之一。市场容量与消费者群体大小、消费行为、可支配货币数量等有关。资料显示,尽管近年来西藏农民家庭收支都有结余且有不断上升趋势,但家庭经济活动仍然是西藏农民的主要的经济活动方式,走入市场的经济活动并不多①。另外,如前所述,西藏是一个地广人稀的地区,常住人口总量较少,即使是相同的消费水平,消费需求总量也较少。同时,由于边境贸易发展刚刚起步,开拓国外市场容量的能力也有限。如图3、图4所示,2001年以来,西藏边境贸易仅占西藏GDP的10%左右,与西南边境省份相比,西藏边境贸易总量也远远落后于云南、新疆。因此,尽管边贸交易近年来增长较快,但其作用仍将有限。

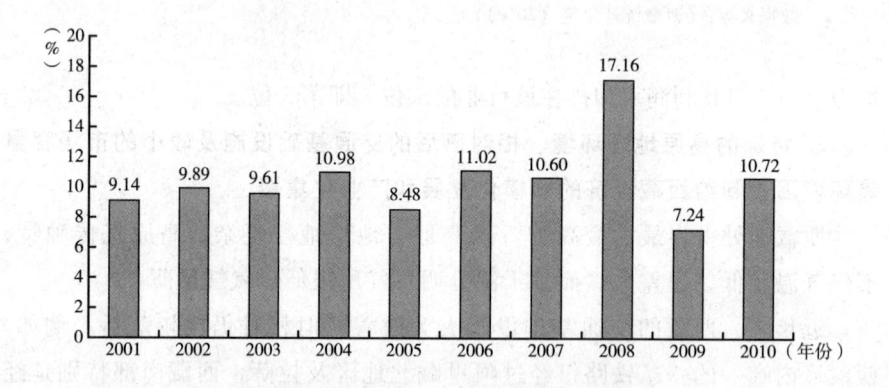

图 3 2001~2010 年边境贸易占西藏 GDP 的比重

数据来源:2001~2009 年数据来自《西藏统计年鉴(2010)》,2010 年数据来自《2010 年西藏自治区国民经济和社会发展统计公报》,并按公报公布之日 2011 年 4 月 28 日人民币对美元汇率中间价 6.5051 折算。

3. 法律法规和信用体系的不健全及市场主体有待培育制约西藏市场经济体制进一步完善

制度是经济发展的关键因素。尽管西藏已初步建立起市场体系,但市场经济体制仍需要进一步完善:

第一,相关法律法规有待建立和完善。市场经济是法制经济,改革开

---

① 杨明洪:《西藏农户经济演化特征:基于农村住户调查资料的实证分析》,《中国藏学》2005 年第 3 期。

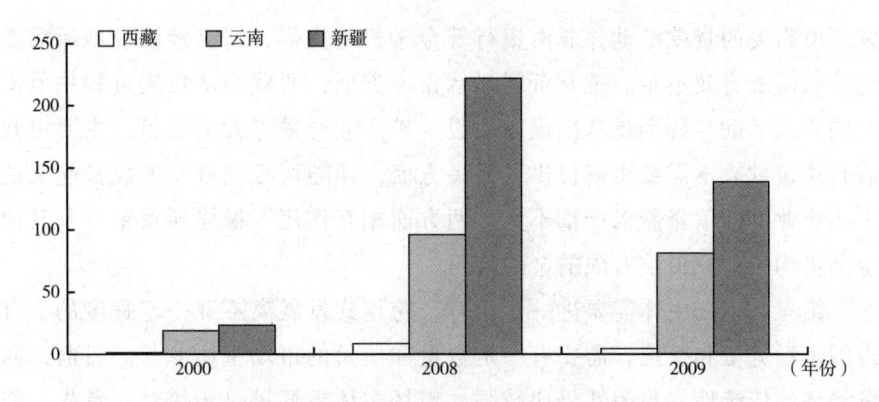

图 4 云南、新疆、西藏按经营单位所在地分货物进出口总额

数据来源：根据《中国统计年鉴（2010）》计算而得。

放后，我国开始建设中国特色社会主义市场经济。整体而言，提高和完善法制建设是全国面临一个紧迫任务，但从各地建设的进程来看，西藏的任务更加突出。据不完全统计，西藏目前实施的地方性法规或政府规章，大部分是2000年以后才着手制定的，一方面，这些法规还存在一个不断完善的过程，另一方面，司法、执法的任务非常艰巨。例如，2006年和2008年，西藏分别制定了《西藏自治区冬虫夏草采集管理暂行办法》和《西藏自治区矿产资源管理办法》，但在实地调研中，有关不合法规开采矿产或矿产公司与当地村民发生冲突的事件屡有发生。无疑，如何完善法制法规成为西藏完善市场经济制度的要务之一。

第二，信用体系需要进一步完善。市场经济是一种信用经济。银行及其他金融机构以货币形式、通过存款、贷款等业务活动提供的信用，是市场经济主导的信用形式，标志着一个国家信用制度的发展与完善。近年来，西藏金融市场实现稳步发展，特别是"十一五"期间，金融机构本外币的各项存款快速增长，截至2010年末，预计金融机构各类存贷款余额达1230亿元、290亿元，比"十五"末增长1.7倍和62%。① 但西藏金融机构提供的信用仍远远不能满足经济发展的需要。例如，金融机构的存款总额远远大于贷款总额。导致这个现象出现的可能性主要有两种：一是经济

---

① 2011年西藏自治区人民政府工作报告，西藏政府网站，http：//www.tibet.gov.cn/getCommonContent.do? contentId = 376447。

发展所需要的贷款活动并非由银行等金融机构提供，二是经济发展所需要的贷款需求有效不足。现有资料显示，一方面，西藏经济发展过程中所需要的贷款活动，特别是基础设施建设、矿产业开采等大型项目，主要由政府直接拨款，不需要市场提供；另一方面，伴随西藏经济发展成长起来的中小企业有效信贷需求严重不足。两方面相互作用，最终导致银行及其他金融机构目前只提供有限的金融信用。

第三，市场主体需要进一步培育。跨越式发展离不开一定程度的、合理的市场分工和交换，需要有一定数量和质量的市场主体参与。目前，西藏经济的传统性、封闭性仍比较强，市场主体需要进一步培育。首先，需要推动大量农民参与市场分工和交换活动，并分享经济发展带来的成果。当前，藏族农民的生活尽管在不断改善，但经济行为仍以家庭经济生活为主。家庭经营性收入仍是目前西藏农民重要的收入来源，对农民家庭现金收入的贡献一直稳定在 70% 左右。生活消费仍是西藏农民最重要的支出项目。[①] 另外，近年来随着中央转移支付力度的加大，农民转移性收入在现金收入中的比重也不断提高，2003 年达到 11.58%。跨越式发展需要农民从这种家庭经济生活走向市场经济，切实参与市场经济。其次，需要有一定数量的驾驭市场经济的企业。目前，西藏不仅缺少具有核心竞争力的企业主体，而且在第三产业中，经营性行业也占不到 60%，吃财政饭、不创造税收和利润的非经营性部分却占到 40%，这一比重高出全国平均水平 25 个点[②]，从严格意义上来讲，这些企业并不是真正的市场主体。跨越式发展需要有一定数量的真正参与市场的主体。再次，政府管理水平有待进一步提高。西藏推行市场经济制度相对较晚，近年来政府又有大量资金经营管理，因此，政府与市场之间的职能并没有真正理顺，政府管理市场的能力也有待提高。

总之，西藏推进经济跨越式发展，仍面临着较多的制约因素。提升西藏自身发展能力，必须切实缓解相对稀缺的人力资本和有限的资本积累瓶颈，培育具有核心竞争能力的企业。

---

① 杨明洪：《西藏农户经济演化特征：基于农村住户调查资料的实证分析》，《中国藏学》2005 年第 3 期。
② 金世洵主编《西藏自治区 2010 年发展改革白皮书》，西藏自治区发展和改革委员会，2010，第 5 页。

附录五
《西藏经济跨越式发展理论与政策研究》课题中间成果之三

三 西藏经济跨越式发展主要矛盾分析

西藏经济跨越式发展制约条件的改善，往往与一些深层次的亟待解决的矛盾相关，特别是在推动经济发展的动力源方面，存在若干阻碍经济跨越式发展的困难和矛盾。具体而言，表现在以下几个方面：

1. 经济发展对产业结构优化的要求与劳动力资源无法合理配置之间的矛盾

跨越式发展需要有一个合理的"三二一"产业结构。仅从产出结果看，西藏的产业已从2003年起达到"三二一"结构。但是，西藏经济跨越式发展，不仅需要有合理的产业结构，而且必需充分利用现有劳动力，实现社会经济资源有效合理配置基础上，增强自我发展能力。但目前劳动力在三次产业间的配置极不均衡。

如图5所示，第一产业的偏离度一直严重偏低，大部分在 - 100 左右，

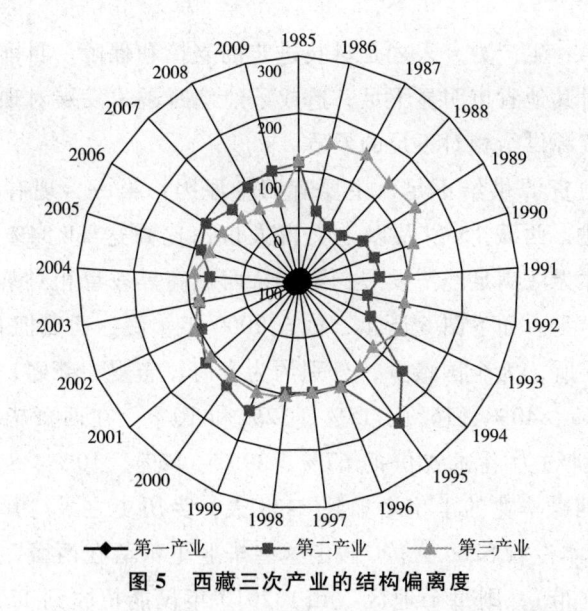

图5 西藏三次产业的结构偏离度

数据来源：根据《西藏统计年鉴（2010）》和《中国统计年鉴（2009）》、《2010年西藏自治区国民经济和社会发展统计公报》、《2009年国民经济和社会发展统计公报》和《2010年国民经济和社会发展统计公报》计算而得。

意味着第一产业就业人数严重偏多;第二产业的偏离度则在近年来有增高的趋势但表现很不稳定,1993年为55,1995年却高达232,表明第二产业就业人数偏少;第三产业的偏离度相对比较稳定,且在1991年以后稍有下降,但总的来讲,仍远远高于发达市场经济通常显示20~30。如果与全国平均水平相比,西藏地区三次产业的偏离度也仍明显偏高。以偏离度差距相对较小的第二产业为例,2008年,西藏与全国平均水平的差距为29。

从上可见,西藏需要正确引导和实现第一产业的劳动力向第二产业转移。但目前西藏的产业发展战略是"一产上水平、二产抓重点、三产大发展",即第一产业劳动力向第二产业转移的空间较小。而从劳动力转移的必要性看,西藏第三产业的结构特征和发展方向更需要大量的有技能有文化的技术型、管理型人才,一产的富余劳动力可能并不能在短期内及时有效的转移到三产,因此也就难以迅速缓解农民的就业问题,使产业结构优化和劳动力资源合理配置之间的矛盾非常突出。

2. 经济跨越式发展对现代化科技人才的需求与西藏人力资源供给相对不足的矛盾

科技是第一生产力,人才是科技进步的支撑和保障。目前,西藏人力资源供给相对其他省市明显不足,造成了经济跨越式发展对现代化人才的需求与人力资源供给相对不足的矛盾。

西藏人力资源供给不足,主要有四个原因:第一,现有人力资本不足。如前所述,西藏15岁及以上文盲人口占比高达44.84%,为全国最高,现有人才无法满足经济发展;第二,西藏高等教育相对落后,未来的人才供给也不足。如下图6所示,截至2009年年底,西藏拥有的普通本、专科学校共6所,为全国最少,分别约为青海、宁夏、新疆、甘肃、贵州和云南的67%、40%、16%、15%、12%和10%。在西藏毕业的学生为7835人,分别约为上述省份的67%、39%、12%、10%、8.3%和8%。2010年,在西藏毕业的学生增加到8428人,为历史之最。其中:研究生162人,普通本专科8266人。[①]假定这些毕业生都留在西藏,并平均分配到每个地区(市),则每个地区(市)2010年仅能招收到1200位本专科毕业生,其中,研究生仅25人左右。第三,引进外地人力资本难度较大。

---

① 《2010年西藏自治区国民经济和社会发展统计公报》。

西藏是典型的高原气候，适应高原反应是区外人才到西藏工作的必要前提。如果需要长期工作，则家庭成员的适应能力也很重要。显然，并不是所有人都能适应高原生活环境。除此之外，西藏传统文化也不同于内地，外地人才还面临需要适应西藏宗教文化、生活习惯等问题。因此，与内地之间的人才流动相比，西藏引入外地人才的难度更大。第四，引进外地人力资本的结构有待进一步完善。目前大部分援藏干部是管理人员，而调研显示，西藏目前非常急需专业人才，否则即使有很好的思路可能也无法实现。因此，推动西藏科技创新、实现经济发展方式转变时，也需要完善目前引进的人力资本结构。

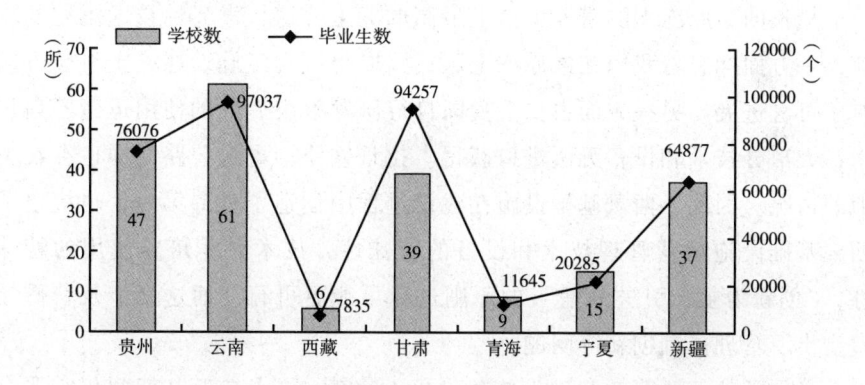

图6 2009年底西藏等七省拥有的普通本、专科学校和学生数

数据来源：《中国统计年鉴（2010）》。

3. 基础设施建设快速发展的要求与运行维护成本巨大、技术人才不足之间的矛盾

跨越式发展需要更加完善的基础设施建设，但是维护基础设施运行的成本也巨大。2001年以来，西藏开工或竣工了大量的基础设施建设，铁路、公路、航空立体交通网已基本形成，水电为主的能源基础设施建设也取得初步成效。"十二五"期间，包括拉贡公路、拉日铁路等大量基础设施仍将要完成，如此巨大的基础设施建设完成后，养护管理问题必须提上日程，且日益显得重要起来。根据西藏的现状，加快基础设施建设和养护管理成本巨大之间存在矛盾。

以青藏铁路为例。有专家初步测算，青藏铁路格拉段的年使用运行总成本为19.98亿元①。但由于战略地位、地理环境和自然条件恶劣等原因，青藏铁路有着与其他铁路不同的市场运营特征，例如客货运量较小、客货运输的季节性波动明显，因此通过市场化运作实现经济效益很难奏效，社会效益也不能充分发挥。可见，有效处理青藏铁路高昂的运营成本不仅极大影响青藏铁路使用寿命，也将是对各级政府、相关管理部门提出的挑战。

现代基础设施的管理和养护，通常都需要有较高的技术和人才，因此，除了资金问题之外，西藏基础设施运行管理还需要大量的技术和管理人才。仍以青藏铁路为例，青藏铁路昆仑山隧道和风火山隧道，目前是世界上最长的高原冻土隧道和世界上最高的冻土隧道。世界性技术难题的攻克，一方面标志着我国在高原冻土区筑路取得成功经验，在冻土科研方面有了可喜进展。另一方面也要求我国自行研发解决后续的使用运营管理技术，大部分技术和设备无法进口获得。拉日铁路、墨脱公路同样也存在类似的情况。因此，西藏基础设施在建设过程中创造了世界第一，也决定了西藏基础设施运营管理技术和设备的特殊性，技术人才培养使用的特殊性，"创新为主，引进为辅"的原则进行可能更可行。而这又涉及科研经费支出、管理体制创新等问题。

必须承认，西藏的基础设施建设仍不完善，"十二五"期间仍需要有大量的资本投入。但是，西藏跨越式发展必须实现发展动力的跨越，如何把有限的资金在增加基础设施建设和使用运营已有的基础设施之间进行平衡，成为西藏面临的又一主要矛盾。

4. 政府强有力推动下的资源配置方式和充分发挥市场基础性作用之间的矛盾

根据西藏经济社会发展现状和特点，实行政府强有力地推动下实现资源配置的方式，是一种适合西藏经济发展的次优选择和普遍方式。第一，西藏的商品经济极不发达。如前所述，西藏农民目前仍以家庭经济为主，西藏的法律法规仍不健全，西藏的金融市场也很不完善。在价值规律和竞

---

① 李京文、张景增：《青藏铁路运营需要相关政策支持》，《科学新闻杂志》2007年第10期。李京文为中国工程院院士、中国社会科学院学部委员，张景增为中国社会科学院数量经济与技术经济研究所编审。

争规律、供求规律发挥作用的情况下，市场也无法实现配置资源的功能。第二，西藏特殊的战略地位要求政府发挥重要作用。以青藏铁路使用运行为例，根据每年的使用运营成本及铁道部有关数据分析，即使青藏线客运价格采用略高于全路的运价，青藏线年每年亏损仍高达 10.88 亿元。[①] 而西藏的特殊战略地位又要求青藏铁路正常营运，这就要求政府在其中充当重要角色。事实上，西藏快速发展的过程中，各级政府的投资成为关键力量。作为投资主体，政府必须承担起投资者的责任和义务。第三，西藏居住着多个民族。西藏是藏族的主要聚居地，但还有门巴族、珞巴族、蒙古族、回族、怒族等其他少数民族也居住在西藏，实现多个民族的团结，强有力的政府进行引导有着重要作用。

但西藏经济跨越式发展是在经济全球化浪潮的时代背景下进行，西藏经济跨越式发展必须融入国内国外两个市场，是一种开放型的发展。有效实现政府强有力推动下的资源配置方式，又充分发挥市场基础性作用，是西藏经济跨越式发展面临的又一挑战。

综上，西藏要实现经济跨越式发展，不仅面临着资源、体制和机制方面的制约因素，而且面临经济发展与人才需求、结构调整之间的矛盾，同时还必须正确处理建设和管理、政府与市场之间关系。缓解西藏经济跨越式发展的制约因素，必须同时考虑这些主要矛盾。

四 缓解西藏经济跨越式发展制约因素的对策建议

综上，本论文建议缓解西藏经济跨越式发展制约因素的对策如下：

1. 切实加强对西藏同胞教育和培训，大力开发人力资源的同时，培育具有核心竞争力的龙头企业

西藏的发展，必须是西藏人民的发展。西藏的发展，必须是藏族同胞全面深入地参与西藏经济跨越式发展的过程，因此，建议加强对藏族同胞的教育和培训，使他们根深蒂固的宗教文化传统与现代社会的生产生活方式和合共生，使他们原有传统生产技术得以巩固提高的同时，能掌握适合

---

① 李京文、张景增：《青藏铁路运营需要相关政策支持》，《科学新闻杂志》2007 年第 10 页。

西藏经济发展的现代科技，并培育西藏同胞自有的具有核心竞争力的龙头企业。第一，延续前期对西藏在义务教育、高等教育、职业培训方面的优惠政策，加大内地西藏班的建设和教育力度。第二，推行梯度化职业技能教育，目标群体要涵盖初中、高中和已就业人群。职业教育内容要紧贴农民的实际生产和生活，让他们从教育中切实获得实实在在的益处。第三，各地援藏政策的重心要从物资援藏、干部援藏和项目援藏上转移到智力援藏上来，针对对口地区的城镇建设和产业发展提供专业技术人员和市场开发人员。

2. 大力发展西藏特色农牧业，优化西藏产业结构的同时，有效吸收农村富余劳动力

西藏大力发展的服务业，必须是符合西藏特点的大旅游业，即与西藏特色农林牧产品、手工艺品开发等有机结合的旅游业，是在深度开发旅游资源的同时能带动西藏特色农牧业发展的旅游业。第一，充分发挥西藏农学院、当地有经验老农的作用，着重提高妇女农户、年轻农户种植经济作物的技术，并切实加强其他劳动技能的培训，有效提升西藏农户主动调整农产品种植结构的积极性；第二，积极探索巨灾保险机制，有效缓解和分摊西藏特色农业巨灾风险。积极争取国家农业部和中国保监会在日喀则、拉萨、林芝粮食生产基地联合开展天气指数保险试点，并争取中央和兄弟省市在巨灾保险人才培养、保费补贴等方面切实支援。

3. 进一步加强西藏流通体系建设，切实推动西藏参与区域经济分工与协作的同时，促进西藏经济产业化集聚

西藏的基础设施建设有待进一步完善，但从当前看，近期内再有类似于青藏铁路的大型工程的可能性和必要性并不大。因此，促进西藏经济规模化和产业化的措施应该是充分现有的基础设施，加强西藏特色产品的流通体系建设，扩大市场容量。第一，切实提高西藏高原特色农产品基地建设课题理论指导和实践操作性，并加快西藏高原特色农产品基地建设；第二，充分利用兄弟省市对口支援西藏跨越式发展的优势，探索西藏特色农产品基地与内地超市对接，开拓西藏特色农产品直销点、专卖店等模式，争取把更多的西藏特色农产品销售到国内各大市场。第三，成立"西藏品牌"推广机构，通过专项资金对其进行免费推广宣传，扩大西藏特色产品的知名度，特别是鼓励支持企业积极参加农产品交易会、绿色产品博览会等国内大型产品贸易会。

4. 进一步深化西藏行政管理体制改革，完善法律法规和信用体系建设的同时，探索适合西藏经济发展的市场机制

按照国家统一部署，立足西藏实际，着力建设服务型政府、责任型政府、法治型政府和廉洁型政府，是西藏行政管理体制改革的方向，也是促进适合西藏经济发展的市场机制的必要条件。第一，进一步转变政府职能。严格界定政府所属部门的职责范围，把政府不该管理的事项切实剥离出去，并把政府职能分解落实到部门。同进，切实转变管理方式，优化管理程序，减少管理层次，提高管理效能。第二，依法行政，努力提高政府法制化水平。整理、完善现有相关法规的基础上，坚持用制度管权、管事、管人，健全监督机制，强化责任追究。第三，认真推进信息公开制度建设，推动西藏信用体系建设。本着信息公开、办事公开的原则，认真推进信息公开制度，特别是提高政府投资项目招投标的透明度，引导和提高相关项目社会参与度，并促进金融市场发展。

参考文献

李爱琴：《西藏乡镇企业跨越式发展制约因素透视》，《农村经济》2009年第9期，第9~11页。

刘键等：《西藏自治区农村经济发展制约因素分析》，《山地学报》2003年21卷增刊，第87~91页。

韦海鸣：《西部地区实现跨越式发展的制约因素分析》，《重庆邮电学院学报》（社会科学版）2004年第5期，第31~34页。

赵曦：《中国西藏区域经济发展研究》，中国社会科学出版社，2005。

王太福、王代远、王清先：《西部大开发与西藏经济跨越式发展研究》，西藏人民出版社，2004。

郑长德：《中国西部民族地区的经济发展》，科学出版社，2009。

附录六
《西藏经济跨越式发展理论与政策研究》
课题中间成果之四

西藏经济跨越式发展实现路径研究[①]

摘要：新时期西藏经济跨越式发展具有了新的内涵，它包括产业结构、经济增长动力、经济发展能力与形态的跨越，兼顾经济、社会与自然环境三者之间的和谐与可持续发展，并以改善民生和提高西藏地区居民的生活水平为最终目的。通过对西藏地区要素禀赋以及产业结构效益分析，我们认为必须降低西藏产业结构的外生性，形成内生性的产业结构，促进西藏形成相互支持的区域产业体系，建构经济发展的内部推进力量；应当利用要素集聚效应，构筑经济增长极，通过城镇体系带动整个经济区域发展，推进区域经济发展从非均衡到均衡发展。

关键词：产业　西藏经济　跨越式发展

西藏经济跨越式发展的正式提出是2001年第四次西藏工作座谈会之上的。江泽民总书记对改革开放以来特别是第三次西藏工作座谈会以来的西藏工作进行总结，在深入分析西藏在新的世纪面临的挑战与机遇的基础之上，提出促进西藏从加快发展到跨越式发展。江泽民指出，在我国已有的改革开放基础之上，对于西藏这样的地区，可以通过集中力量的办法，推

---

① 本文发表于《社会科学》2012年第5期。

动西藏跨越式发展,促进西藏经济与社会快速发展。跨越式发展政策的提出使西藏在进入新世纪之后揭开了经济与社会发展的新篇章。

一 西藏经济跨越式发展的内涵与特征

(一) 国内外学者对西藏经济跨越式发展的理论研究综述

改革开放以来,伴随着西藏经济的快速发展及其在我国经济发展中战略地位的日益突出,我国学者对西藏经济发展的研究也越来越多,现有的研究成果主要集中在北京和川藏地区的部分高校与藏学研究中心之中。其中,西藏民族学院的狄方耀教授在20世纪80年代末创立了"西藏经济学",并著有《西藏经济学》一书,在全国民族经济学界有一定的影响。[①] 黄万纶编著的《西藏经济概论》、孙勇主编的《西藏:非典型二元结构下的发展改革》、多杰才旦与江村罗布的《西藏经济简史》等是这个时期具有一定代表性的著作。[②]

2001年中央召开第四次西藏工作座谈会,正式提出西藏要实现"跨越式发展",国内学者随之加大加深了对西藏经济跨越式发展的研究,研究成果更为丰富。国内学者对西藏的研究,从西藏经济与社会的现状分析入手,总结了西藏经济与社会发展的特征与存在的问题,提出了许多具有建设性的政策建议。对于西藏经济跨越式发展的观点主要集中在以下三方面:一是认为经济结构调整是实现西藏跨越式发展的重点,王太福等对西藏经济跨越式发展所面临的机遇与挑战、基础与内外部条件作了分析。认为目前西藏经济发展方式主要是依靠投资拉动,西藏经济跨越式发展的重点在于突破传统农牧业和农牧区的发展模式,增强工业经济实力,进一步加快旅游业发展,推进小城镇建设等,最后在深化改革、扩大开放的基础上加快市场化进程。西藏的发展既要争取中央投资与财政扶持,也要积极启动社会投资、金融扶持与资本市场发展,同时还要在扩大内需和市场体

---

① 狄方耀:《西藏经济学》,陕西师范大学出版社,1993年。
② 黄万纶编著《西藏经济概论》,西藏人民出版社,1986;孙勇主编《西藏:非典型二元结构下的发展改革》,中国藏学出版社,1991;多杰才旦、江村罗布主编《西藏经济简史》,西藏人民出版社,1995。

系建设方面花大力气，以培育新经济增长点与发展特色经济，进一步扩大开放并发展开放型经济。① 宋朝阳在对西藏三次产业结构进行较为详尽的历史分析基础之上，提出了有条件地确定西藏地区的支柱产业与主导产业继而推动西藏经济加快发展的观点。② 二是认为西藏跨越式发展的关键是经济社会协调发展，尹双庆提出了西部经济跨越式发展与社会环境优化协同发展战略。认为西部经济跨越式发展的重点是要营造良好的社会环境，建立完善的经济快速发展长效机制，实现经济社会的协调发展。③ 赵曦从西藏社会经济发展的历史与现实出发，分析了西藏地区社会经济发展的相对优势与劣势，在此基础上提出了西藏未来跨越式发展的战略思路及一系列具体措施。认为市场制度创新、产业结构调整、地区布局调整，以及人力资本投资与教育事业发展等是西藏社会经济发展的关键所在。此外，人口发展与城镇化建设、生态环境与可持续发展也是不可或缺的战略措施④。郑长德从静态和动态两方面对西部民族地区资源、三大产业发展、金融与资本形成、外商直接投资、人口增长与贫困问题、城乡差距等多角度进行了分析，提出实现西部民族地区跨越式发展的战略转型思路是充分发挥后发优势。⑤ 三是注重各领域和相关方面对西藏跨越式发展的影响作用。毛阳海等（2007）比较全面地对支撑西藏跨越式发展的财政政策做了研究，是西藏当代经济研究方面的一项重要成果。魏小文则从经济结构调整中的税收政策入手，对西藏跨越式发展进行了阐述。⑥ 毛阳海在对西藏地区的贫困状况进行了较为深入的研究之后，提出了调整西藏农村财政反贫困政策的建议。⑦ 潘久艳从全国援藏决策过程的演化轨迹与过程、发展格局及其演化，援藏的社会经济效应评价及援藏的改革路径与政策回应等方面延伸和细化了中国区域发展研究问题，对于西藏跨越式发展具有一定的理论

---

① 王太福、王代远、王清先：《西部大开发与西藏经济跨越式发展研究》，西藏人民出版社，2004。
② 宋朝阳：《西藏产业结构研究》，武汉大学博士学位论文，2005。
③ 尹双庆：《西部经济跨越式发展社会环境研究》，中央编译出版社，2006。
④ 赵曦：《21世纪中国西部发展探索》，科学出版社，2002。
⑤ 郑长德：《中国西部民族地区的经济发展》，科学出版社，2009。
⑥ 魏小文：《科学发展观下对西藏地区税收政策的再思考》，《西藏民族学院学报》（哲学社会科学版）2010年第3期。
⑦ 毛阳海：《西藏农村的贫困状况与财政反贫困政策》，参见网址：http://www.aisixiang.com/data/15951.html。

价值。①

国外学者对西藏经济发展的研究首先起源于国际藏学研究。最初的研究主要集中在宗教信仰、社会文化与政治体制等方面，且多为探险游记、文学报告等，以后则较多地集中在对历史、宗教仪式与社会生活方式等的研究之上，往往受到所在国政治与意识形态的影响。英国学者瓦德尔（Lawrence A. Waddell）、意大利学者图齐（G. Tucci）、法国学者石泰安（A. Stein）和德国学者 H·霍夫曼（H. Hoffmann）等早在 20 世纪 50 年代之前即对西藏的藏传佛教、藏族人信仰特点进行了较为细致的考察研究。到 20 世纪中叶，以法国巴考等人的《敦煌吐蕃历史文书》和意大利图齐的《西藏画卷》为代表的藏学名著逐一问世，推动了国际藏学的进一步发展。1959 年以后，随着大批藏学文献流入西方，国际藏学研究获得较大的发展。石泰安的《西藏的文明》对西藏的历史、社会、宗教、习俗、文学与艺术进行了较为深入的考察与生动的论述。② 梅·戈尔斯坦（Melvyn C. Goldstein）的《西藏现代史（1913—1951）——喇嘛王国的覆灭》对西藏现代史进行了较为深入的研究，成为藏学研究的代表作之一。③ 美国哈佛大学、哥伦比亚大学、印第安纳大学、华盛顿大学以及英国的剑桥大学、牛津大学等是国外藏学研究的重要中心。相比较而言，西方学者对西藏经济的研究很少，对于西藏经济跨越式发展和提高藏族人民的生活水平的研究则更少。

值得一提的是，国外学者对我国自 1980 年援藏政策效应与西藏地区发展状况进行过评估与研究，如戈德斯丁（Melvyn C. Goldstein）等所做的援藏政策对西藏农村地区的影响与变化的个案研究。④ 辛德地·番（C. Cindy Fan）对改革开放以来我国的西藏政策和西藏地区的非均衡发展进行过研究。⑤ 这些研究具有一定的意识形态倾向，但同时也为我们的研究提供了有益的参考。

---

① 潘久艳：《全国援藏的经济学分析》，四川大学出版社，2009。
② 〔法〕石泰安：《西藏的文明》，耿昇译，中国藏学出版社，2005。
③ 〔美〕梅·戈尔斯坦：《喇嘛王国的覆灭》，杜永彬译，中国藏学出版社，2005。
④ Melvyn C. Goldstein, Ben Jiao, Cynthia M. Beall, and Phuntsog Tsering: DEVELOPMENT AND CHANGE IN RURAL TIBET: Problems and Adaptations, *Asian Survey*, Vol. 43, No. 5 (September / October 2003), pp. 758 - 779.
⑤ C. Cindy Fan. Of Belts and Ladders: State Policy and Uneven Regional Development in Post- Mao China, *Annals of the Association of American Geographers*, Vol. 85, No. 3, Sep., 1995.

（二）西藏经济跨越式发展的内涵

综合国内外学者的研究成果，同时结合中央五次西藏工作座谈会所述及的关于西藏经济跨越式发展的描述，本文认为，西藏经济跨越式发展，是指西藏地区基于区域的资源要素禀赋比较优势，通过借鉴先发地区的发展经验，自觉遵循并运用经济发展规律，利用经济后发优势，采用先进的科学技术和管理经验，缩短经济发展过程，缩短经济发展的一般阶段，用较短的时间实现经济发展的目标，大幅度提高居民生活福利水平，最终实现经济、科技、文化等领域发展水平整体跃升的一种新的发展方式。

在经济跨越式发展之下，西藏作为我国具有特殊区位与特殊资源禀赋的经济后发地区，其经济发展可能不必经历先前发达地区经济发展经历的所有阶段，可以跳过或缩短工业化进程，直接过渡到某种服务形态的经济或特殊形态的经济发展形态，经济总量增长更快，经济效益更高，人民生活水平提高速度更快，自然资源和人力资源得到充分利用，经济、社会与环境相协调并实现可持续发展。具体地，西藏地区经济跨越式发展包括以下几个方面：

（1）经济发展能力的跨越。西藏经济发展能力有大幅度与实质性提高，经济的自我发展能力大大提升，经济发展实现了从输血到造血、从外生性增长到内生性增长的转变。在经济跨越式发展之后，西藏可以摆脱中央政府与全国各省市的援助，具有充足的资本、较高水平的生产技术与人力资本推动本地区经济增长。西藏地区的投资、消费与出口形成良性的互动关系，具备了良性的累积循环效应，具有内生性的能力推动本地区经济持续、快速与稳定增长。

（2）发展驱动力的跨越。西藏经济发展驱动力会超越了一个国家或地区经济发展驱动力一般的路径（要素驱动、投资驱动、创新驱动和财富驱动四个阶段），可以不必经过大规模的基础设施投资和工业投资的发展阶段。西藏有可能通过投资和创新双轮驱动，逐渐转移到依靠创新驱动的经济发展形态。在实现了发展驱动力的跨越之后，西藏经济发展驱动力主要来源于人力资本与技术创新。与之相适应，此时西藏的投资已经不是直接投入到传统基础设施和工业领域，而是和创新型社会相配合，更多地投资于民生、社会公共服务和环境保护领域。服务业是社会投资的主要产业形式。

(3) 增长动力的跨越。西藏经济跨越式发展之下，经济增长动力从目前的投资占主导地位直接向以服务型经济形态转型。由于收入大幅度提高的条件之下，消费成为拉动经济增长的最主要的动力，满足城市居民与农民的物质需求与精神需求将成为生产的主要目的。投资在经济增长贡献率将会大幅度降低，出口的比重将变得极低，消费将成为西藏地区经济增长的源泉。与之相对应，服务型经济将成为西藏地区主要的经济形态。

(4) 产业结构的跨越。西藏地区经济跨越式发展通过制定和实施正确的经济发展战略，吸引、消化先进技术和创新技术，抓住有利时机，推进新兴产业迅速崛起以经济超常规增长为特征，迅速跨越某一发展阶段，节省了常规发展要经历的若干阶段，表现出时间上的节省性与跨越性。西藏作为我国西部地区高地，可以不必要经历产业结构演进的所有阶段，也可以不必具有大而全的产业结构，而是可以利用本地区的资源禀赋优势，与其他地区形成分工与协作关系，通过技术上的突破，以某个产业或产业系列特别是服务业作为重点发展对象，拉动本地区经济增长与社会发展，过渡到服务业为主导的经济形态。

(5) 社会发展形态的跨越。西藏地区通过实施正确的社会发展战略，从自给自足型社会阶段直接过渡到生态保护型社会阶段，而不经过资源消耗型社会阶段。相应地，西藏地区的社会跨越工业化社会，没有经过工业化大规模生产与消耗的社会阶段，直接进入生态化社会，实现了社会发展阶段的跨越。这是由于西藏所处较为特殊的地理位置以及较为脆弱的生态环境所致的。对自然资源的保护性利用与可持续发展是西藏地区实现跨越式发展的应有之义。

（三）西藏经济跨越式发展的内在特征

西藏经济跨越式发展，首先，它将不只是注重经济发展速度，它既是经济发展的全面综合跨越，又是社会效益的提高。西藏经济跨越式发展应当能整体提升经济发展质量和水平，既要有经济规模与数量的大幅度提高，又能协调好地区经济效益与社会效益之间的关系。跨越式发展战略必须突破工业化道路中单纯追求速度型的增长，追求一种速度与效率并重，当前发展与长远发展兼顾，经济与社会、生态环境发展的模式。简而言之，西藏经济跨越式发展是经济增长速度与社会整体效益的协调与统一，是数量、结构、质量、效益的统一，以达到经济与社会全面发展。

其次，西藏经济跨越式发展必须走资源节约与环境保护的道路，建设人与自然高度和谐的生态文明。西藏经济跨越式发展要注重保护西藏地区的资源与环境。西藏作为高原地区的特殊区域，不适宜发展资源耗费严重、污染严重的重化工业，也不适宜发展"大进大出"的外向型工业，而是要根据比较优势与竞争优势，发展具有高原特色的产业。在发展产业时，必须节约资源、保护环境、着眼未来。

其三，西藏经济跨越式发展必须兼顾科技创新与社会管理创新。科技创新与社会管理创新将是推动西藏经济跨越式发展的关键要素。西藏经济跨越式发展的关键要素应当是创新，包括技术创新、组织创新与社会管理创新。应当用高新技术改造和提升传统产业，发展新兴产业，不断提高产品科技含量和产品附加值，大幅度增加社会财富。西藏经济的跨越式发展还要制度创新与社会管理创新，创新企业组织形式，不断推进国有企业改革与私营企业管理创新，破解长期以来困扰后发地区经济发展的瓶颈问题，释放出本地区人力资源所蕴藏的能量，使得本地区的人力资源得到最大限度的运用。

其四，西藏经济跨越式发展的可能性是建立在历史上我国区域经济非均衡发展的基础之上的。西藏经济跨越式发展要采取重点突破，以点轴带动西藏全面发展的城市与区域体系发展策略。在统筹兼顾各个地区人民基本需求的基础之上，需要按照非均衡发展规律，以区域城市体系作为带动西藏地区经济发展的重点，在重点领域、重点产业和重点区域取得突破，再在全区进行推广，最终实现在西藏全区实现均衡发展的目的。

总之，西藏经济跨越式发展应当以提高西藏城乡居民与农民生活福利水平为最终目的。通过经济跨越式发展，应当把创造出来的社会财富更多地投入到民生事业之中，能够不断提高城乡居民与农民的可支配收入，居民生活需求得到满足，各项基础设施不断完善，公共服务水平不断提高，社会保障程度不断提高，精神生活不断丰富。应当把以人为本的发展理念贯彻到经济发展的各个方面，把改善民生作为经济发展的根本目的，不断提高藏族人民生活水平。同时，要处理好西藏经济跨越式发展与宗教文化保护之间的矛盾，保护好藏族文化的特色及其设施，使得藏族文化与藏传佛教能在新的经济条件焕发出新的光辉，也使得经济发展与文化发展相得益彰。

二 西藏经济跨越式发展的要素禀赋与产业基础分析

西藏地处青藏高原，具有得天独厚的资源禀赋，蕴藏着世界其他地方所没有的丰富的自然资源。从西藏解放特别是改革开放以来，西藏地区经济不断发展，这为今后西藏地区经济跨越式发展提供较为一定的基础。我们主要通过对西藏地区的区域比较优势与要素禀赋以及其产业结构效益的分析得出其经济跨越式发展的基础。

（一）西藏地区的比较优势与要素禀赋分析

就经济发展现状而言，西藏是我国最大的经济受援区，经济总量占全国的比重较低，人均GDP与人均可支配收入低于全国平均水平。但是，西藏蕴藏着巨大的经济发展潜力。西藏所拥有的资源与能源，及其所提供的旅游休闲功能，为我国东部稳定发展提供了基础与条件，也是未来西部地区加速发展的重要推动力量。西藏在全国具有重要的战略地位，在未来的区域分工中担负的职责职能将越来越重要。它对于从整体上带动和提升民族地区发展水平，深入实施西部大开发战略，增强西南出海大通道功能，促进西南地区对外开放和经济发展，形成带动和支撑西部大开发的战略高地，使东中西部发展更加协调发展，缩小东中西部发展差距，促进区域发展平衡与我国经济继续保持高速、稳定与持续发展，具有重要意义与作用。随着国际与区际合作的不断加强，西藏在重要资源供给方面将拥有举足轻重的地位。西藏巨大的潜在资源优势可望在国际与国内经济重心转移过程中转化为现实的产业优势，如水能资源、有色金属与稀有金属、森林和珍稀动植物资源等。西藏以其独特的自然景观和深厚的文化底蕴闻名于世，西藏的旅游资源十分丰富，且分布广，开发潜力较大。西藏的传统生产生活方式、风俗习惯与风土人情与建筑风格独具特色，魅力无穷。未来，西藏将可能成为我国乃至世界最为广阔的休闲、度假与疗养胜地之一。

在世界经济发展的集团化与区域化的背景与趋势之下，西藏作为我国西南的一个区域，需要在对外方面同周边地区构成分工与协作关系，首先应当利用比较优势与特殊资源禀赋同周边地区形成互补关系，形成集团化与区域化的经济功能。其次，西藏城乡各地要实现新的飞跃与发展，必须要通过区域合作的途径，利用区域的整体比较优势，在区域内部形成合理的分工与协作，构筑区域的整体竞争优势，形成合理的区域经济结构和区域经济布局，才能在激烈的国际经济区域竞争中获得一席之地。总之，在我国经济市场化程度不断提高、我国经济正在更深入地融入世界经济体系之中之际，只有运用开放与协作的方式，才能推动西藏经济跨越式发展。对于西藏这样具有特殊资源禀赋的地区，对于开放的经济体或者作为一个国家内部有机组成部分的西藏地区而言，它可以基于区域之间的分工协作关系，不必要经过产业发展的所有阶段，经济结构可以从较低阶段直接过渡到较高的发展阶段，它可以不必经过工业化与重化工业阶段，在一些主导服务业态的有力带动之下，直接进入服务经济社会形态。这主要通过占据生产价值链的某个重要环节与技术制高点的创新性作用，形成不可复制的产业发展环境的带动作用。这种生产环境的形成是基于内生与比较优势的产业发展的推动。在这个过程之中，科学技术的发展为地区主导产业发展提供了新的动力。新的生产技术的发展和使用导致新产业的出现和迅速增长，并向其他产业不断扩散，实现经济总量的增长；另一方面，通过技术改造，现有产业得到改造更新和发展。这些都会推动这种地区产业结构升级与转换，从而使区域经济可以直接进入较高的服务业经济形态。

如果从我国国内区域经济分工与协作的角度来看，西藏具有特殊资源禀赋，对于我国今后经济发展具有重要战略意义，在我国未来区域分工与协作之中占有重要地位。目前，我国中西部地区经济增长速度有所提高。国内产业梯度转移推动了中西部地区的工业化与城市化进程。东部地区经济增长的速度已经在逐步放慢，而中西部和东北地区的经济增长速度则在逐步加快。我国区域经济差距正呈现不断缩小的态势。我国中西部地区经济加速发展为西藏地区经济跨越式发展提供较好的发展环境，也改善了西藏经济发展的外部条件，如近十年来西部地区的交通与通讯基础设施发展为西藏地区发展提供了较好的物质基础。

（二）西藏经济跨越式发展产业基础分析

从三次产业结构来看，1978年西藏三次产业增加值结构为50.7:27.7:21.6；1992年三次产业结构为50.8:13.7:36.8，第一次产业增加值比重开始首次低于 50%；2001 年三次产业结构为 27.0∶23.0∶50.1，第三产业比重开始首次高于 50%，成为国内屈指可数的第三产业比重超过 50% 的省份，并在以后的年份之中一直保持"三一二"态势。2010 年三次产业结构为 13.4∶32.3∶54.3。如果从绝对量来看，西藏第一产业并不大，增长速度较为缓慢，如果不考虑价格上涨因素，1978 年第一产业增加值为 3.37 亿元，2010 年 68.13 亿元，增长 20 倍；1978 年第二产业 1.84 亿元，2010 年 163.92 亿元，增长 89 倍；1978 年第三产业 1.44 亿元，2010 年 275.41 亿元，增长 191 倍。西藏第二产业特别是第三产业绝对量增长迅速。从 1978 年到 2010 年，西藏产业结构的变化以第一产业增加值比重减少和第三产业增加值比重增加为主轴，同时第二产业也保持上升态势，如图 1。

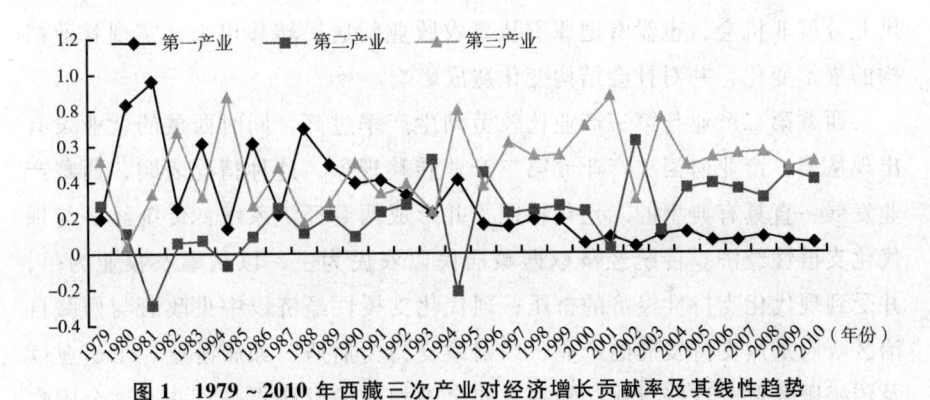

图 1　1979~2010 年西藏三次产业对经济增长贡献率及其线性趋势

注：产业对经济增长贡献率是产业增加值绝对量变化值在地区生产总值绝对量变化值之中的比重，西藏三次产业对经济增长贡献率根据《西藏统计年鉴 2010》及《2010 年西藏统计公报》计算，为使三次产业对经济增长贡献率线性趋势更为明显，略去 1982、1983 和 1986 年因产业异常波动导致的经济增长贡献率异常值。

然而，西藏第三产业发展，大规模政府财政投入推动是其中重要原因，而且传统行业占了绝大部分，其中以旅游业为主导。由于旅游公司及其服务提供者大部分来自外省市，旅游业收入对于提高本地方居民收入的作用与意义并不大。西藏许多快速发展的行业大多数具有旅游业相同的特征。近年来西藏第三产业的超高速发展并不能说明西藏经济的资源有效有利程度，因为它不是产业经济自然演进的结果，而是源于政策和投资的强力拉动，特别是中央财政直接补贴，表现为服务于消费的粗放经营特征，难以形成带动作用。

如果我们从产业结构效益来看，西藏产业结构效益还是不高的。产业结构效益提高可以用比较劳动生产率和产业结构偏离度来表示。① 从西藏产业比较劳动生产率来看，如表1，第一产业比较劳动生产率长期以来低于0.5；第二产业比较劳动生产率却高于2.5；第三产业比较劳动生产率也高于1.5。如果再进一步考察其产业偏离度，可以发现西藏目前存在着较为严重的就业结构与产业结构不对称的现象，就业结构未随产业结构的变化而相应变化。西藏的产业偏离度保持在80左右水平，远远高于全国平均水平，也高于普遍认可20~30可接受水平。这种情况表明，仍旧有较多的人在从事产值较少的经济活动，较少的人从事产值较多的经济活动，西藏的产业发展并没有带动就业发展，西藏许多行业发展并没有给西藏居民提供充分就业机会，也没有把原本从事农牧业的居民转移出来，实现就业结构的根本变化，并对社会结构变化造成影响。

西藏第二产业与第三产业比较劳动生产率过高，同时西藏的就业没有出现从第一产业向第二产业或第三产业转移现象，这种情况表明，西藏产业发展一直具有典型的二元化特征，并形成两套经济系统：传统经济与现代化支援性经济。传统经济以西藏居民以农民为主，以从事农牧业为生，并受到现代化支持性经济的挤压；现代化支援性经济以中央政府与西藏自治区政府重点支持发展的产业，以财政支持为后盾，如旅游业、工矿业以及传统服务业，这些行业已经具有同全国相同的发展水平，并通过全国省市的援藏政策与全国其他地区建立起广泛的联系。这种经济上的二元化特

---

① 比较劳动生产率是某次产业的产值（GDP）相对比重与就业相对比重之比，比较劳动生产率等于或者大于1，说明该产业效益高或者较高；比较劳动生产率小于1，说明该产业效益低。产业结构的偏离度是产业结构中的产值结构和就业结构两者是否处于同步变化和对称状态。其数学表达式为：

$$E = \sum_1^n |Li - Yi| \quad i = 1,2,3$$

公式中 E 表示偏离度，Li 为各产业的劳动力所占比重，Yi 表示各产业产值所占比重。如果偏离度越高，说明两者越是处于在不同变化和不对称状态；反之，越接近于同步变化状态。从产业演变一般规律来看，一个国家或地区在工业化初期阶段，产业结构偏离度较高，随着工业化向纵深阶段推进和经济发展，

产业结构偏离度逐渐减少。产业结构偏离度在某种程度反映了产业结构的合理性与成熟程度。

征也直接影响到二元化社会结构的形成。

从产业关联角度来讲，表1的数据表明，由于经济二元化特征，目前西藏的各地区之间产业关联度很小。区域之间的产业分工与协作程度还处于较低水平，这制约了西藏地区产业进行合理化延伸发展与产业链条拉长。其次，目前西藏各地区的产业结构趋同。这不利于西藏地区生产要素在地区之间合理流动。由于中央及各省市对西藏产业发展的大力支持，西藏产业结构的外生性较明显。这种情况导致的后果的产业结构效益较为低下，其产业结构远未达到合理化程度，也表明了其资源利用的无效率。

表1　西藏三次产业比较劳动生产率、产业偏离度（1978～2009）

年份	第一产业	第二产业	第三产业	产业偏离度
1978	0.62	4.69	1.79	62.6
1979	0.58	4.78	2.00	68.2
1985	0.62	3.78	2.27	62.2
1986	0.59	2.56	2.66	65.8
1987	0.57	2.45	2.74	68.0
1988	0.60	2.59	2.56	63.8
1989	0.57	3.25	2.69	69.6
1990	0.63	3.39	2.34	59.6
1991	0.64	3.51	2.13	57.2
1992	0.64	3.19	2.09	56.8
1993	0.62	3.06	2.18	59.2
1994	0.60	4.63	1.92	62.3
1995	0.54	4.82	2.00	71.9
1996	0.55	3.48	2.17	68.7
1997	0.50	4.12	2.10	75.3
1998	0.46	3.86	2.19	80.0
1999	0.43	4.33	2.21	84.2
2000	0.42	3.89	2.22	84.8
2001	0.38	3.53	2.22	88.0
2002	0.36	3.26	2.21	88.5
2003	0.34	2.77	1.97	84.2
2004	0.32	2.49	2.01	85.0
2005	0.32	2.71	1.82	81.6
2006	0.30	2.88	1.75	82.9
2007	0.29	2.67	1.66	79.8
2008	0.28	2.79	1.59	78.6
2009	0.27	2.87	1.57	80.0

数据来源：根据《西藏统计年鉴（2010）》计算所得。

从以上分析可以得到，援藏政策使得西藏的产业结构外生性较为明显，产业结构基于本地方资源禀赋进行发展的特征还较弱。产业结构变化具有明显地受到外力牵引的特征，因而导致其变化特征并不能说明西藏经济比较优势与要素禀赋。从西藏目前产业之间的协作来看，西藏产业各部门的社会化分工尚不合理，专业化协作水平较低、关联效应较差，内部结构不甚合理，因而产业结构效益低，如表2。西藏地区的产业内生性较低，与市场需求存在脱节现象。因此，长期援藏政策使得西藏产业结构与地方的比较优势与要素禀赋呈现脱节现象。中央的财政支持、建设项目支持、追赶型经济发展使西藏地区的产业结构亟须在内生性方面加快发展，需要在产业结构进行适应性调整，发展根据地方要素禀赋与资源符合市场需求的产业体系。

表2 外生与内生的西藏产业结构特征比较

产业结构特征	大规模援藏 外生的产业结构	基于比较优势与资源要素禀赋 内生的产业结构
关联度	小	大
趋同程度	趋同	分工与协作
合理化程度	低	高
偏离度	大	小
高度化基础	薄弱	具备一定基础

三 西藏经济跨越式发展的实现路径

西藏经济要实现跨越式发展，必须把其置于经济全球化与我国区域经济分工日益细化与深化的视野之下进行，为此，从外部带动力量而言，不仅需要中央政府持续的财政支持，必须利用扩大市场范围的方法、运用市场分工与协作的策略，推动西藏利用比较优势与要素禀赋，推进西藏经济参与区域经济分工与协作；从内部推进力量来讲，必须降低西藏产业结构的外生性，促进其产业结构不断内生化；从产业与资源集聚效应来讲，构筑经济增长极，通过城镇体系带动整个区域发展，推动西藏经济从非均衡到均衡发展。扩大外部市场、发展内生性产业结构与构筑经济增长极，构成三个相互关联的战略性策略，成为西藏经济跨越式发展的实现路径。

（一）降低西藏产业结构外生性，促进区域产业结构内生化

从根本上讲，西藏经济跨越式发展需要总量持续性增长，其中必须进行产业结构的转换与升级，这也是西藏经济增长的重要推动力。西藏地区产业转换与升级应当基于地方的内生与市场需求，才能促进形成合理化的产业结构。一个外生的、同本地区市场需求与要素禀赋不相符合的产业结构不可能持久地发展下去，也不可能支持地方经济实现跨越式发展。产业结构同市场需求相适应意味着产业间和产业内部实现了资源的优化配置，形成了最优的产业结构，这样的产业结构必然会推动经济总量持续增长和经济跨越式发展。

因此，西藏经济跨越式发展关键在于区域内部形成相互支持的产业体系，形成合理化的产业结构。只有根据西藏地区的要素禀赋发展地区产业体系，并且产业之间具有相互协调的联系方式，各产业之间的关联效应才可能合理展开，重点产业部门的优先发展才能带动其他产业部门的发展，从而带动整个经济健康发展。反之，如果各个产业之间不具备相互服务和相互促进的关系，则个别部门的优先发展只能导致产业部门之间增长关系的不协调，难以达到经济协调增长、实现国民经济平衡增长的目的。

所以，应当促进西藏形成相互支持的区域产业体系。西藏作为我国西部地区的一部分，可以基于我国区域经济的分工与协作关系，其工业在产业结构之中的比重可以不必取得支配地位，工业产品可以由外界输入。西藏可以基于本地区的比较优势与资源禀赋发展特色产业以及服务业经济，以特色农产品与服务产品同外界直接进行交换。这种基于地方比较优势与资源禀赋的特色与经济结构是内生的产业发展形态，这既是西藏地区产业结构优化的路径，也是西藏地区的特色经济之路。西藏只有立足于内生的产业发展，才能使得经济发展具有可持续性，并走出一条具有西藏地方特色的产业发展之路。同时，西藏地区之内需要形成相互支持的产业体系，使得地区经济集团化与区域化，形成区域的整体竞争力与优势，才能在全国经济体系之中占据一席之地。

从产业政策来看，西藏需要在今后的发展过程中，重点扶持在本地区市场需求大、产业关联效应高的产业，并把其作为主导产业加培育；需要确定主导产业的合理数量和规模，协调各产业之间在数量和比例上的关系。同

时，西藏需要加快利用现代科技改造与更新传统产业部门，改变新兴产业发育不足的状况，提高对新技术的有效需求，提高产业部门的技术开发能力，推动产业结构高度化。西藏产业结构的演进将因主导产业的有序转换而不断向高级化方向发展。正确的主导产业能够使西藏蕴藏的经济优势得到恰当的发挥，西藏的优势资源得到有效的利用；同时它还能促使西藏内部各产业之间建立协调的经济关系，满足国民经济发展对工业发展的特殊需要。

在产业选择方面，西藏经济实现跨越式发展，一个重要抓手在于正确选择支柱产业与主导产业，利用本地区的比较优势，在新的国际生产分工以及区域经济分工与协作之中，确立城市在全国经济与国际经济合作网络中的位置，不断提高生产总值总量，调整产业结构，提高产业关联度与配套能力，注意与周边地区形成分工与协作关系，抓住新经济发展与区域产业转移的机会，壮大地方经济基础，站到区域经济发展的制高点，缩短发展过程，发展地方经济。西藏可以利用独特的高原条件，作为我国的"后花园"，发展以旅游产业为主的服务业。

（二）构筑经济增长极，形成带动力量

西藏自治区面积122万平方公里，人口近300万，拥有拉萨、昌都、林芝、山南、日喀则、那曲、阿里七个地区级市和地区，地区之间距离较远，人口分布较为稀少。西藏地区城镇体系分布状况首先渊源于历史上宗教在西藏城市形成过程的作用，宗教而不是经济发展在城市形成与发展之中起着关键性作用；其次，由于人口数量、地理与自然条件的影响，许多西藏的地方海拔较高，支撑人口聚集的大城市的地理与自然基础较为薄弱。西藏的城镇数量少，规模小且等级不完整；其三，从事农牧业的就业仍在西藏占有较大比重。这种情况造成了西藏城镇总体上发展较为落后，城镇尚未形成体系，构成相对支持的区域经济体系，城市在经济发展的增长极作用不明显，城镇缺乏吸引与辐射能力，城镇间经济联系弱，未能形成有效的高原城镇体系。

从城镇体系与人口分布来看，西藏自治区是中国人口最少、密度最小的省区。这些人口与经济活动并没有相对集中，尚未形成有层次与有增长极的经济体系与区域经济结构。西藏尚未形成以城镇为中心的、有层次的、分布相对合理与均匀的区域城市体系。在区域城镇体系发展方面，城

市要素离散性较高,城镇体系在空间分布上总体表现为向东南方向偏离。西藏的城镇主要集中分布在东南的河谷与交通线一带,集中在自然条件相对较好的藏东峡谷地区和藏中南宽谷地带,而且辐射范围有限。许多城镇经济发展水平较低,功能单一。目前,藏西北高原没有大中型中心城市。西藏尚未在经济联系方面形成以拉萨为中心,地区所在地城镇为次中心,县城所在地城镇和重点口岸城镇为基础的三级城镇体系,目前其城镇社会经济职能较弱,对区域资源开发和社会经济发展的辐射带动作用有限。

从这些基本情况可以得出,西藏地区经济增长不是均匀与均衡的增长过程,而是由某些主导部门或者有创新能力的企业与产业在一些地方集中并形成适合企业与产业发展的经济环境,从而形成一种资本、技术高度集中,具有规模经济效益,自身增长速度较快,并且能对周围区域产生辐射推动作用的增长极,再通过增长极带动周边区域的共同发展。西藏地区经济发展必须首先走聚集的路子,在形成经济规模与位势之下再利用先发地区的技术、资本与人才,对外扩散、发展,再拉动其他区域的发展,最终实现整个地区的均衡发展。为此,西藏需要创造优越的投资环境,包括产业环境与制度软环境,吸引国际投资与东部地区的投资,构筑经济增长极,这是西藏经济跨越式发展的主导力量与动力。西藏存在着有别于发达地区的发展方式或途径来达到与发达地区同样发展水平的可能性。通过规模经济、产业的地理集中达到形成增长极目的,再对先进的生产要素进行扩散发展,从而实现区域相对均衡发展,这对后发地区的发展既是一种战略,也是区域经济发展必然经历的阶段。

西藏在发展经济时,各个地区需要准确地、正确地确立自己行业与产业,通过产业集群获取竞争优势,利用增长极推动区域全面发展,实现区域经济的"蛙跳"式发展。西藏各个地区应当立足资源优势,因地制宜,突出重点,遵循先增长极再区域均衡的经济发展规律,真正地把资源优势转化为经济优势。在这里,需要创造环境推动一些主导产业部门或者有创新能力的企业与产业在某个区域聚集,形成资本、人才与技术相对集中的增长极,构建具有对辐射能力的城市区域,带动周边经济区域发展。

(三) 推动西藏经济从非均衡发展到均衡发展

作为地广人稀的地区,西藏经济实现跨越式发展必然遵循区域经济发展从非均衡到均衡、从点轴到面的过程及其规律。区域的城镇体系的空间分布特征对一个省区经济发展有重要的作用。鉴于西藏城镇处于发展的初级阶段，数量及规模较小，区域经济带动力不强的现状，西藏应当利用自然气候与地理条件相对较好地区，充分利用边境贸易以及要素禀赋条件，集中比较优势产业，集中建设城市基础设施特别是城市与周边地区的交通基础设施，利用范围经济与规模经济，充分利用同一区域劳动力市场共享、中间投入品生产的规模生产以及知识信息的外溢，形成地方化经济与城市化经济，不断推进某个区域内部形成相互关联与支撑的产业关系，带动区域产业结构不断合理化与高度化。

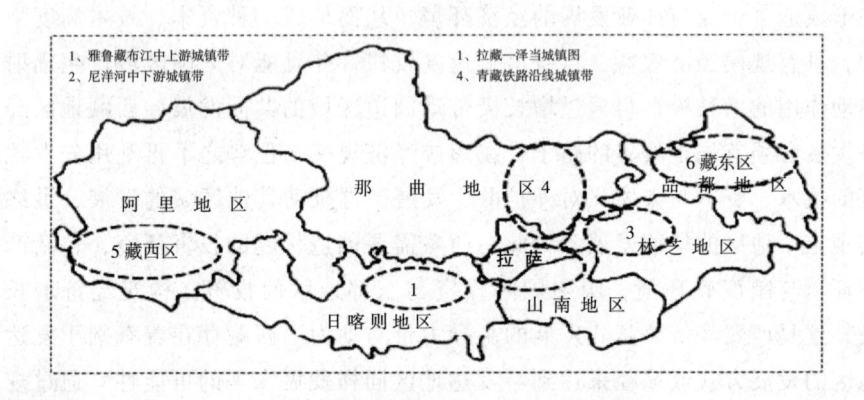

图2　作为增长极的西藏城镇带与城镇圈

为此，西藏应当构建具有较大聚集与辐射功能的中心城市，再通过城镇体系带动整个区域发展十分重要。通过雅鲁藏布江中上游城镇带、拉萨－泽东城镇圈、尼洋河中下游城镇带以及青藏铁路沿线城镇带带动区域经济进一步发展，如图2。政府应当正确选择产业，创造产业发展环境，建设适宜的投资环境与生产环境，形成产业集群，形成空间聚集中心，构建经济增长极。在西藏地区经济增长极形成且具有辐射能力之后，西藏地区可以通过其城镇体系，特别是利用城镇带与城镇圈的带动作用，通过点轴的优先与率先发展，把增长极对周边区域的技术、人才与资本辐射作用沿着城镇体系不断释放出来，把先进的生产要素与理念从城市扩散到乡镇，再从乡镇扩散到农村，最后使整个西藏地区都具有一定的生产基础设施与相当的经济与社会发展水平，从而实现经济与社会的跨越式发展。为此，需要加快推进西藏地区的城镇化进程，逐步向其他地区扩展，发展区域中心城市与城镇，通过区域城镇体系的带动作用，实现西藏经济超常规发展，最终实现西藏各地区的均衡化发展，实现西藏地区居民和农民平等发展与全面发展。

总之，从西藏这个具有特殊资源禀赋的地区来看，首先，应当从全球宏观角度出发，把西藏这个地区置于经济全球化的视野之中，看待西藏具有的比较优势与竞争优势以及西藏在世界生产体系所处的位置，研究在全球城市化与工业化浪潮之中西藏经济发展具有的潜力与潜在优势。其次，应当从我国区域经济分工与协作的角度出发，合理定位西藏地区在我国经济体系与区域经济分工与协作之中的角色与作用，以发挥西藏地区的特殊资源与禀赋优势，推进我国经济整体水平上升。其三，必须运作发展经济学与发展社会学具体地区具体分析的办法，把西藏地区的人文、宗教、人口区域分布特点与高原特征在微观上进行较为详尽的分析，在推动西藏经济跨越式发展上把握重点，确定重点区域，全面发展、公平发展，把握经济规律，利用后发优势等方面推动西藏经济进一步发展。

参考文献

Gao Dahong, Guo Hailiang: *Study on Qinghai-Tibet Railway Economic Belt Based on the Theory of Growth Pole and Point-axis Development*, Journal of Tibet University, 2008, (2).

Benba Cering: *Special Economy In the Xigaze Area*, China s Tibet, 2002, (4).

Song Lian, Jiu Zhang, Pei Ping, Sun Zi Bao: *Tibet economy growth trends factro analysis research*, Special Zone Economy, 2010, (12).

陈文朝：《SWOT 分析与西藏经济发展的战略抉择》，《西藏大学学报》（汉文版）2006 年第 3 期。

李继刚：《论西藏参与经济分工的途径——以产业集群理论为视角》，《芜湖职业技术学院学报》2010 年第 2 期。

潘久艳：《全国援藏的经济学分析》，四川大学出版社，2009。

宋朝阳：《西藏产业结构研究》，武汉大学博士学位论文，2005。

苏东水：《产业经济学》，高等教育出版社，2006。

孙勇主编《西藏非典型二元结构下的发展改革》，中国藏学出版社，1991。

主要参考文献

亚历山大·格申克龙：《经济落后的历史透视》，张凤林译，商务印书馆，2009。

安虎森：《新区域经济学》，东北财经大学出版社，2008。

陈才：《区域经济地理学》，科学出版社，2009。

程伟等：《经济全球化与经济转轨互动研究》，商务印书馆，2005。

丹增：《当代西藏简史》，当代中国出版社，1996。

狄方耀：《西藏经济学》，陕西师范大学出版社，1993。

多杰才旦、江村罗布主编《西藏经济简史》，西藏人民出版社，1995。

冯蒸：《国外西藏研究概况（1949~1978）》，中国社会科学出版社，1979。

黄万纶编著《西藏经济概论》，西藏人民出版社，1986。

金世洵主编《西藏自治区2010年发展改革白皮书》，西藏自治区发展与改革委员会，2010。

罗莉、拉灿编著《西藏50年·经济卷》，民族出版社，2001。

马云泽：《西方产业经济学经典著作菁华》，经济管理出版社，2009。

潘久艳：《全国援藏的经济学分析》，四川大学出版社，2009。

宋朝阳：《西藏产业结构研究》，武汉大学博士学位论文，2005。

苏东水：《产业经济学》，高等教育出版社，2006。

孙勇主编《西藏非典型二元结构下的发展改革》，中国藏学出版社，1991。

王太福、王代远、王清先：《西部大开发与西藏经济跨越式发展研究》，西藏人民出版社，2004。

肖怀远主编《西藏产业政策研究》，中国藏学出版社，1994。

尹双庆：《西部经济跨越式发展社会环境研究》，中央编译出版社，2006。

俞允贵、文德明、金巴杨培：《西藏产业论》，中国藏学出版社，1994。

赵曦：《21世纪中国西部发展探索》，科学出版社，2002。

赵曦：《中国西藏区域经济发展研究》，中国社会科学出版社，2005。

郑长德：《中国西部民族地区的经济发展》，科学出版社，2009。

《西藏统计年鉴》各相关年份。

《中国统计年鉴》各相关年份。

《西藏自治区国民经济和社会发展统计公报》各相关年份。

段辉、段秋辉：《对西藏经济实现跨越式发展的几点探索与思考——基于非典型性二元经济结构的视角》，《西藏研究》2009年第3期。

弗朗索瓦·佩鲁：《增长极概念》，《经济学译丛》1988年第9期。

李金前：《发挥后发优势促进西藏经济又好又快发展》，《西藏民族学院学报》（哲学社会科学版）2010年第2期。

李京文、张景增：《青藏铁路运营需要相关政策支持》，《科学新闻杂志》2007年第10期。

刘刚、沈镭：《1951~2004年西藏产业结构的演进特征与机理》，《地理学报》2007年第4期。

毛阳海：《西藏现行产业结构对经济的影响》，《中国统计》1996年第12期。

毛阳海：《西藏农村的贫困状况与财政反贫困政策》，参见网址：http://www.aisixiang.com/data/15951.html。

宋洪远、廖洪乐：《关于西藏产业结构调整与经济发展战略的思考》，《管理世界》2003年第1期。

孙勇：《西藏社会变迁中的经济发展考略》，《西藏研究》2008年10月第5期。

李国政、彭红碧：《西藏共享型经济发展方式的路径选择——基于"全国援藏"的视角分析》，《当代经济管理》2010年第8期。

杨明洪：《西藏经济跨越式发展：治藏诉求与政策回应》，《中国藏学》2006年第2期。

安平：《西藏经济发展的现状及问题探讨》，《商场现代化》2009 年第 2 期。

魏小文：《科学发展观下对西藏地区税收政策的再思考》，《西藏民族学院学报》（哲学社会科学版）2010 年第 3 期。

温军：《西藏经济发展战略问题探讨》，《中国藏学》2003 年第 1 期。

温军、施祖麟：《西藏经济发展问题的几点思考》，《清华大学学报》（哲学社会科学版）2000 年第 6 期。

杨明洪：《西藏农户经济演化特征：基于农村住户调查资料的实证分析》，《中国藏学》2005 年第 3 期。

宗刚、李鹏：《西藏经济增长事实、机理及政策选择》，《中国藏学》2010 年第 1 期。

周天勇、尤元文：《西藏经济发展的战略选择》，《中国工业经济》2001 年第 7 期。

后 记

当得到中国社会科学院科研局的通知，获悉我们申报的课题《西藏经济跨越式发展的理论与政策研究》中标国家社科基金特别委托招标项目——"西藏历史与现实综合研究项目"时，原先的等待和期盼旋即被短暂的喜悦和前所未有的压力所取代。虽然，在课题设计之时，我和课题组的成员们对西藏经济发展做了一些预研究，也专门召开过几次讨论会，请曾在西藏工作、生活过的同事和友人一起出谋划策，但真到承接课题、着手研究时，心里还是挺忐忑的。

但课题是必须要全力以赴做好的。西藏，这是我们从未见过的世界，是我们必须了解的社会。为此，我和课题组成员一行四人花了整整 11 天的时间，足迹踏遍了西藏的拉萨、那曲、日喀则、山南、林芝等地，走访了西藏社会科学院、上海市人民政府驻西藏办事处、西藏自治区党委政策研究室、西藏自治区人民政府研究室、西藏自治区发改委、日喀则地委、日喀则地区发改委、日喀则地委政策研究室、林芝地区民政局等科研和政府部门，考察了西藏的农贸市场、新农村建设样板村，以及更多的农区和牧区，等等，不仅感触良多，收获也着实不小。

说实话，每天长途奔波，真的很辛苦。特别是由拉萨到那曲、日喀则等地，不仅路途遥远颠簸，沿途还要翻越数座 5000 米以上的山峰，这对我们这些从小生长在东南沿海地区的人来说，无论是对生理还是心理都是不小的挑战和考验。我们也的确饱受了高原缺氧所带来的呼吸急促、恶心呕吐、头疼脑涨之苦。但是西藏的壮美景色和风土人情，以及调研座谈的丰富内容，每每带给我们喜悦、兴奋和激动，让我们觉得不虚此行。

十多天的调研访谈、考察交流，我们获得了丰富的感性认识，积攒了大量的第一手资料，这为此后的课题研究打下了坚实的基础。回到上海，在课题研究过程中，我们又召开了几次研讨会，听取了上海市政府合作交流办、西藏自治区驻沪办事处相关人员，以及上海社科院同仁的意见。历经数次修改，终成此稿。

值此课题成果付梓之际，我要特别感谢上海社会科学院党委的卢秀璋老书记（他也曾是西藏社科院的党委副书记，在西藏工作、生活了半辈子），不仅主动帮助我们联系西藏社科院的领导和同行，多次给我们的课题提出宝贵的意见，还将他在西藏工作几十年来所收藏的近百本有关西藏研究的专著、期刊和年鉴等数据资料，毫无保留地奉献出来，供我们课题研究之用，这对我们帮助很大。

我要特别感谢上海市政府驻藏办事处的王晓诚主任和施建国、沈建平处长，是他们为我们十多天的调研做了精心安排，帮我们联系和落实西藏自治区及下属各地区的政府部门和研究机构，为我们的调研提供会场、车辆、住宿、餐饮等服务，让我们在千里之外有了回家的感觉。

我要特别感谢上海社会科学院常务副院长左学金、副院长黄仁伟研究员，是他们的鼓励和动员才使我最终有勇气和信心申报西藏项目课题；左院长不仅给予我们学术上的指导，还给予我们经费上的支持。我要特别感谢经济研究所副所长、科研处处长权衡研究员，他在课题策划构思、设计申报阶段就给予了无私帮助和积极协调，没有他的出谋划策，本课题申报的成功概率将大打折扣。

我还要感谢西藏社会科学院党委书记孙勇，副院长王学阳，科研处处长措姆，经济战略研究所陈朴、杨亚波，西藏自治区党委政策研究室宏观经济处干部江国兵、西藏自治区政府研究室副调研员刘建祥、西藏自治区发改委发展规划处副处长索那塔杰、上海大学生志愿者宋育鑫，西藏日喀则地委书记闵卫星、日喀则地委秘书金健、日喀则地区发改委副主任欧珠罗布，日喀则地委政策研究室主任舒成坤、副主任张云宝、研究室干部龚长军、贾志红、努增旺姆、黄琼，以及上海市政府合作交流办研究室主任夏荣耀、合作交流办对口支援处处长方城、合作交流办干部韦一，等等，是他们为我们的调研提供了素材、贡献了智慧、拓展了思路。我们今天的成果凝聚了他们的一份辛劳。

我要感谢在西藏的十多天来与我们朝夕相处，一路上为我们引路开车、保驾护航，既当司机又当向导的达瓦洛桑师傅和多吉师傅，他们娴熟

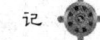

的车技令人叹服，热情开朗的性格让我们成了朋友。

　　这是我们研究西藏经济发展问题的第一项课题成果，今后我们将在此基础上继续关注西藏、研究西藏，为西藏经济跨越式发展贡献我们的绵薄之力。本课题成果中的错误疏漏和不尽人意之处，恳请大家批评指正。

沈开艳
2012 年 6 月 27 日

图书在版编目(CIP)数据

西藏经济跨越式发展研究/沈开艳等著. —北京：社会科学文献出版社，2015.7
　(西藏历史与现状综合研究项目)
　ISBN 978 – 7 – 5097 – 7329 – 1

　Ⅰ.①西… Ⅱ.①沈… Ⅲ.①区域经济发展 – 研究 – 西藏 Ⅳ.①F127.75

中国版本图书馆 CIP 数据核字（2015）第 063447 号

·西藏历史与现状综合研究项目·

西藏经济跨越式发展研究

著　　者／沈开艳　陈建华　徐美芳　陶纪明

出 版 人／谢寿光
项目统筹／宋月华　周志静
责任编辑／孙以年　周志静

出　　版／社会科学文献出版社·人文分社（010）59367215
　　　　　地址：北京市北三环中路甲 29 号院华龙大厦　邮编：100029
　　　　　网址：www.ssap.com.cn
发　　行／市场营销中心（010）59367081　59367089
　　　　　读者服务中心（010）59367028
印　　装／三河市尚艺印装有限公司
规　　格／开　本：787mm×1092mm　1/16
　　　　　印　张：13.5　字　数：219 千字
版　　次／2015 年 7 月第 1 版　2015 年 7 月第 1 次印刷
书　　号／ISBN 978 – 7 – 5097 – 7329 – 1
定　　价／79.00 元

本书如有破损、缺页、装订错误，请与本社读者服务中心联系更换

▲ 版权所有 翻印必究